GEWALT UND PRÄZISION

Gewalt und Präzision

Krieg und Sicherheit in Zeiten des
War on Terror

Hg. von Wolfgang Sützl und
Doris Wallnöfer

VERLAG TURIA + KANT
WIEN

Bibliografische Information der Deutschen Bibliothek
Die Deutsche Bibliothek verzeichnet diese Publikation in der Deutschen Nationalbibliografie; detaillierte bibliografische Daten sind im Internet über http://dnb.ddb.de abrufbar.

Bibliographic Information published by Die Deutsche Bibliothek
Die Deutsche Bibliothek lists this publication in the Deutsche Nationalbibliografie; detailed bibliographic data is available in the internet at http://dnb.ddb.de.

ISBN 978-3-85132-454-9

Cover: Lisa Ifsits

Die Drucklegung dieser Publikation erfolgte mit finanzieller Unterstützung der Südtiroler Landesregierung, Abteilung deutsche Kultur und Familie

AUTONOME PROVINZ BOZEN SÜDTIROL
PROVINCIA AUTONOMA DI BOLZANO ALTO ADIGE
Deutsche Kultur und Familie

VERLAG TURIA + KANT
A-1010 Wien, Schottengasse 3A / 5 / DG 1
info@turia.at | www.turia.at

Inhalt

Einführung

Wolfgang Sützl / Doris Wallnöfer

Kurz nach dem Ende des Kalten Krieges charakterisierte der frühere CIA-Chef James Woolsey die neue Situation der US-Geheimdienste als eine, in welcher der Westen den »Drachen« Sowjetunion getötet hatte, sich aber nun einer »verwirrenden Vielfalt giftiger Schlangen« gegenüber sah, »die in einem dunklen Urwald freigelassen wurden«. »It may have been easier to watch the dragon.«[1]

Dieses Zitat, das ebenso gut aus Kipplings »Dschungelbuch« oder aus Disneys »König der Löwen« stammen könnte, illustriert ein Dilemma, welches Chris Hables Gray im vorliegenden Band als Widerspruch zwischen modernem Krieg und postmoderner Technologie auf den Punkt bringt. Während sich auf der Seite des Militärs die »Revolutionen in militärischen Angelegenheiten« in Versprechungen übertreffen und laufend neue Doktrinen angeboten werden, geben unbestimmte Begrifflichkeiten wie »Terror«, »asymmetrischer Krieg«, »Informationskrieg«, »globale Sicherheit« usw. Anlass zu einer Welle von Neudeutungen, Spekulationen, Wunschvorstellungen und Sandkastenspielen. Die damit verbundene symbolische und bisweilen durchaus literarische Produktion durch Regierung und Militär tritt oft als Variation der Woolseyschen Schlangen-Metapher in Erscheinung und scheint weit ins Fantastische auszugreifen und ein breiteres Phänomen zu belegen, das Chris Hables Gray als das »Vordringen des Kriegs in die Kultur« bezeichnet. Die Vorstellung von Krieg als lustige Informationsmanipulation koexistiert dabei friedlich mit einer neuen Popularität und Proliferation von Massenvernichtungswaffen, Aufweichungen des Gewaltmonopols, und der Etablierung von Sicherheit als »Leitbegriff« der internationalen Politik (Agamben). Das internationale System, so Chris Hables Gray in seinem Beitrag, bleibt trotz aller Widersprüche dem Krieg und der politischen Gewalt verpflichtet. »Frieden« wird unter diesen Voraussetzungen – vom Krieg kaum mehr unterscheidbar – zum Gegenstand des staatlichen Gewaltmonopols, sodass nichtstaatliche Akteure wie »radikale transnationale Gruppen für Frieden und soziale Gerechtigkeit« nur als Bedrohung wahrgenommen werden können: der Frieden als Gefahr, vor welcher der Krieg gesichert werden muss.

Absicht dieses Bandes ist, einen Beitrag zur theoretischen Situierung von politischer Gewalt im aktuellen Kontext zu versuchen, vor allem aber Möglichkeiten ihrer *Kritik* aufzuzeigen. Damit soll jedoch kein Beitrag zur moralischen Entrüstung versucht werden. Denn während in den achtziger Jahren der Slogan »Entrüstet euch« vor dem Hintergrund des Kalten Krieges, der nuklearen Aufrüstung und Weltuntergangs-Szenarien einen eindeutigen Gegenstand hatte und die Benennbarkeit der Handelnden ebenso voraussetzen konnte wie eine verbreitete Einigkeit über die Verwerflichkeit des Krieges und seiner Vorbereitung, steht der Versuch einer Kritik der Gewalt heute vor anderen, uneinheitlichen Voraussetzungen, deren begriffliche Fassbarkeit zweifelhaft ist. Wenn in Zeiten des humanitären Krieges der »Frieden« der wichtigste Zweck des Krieges geworden ist (Chris Hables Gray), findet sich die klassische, moralische Kritik der Gewalt plötzlich auf fremden Terrain wieder: die NATO-Intervention am Balkan wurde nicht zufällig als »Krieg der Friedensbewegung« bezeichnet. Wenn die Entrüstung dem Krieg und der Gewalt nichts entgegenzusetzen hat, dann erfordert eine Kritik der Gewalt eine Abkehr von ethisch »starken« Positionen. Dies richtet den Blick auf den Apparat der Gewalt selbst, der seine Kritik stets mit konstituiert.

Möglicherweise ist es ein gemeinsames Kennzeichen neuerer Gewaltformen, dass genau jene Möglichkeit der Kritik selbst zum Feind erklärt wird, dass sich Gewalt also mit offenbar bemerkenswertem Erfolg gegen eine politisch wirksame Infragestellung zu immunisieren vermag. Mit »Sicherheit« und »Terror« sind zwei Begriffe aus dem gegenwärtigen Standardrepertoire der Politik genannt, die scheinbar konträre Methoden zur Ausschaltung dieser Infragestellungen zu perfektionieren im Begriff sind, und die beide auf ein mit gewaltsamen Mitteln sanktioniertes Schweigegebot in die Politik einführen: Sicherheit, so die eine Position, ist ein politisches Gut, welches man »nicht nicht wollen kann« (Spivak), und dessen Infragestellung einen Ausschluss aus der legitimen politischen Gemeinschaft nach sich zieht. Terror ist andererseits eine radikale Abweichung, die man keinesfalls wollen kann, er ist eine andere Bezeichnung für den Ausschluss aus etwas, was bestrebt ist, keine Lücken offen zu lassen und Ausschlüsse daher nur mit extremer Gewalt vollziehen kann. Giorgio Agambens Kommentar zu 9/11[2] zeigt die Fatalität einer Dynamik des gegenseitigen Ausschlusses auf, welcher keine »Kritik der Ideologie« mehr nahe kommen kann und welche die politische Ethik vor neuartige Probleme stellt.

Die in diesem Band versammelten Beiträge versuchen, dieses Schweigegebot in verschiedener Art und Weise zu unterlaufen: Der Frage nach der Legitimität politischer Gewalt dort Gehör zu verschaffen, wo sonst vorwiegend das Rauschen scheinbar politikfreier Äußerungen und die bald verborgenen, bald elegant in Szene gesetzten Abläufe einer postdemokratischen Politik wahrzunehmen sind.

Selbst eine sich ins Extrem steigernde Politik der Sicherheit weiß um ihre innere Fraglichkeit, und um die Unmöglichkeit ihres Wachstums ohne gleichzeitige Erhöhung ihrer Fraglichkeit. In ihrem Bestreben, alle Fragen, deren Antwort nicht bereits vollständig in diesen enthalten ist zu neutralisieren, lässt sie daher – im wörtlichen Sinn – nicht mit sich scherzen. Josefina Echavarría und Norbert Koppensteiner nehmen in ihrem Beitrag die scheinbar harmlose Spur der Verunsicherung der Sicherheit durch »unangebrachte« Äußerungen auf, und zeigen die politischen Abgründe auf, die sich in der Normalisierung des Lebens durch das Sicherheits/Kriegsdispositiv auftun. Diese Normalisierung durch Sicherheit, so argumentieren sie mit Foucault, verfährt mit Ausschlüssen, schafft unsichtbares, nicht für die Normalisierung in Frage kommendes Leben, welches nach Judith Butler nicht »betrauerbar« ist. Im Zentrum ihres Beitrages steht die Frage nach Möglichkeiten des Widerstands gegen die Gewalt des Sicherheits-/Kriegsdispositivs: wenn dieser nicht mehr als bloße Ablehnung möglich ist, weil die Macht selbst das Subjekt konstituiert, gilt es, die Aufmerksamkeit auf Foucault's Auffassung vom Leben als Kunstwerk zu richten, in welchem eine Verschränkung des Ethischen und Ästhetischen Möglichkeiten der Weigerung öffnet: der Weigerung, »in dieser Weise *gesichert* zu werden, mit diesen Mitteln, zu diesem Preis und zu diesen Kosten«. Als unreine, kontaminierte Wesen können wir eine Kritik des Sicherheits/Kriegsdispositiv von innen zu versuchen, welche die Angebrachtheit von Sicherheit und Krieg in Frage stellt – womit das politische Gewicht einer scheinbar harmlosen »unangebrachten Bemerkung zu den Sicherheitsmaßnahmen« deutlich wird.

Die Möglichkeit unangebrachter – sich dem berechnenden Zugriff der Sicherheit entziehender Bemerkungen, die Möglichkeit also, »im öffentlichen Raum etwas Neues anzufangen« (Pörksen) bildet den Mittelpunkt Wolfgang Sützls Überlegungen zur Rückkehr Heraklits und zur Poetik des Politischen. Sützl befasst sich mit der Rückkehr eines politischen Heraklitismus, welcher in der Weimarer Republik durch Autoren wie Carl Schmitt, Alfred Bäumler und auch Ernst Jünger geprägt wurde und den Krieg stets als außerhalb bestehender rechtlicher und moralischer Ordnungen befindet und gerade dadurch als Voraussetzung für Recht und für Gerechtigkeit begriffen werden kann. Diese Wiedergeburt heraklitischer Politik zeigt sich etwa im Irak-Krieg und im »Krieg gegen den Terror«, im Zynismus als Moral, im Abwandern der politischen Legitimation in das Faktische, und einer entsprechenden Schwierigkeit der Kritik: vor dem Hintergrund der Schmittschen Freund-Feind-Unterscheidung läuft jede Kritik der heraklitischen Gewalt Gefahr, als bloße Ablehnung ausgeschaltet zu werden und damit den Heraklitismus zu stärken, oder in bloßer Unterhaltung ohne politische Relevanz aufzugehen. So wie Chris Hables Gray in der Technik den toten Punkt des modernen Kriegs sieht, der diesen verunsichert und in »postmoderne« Formen zwingt, so sieht Sützl in der Technik eine Verunsicherung, eine »sicherheitspolitische Neutralisierung« des Heraklitismus. Möglichkeiten einer an Gianni Vattimos »schwachem Denken« orientierten Kritik der heraklitischen Gewalt verortet Sützl in der Sprache: das Vordringen einer des Politischen unfähigen Befehls- und Tatsachensprache der Technik droht die Politik zu einem Ort fragloser Selbstverständlichkeiten zu machen, welche sich jeder demokratischen Auseinandersetzung entziehen. Die Auslagerung des Politischen in das Schweigen der Technik zieht der Alltagssprache den politischen Nerv und ist für das Überhandnehmen von Geschwätz in politischen Foren verantwortlich. Sützl plädiert im Anschluss an Uwe Pörksen für eine »Poetik des Politischen«, welche die Suche nach einer politikfähigen Sprache jenseits von Schweigen und Geschwätz in Aussicht stellt und sieht darin einen möglichen Ansatz für die Schwächung des Heraklitimsus innerhalb einer als Kunst begriffenen Technik.

Eine andere Normalisierung – nämlich von Sicherheit und Krieg – steht im Mittelpunkt von Dierk Spreens Beitrag, der – im Unterschied zu Chris Hables Gray – eine neue politische Nützlichkeit des Kriegs vor dem Hintergrund des globalen Sicherheitsdipsositivs sieht. Der Sicherheitskrieg, so Spreen, könnte als zivilgesellschaftliches Instrument die Last der Ausnahme ablegen und mit demokratischer Rechtsstaatlichkeit vereinbar werden. Damit distanziert sich Spreen von Positionen, welche im Zusammenhang mit dem globalen Sicherheitsdispositiv im Anschluss an Carl Schmitt von einer Permanenz des Ausnahmezustands sprechen. Gerade weil der »Sicherheitskrieg« die Grenzen zwischen staatlichem und zivilgesellschaftlichem Handeln durchlässig macht, ist er ein Mittel, die Normalität der Zivilgesellschaft abzusichern und zu erhalten. »Er ist genuines Element des globalen Sicherheitsdispositivs, das für die zivile Ordnung konstitutiv ist. In diesem Sinne ist er normal geworden, ohne dass er die gesellschaftliche Kultur diskursiv oder habituell beherrschen würde.«

Wenn einige Beiträge in diesem Band die Frage nach den Möglichkeiten einer weniger gewaltsamen Politik in einer Zeit stellen, in der Akteure der Gewalt den Frieden als Gefahr wahrnehmen und unter dem Begriff »Sicherheit« als endlose Warteschleife konstruieren, dann geht es in Wolfgang Dietrichs Beitrag um einen Versuch, »Frieden« so zu denken, dass er sich nicht ohne weiteres von der Sicherheitsmaschinerie, humanitären Krieg und der Fatalität des Feierlichen vereinnahmen lässt. Dietrich befasst sich in seinem Beitrag genauer mit dem scheinbar so selbstverständlichen Begriff des »Terrorismus« bzw. der Figur des »Terroristen«, um ihn dann als »gewalttätige Form der Kommunikation« zu beschreiben. Vor dem geschichtlichen Hintergrund des Konfliktes zwischen »christlichem Abendland« und »Islam«, welche im »Krieg gegen den Terror« ihre aktuelle Form findet, sucht Dietrich nach einer gewaltfreien Alternative, nach einer kommunikativen »*flexible response* im Sinne thematischer Ausweitung des Konfliktes durch unkonventionelle Aktionen auf kommunikativer Ebene«. Darunter wird eine disproportionale Reaktion jenseits der »Schuss-Tor-Mentalität« der Sicherheitsapparate verstanden, welche auf militärisches Zurückschlagen verzichtet – ein Art des Widerstands, die nicht auf Schwäche, sondern auf geistig-sittlicher Überlegenheit und dementsprechender Selbstkontrolle beruht und im Gandhischen *Sattyagraha* einen Vorläufer hat. Diese zivilgesellschaftliche, kommunikative Antwort auf Sicherheit und Terror, so Dietrich, belässt es nicht bei Forderungen nach der Reduktion politischer Gewalt, sie leistet kommunikative Friedensarbeit.

Die zeitgenössische inflationäre Verwendung der Begriffe Krieg und Terrorismus nimmt Doris Wallnöfer zum Anlass, einen Blick zurück auf die mehr als 200-jährige politische Entwicklung des Terrorismus zu werfen. Wallnöfer fokussiert dabei die jeweiligen strukturellen Voraussetzungen des Terrorismus, »seine Verstrickungen mit bzw. Abgrenzungen zu den Diskurssystemen Krieg, Politik und Staat, da sich die jeweiligen Definitionen und Wirkungsweisen von Terrorismus in diesem Beziehungsgeflecht bewegen.« Zieht man eine Linie ausgehend von der Französischen Revolution, über das Zeitalter des »klassischen Terrorismus« und seiner Propaganda der Tat, hin zum Terrorismus des 20. Jahrhunderts und schließlich bis zu 9/11, muss zurecht die Frage gestellt werden, ob bzw. inwieweit die Verwendung der Begriffe Krieg und Terrorismus – sowohl in affirmativer als auch kritischer Absicht – zum Verständnis der gegenwärtigen Lage beitragen kann.

Der Frage, wie sich die aktuelle Transformation von Staatlichkeit und die des Krieges in »terms of gender« fassen lässt, geht Eva Kreisky in ihrem Beitrag nach. Sie zeigt, wie die Phänomene Staatsschwäche, Schurkenstaaten, Entstaatlichung und Privatisierung von Gewalt mit dem Prozess einer globalen Re-Maskulinisierung einhergehen. Die von Kreisky attestierte überproportional hohe Teilnahme von Männern an gesellschaftlicher Gewaltproduktion, durch die der verlorene Subjektstatus kompensiert wird, verweist auf eines der grundlegenden Probleme der Globalisierung: auf die weltweite Produktion von VerliererInnen. Ohne eine nachhaltige Aufhebung dieses Ungleichgewichts wird der Terrorismus eine »schmerzhafte Begleiterscheinung der Globalisierung« (Naumann 2006) bleiben.

Zum Verhältnis von Krieg und Geschlecht forscht auch Saskia Stachowitsch. Im Mittelpunkt ihrer Analyse steht die Berichterstattung über die zwei wohl bekanntesten Gesichter des Krieges im Irak, die Soldatinnen Jessica Lynch und Lynndie England. Während die Medien Lynch als weibliches Opfer und patriotische Heldin erscheinen lassen, wird England zum Synonym der Anti-Frau und Anti-Heldin. Stachowitsch untersucht, wie und unter welchen Voraussetzungen diese zwei konträren medialen Repräsentationen innerhalb der »Erzählung Krieg« funktionieren. Mittels einer qualitativen Inhaltsanalyse der Tageszeitungen Washington Post, New York Times und Washington Times zeigt sie, wie das Narrativ Krieg nicht nur auf nationalen, ethnischen oder religiösen Elementen und Zuschreibungen fundiert, sondern sich auch der Kategorie Geschlecht bedient und diese sehr wohl strategisch einzusetzen weiß.

Die mediale Repräsentation der Londoner Selbstmordanschläge vom 7. Juli 2005 untersuchen Claudia Brunner und Helmuth Krieger in ihrem gemeinsamen Artikel. Sie fragen nach den Repräsentationen eines britischen/europäischen/westlichen okzidentalistischen Selbst und nach dem (nicht) britischen/(nicht) europäischen/(nicht) westlichen orientalisierten Anderen.

Sie verorten die zum Einsatz kommenden diskursiven Strategien zur Erklärung der Selbstmordanschläge in den mächtigen Dispositiven Orientalismus und Okzidentalismus und liefern so eine erweiterte Lesart und Kritik der Interpretation der Anschläge.

Rainer Ganahl schließlich philosophiert in seinem Essay über die Wahrnehmung des Krieges. Wie erreicht uns die Information des Krieges fernab seines realen Schlachtfeldes? Wie kommt er zu uns in einer Zeit, in der ständig informiert, aber nichts mehr erklärt wird, auch nicht der Krieg? Wie also funktioniert Kriegsberichterstattung, diese »Logistik der Wahrnehmung« (Paul Virilio), wie werden Informationen visuell aufbereitet damit sie »wirken«? Dabei sind die Bilder vom Krieg, wie Ganahl feststellt, auf nahezu fabulöse Weise einfach da, sie kommen zu uns, ohne dass wir sie bestellt oder nach ihnen verlangt hätten, das Rauschen der Bilder und ihr verführerischer Imperativ »follow the pictures« sind unsere ständigen Begleiter. Was aber würde passieren, wenn wir ihnen nicht mehr folgen würden?

In der Tat: das Vordringen des Krieges in die Kultur, seine zunehmende Ununterscheidbarkeit von der kulturellen Produktion stellt eine Herausforderung nicht allein für Politik und Wissenschaft dar, sondern immer mehr auch für das kulturelle Schaffen. Die Tendenz, der politischen Gewalt mit technischer Präzision zu begegnen und damit rechtliche oder moralische Normen mit der Faktizität des Technischen zu unterlaufen könnte genau dort, wo sich kreative Tätigkeit dem berechnenden Zugriff entzieht, ihre Grenzen finden.

ANMERKUNGEN

[1] Keith Melton, Spies in the Digital Age. http://edition.cnn.com/SPECIALS/cold.war/experience/spies/melton.essay/#top [12.8.2007]

[2] Girgio Agamben, »Sicherheit und Terror«, Frankfurter Allgemeine Zeitung, 20. Sept. 2001

Peak Empire und der Postmoderne Krieg

Chris Hables Gray

»Postmodern« ist ein umstrittener Begriff, der jedoch überall dort schwer zu vermeiden ist, wo das Moderne oder die Moderne akzeptiert werden. In den rauen Begrifflichkeiten des Krieges führte der Übergang vom rituellen Krieg (der von Mainstream-Historikern als »primitiver« Krieg« bezeichnet wird) zu den Kriegen der Antike geradewegs zum modernen Krieg, der seinen Höhepunkt im ersten totalen Krieg erreichte, nämlich im Zweiten Weltkrieg. Seither ist alles anders. Manche betrachten die gegenwärtige Ausformung des Krieges, den postmodernen Krieg, als Aspekt einer weltweiten Krise, die u.a. als »Postmoderne« oder »Globalisierung« bezeichnet wird (Gray 1997, Gray 2005). Im Zusammenhang mit Krieg bedeutet das Etikett »postmodern«, dass die Regeln des modernen Krieges, die aus 500 Jahren blutiger Rationalität, Realpolitik, Industrialisierung und wissenschaftlicher Revolutionen hervorgegangen sind, mit den Technologien des 21. Jahrhunderts umgesetzt werden (Gray 2005).

VOM IMPERIALEN ZUM POSTMODERNEN KRIEG

Apologeten des Empires, wie Robert Kaplan, vertreten die Auffassung, dass die heutige Situation eine lineare Fortsetzung der imperialen Traditionen ist, und zwar nicht nur der griechischen und römischen, sondern auch der amerikanischen:

> Ich sah Capt. Jason Smith aus Baton Rouge, Louisiana, zuletzt mitten auf einer Straße in Al-Fallujah, die vom Knallen leichter Waffen wieder hallte. Er hatte die Hände tief in der Tasche vergraben, sein Ausdruck war kompromisslos und entschlossen. T.E. Lawrence bezeichnete Zweifel als unsere »moderne Dornenkrone«; für Smith dagegen war alles klar. Er gab über Funk Befehle und taktische Anweisungen ab: *Blackhawk, Apache, Red Cloud, Crazy Horse* ... Er stand da, als befände er

> sich in einem Ölportrait von Frederic Remington, oder als wäre er ein Offizier der alten Konföderation, der im amerikanischen Militär fortlebt und ihren Kampfgeist stärkt. Sein Ausdruck, seine ganzes Auftreten schien aus einem früheren, weniger komplizierten Zeitalter zu kommen.« (Kaplan 2005, 367-368).

Doch Kaplans Versuch, das US-Empire und den Krieg der Gegenwart als schlichte Fortsetzung der Vergangenheit darzustellen greift auf zwei Ebenen zu kurz. Erstens war die Vergangenheit nicht »unkompliziert«, sie wird nur von der imperialen Geschichte so dargestellt. Und zweitens unterscheiden sich die Komplikationen und Gefahren von heute grundlegend von denen der Vergangenheit, vor allem in Bezug auf die technologische Wirklichkeit. Der Krieg der Gegenwart wird durch Massenvernichtungswaffen geprägt – im absoluten Sinn totaler Zerstörung – aber auch von weltweiten Netzen der Affinität und unaufhaltsamer Informationsflüsse, sowohl öffentlicher als auch inoffizieller Art. Es ist eine Welt in der es keine wirklichen militärischen Triumphe und keine wirklichen Entscheidungsschlachten gibt, nur kulturelle und politische Siege, den Aufstieg und Niedergang von Ideologien, Ökonomien und Regimes. Und das unaufhaltsame Wachstum der Technowissenschaften und ihrer Produkte.

Willkommen in der Postmoderne, wo der Krieg keine Fortsetzung der Politik ist, sondern die Politik eine Fortsetzung des Kriegs. In Wahrheit ist es freilich noch komplizierter. Der Krieg befindet sich inmitten einer tief greifenden Krise. Nur zweimal in der Geschichte veränderte sich der Krieg in ähnlich grundsätzlicher Weise. Vor Tausenden von Jahren, zur Zeit des Aufstiegs der ersten Zivilisationen, ging der Krieg der Antike aus dem rituellen Krieg hervor. Und vor fünfhundert Jahren wurde der Prozess, der zum modernen Krieg führte, in Machiavellis Ruf nach totalen politischen Kriegen artikuliert. Entscheidungsschlachten wurden zum Ziel, der totale Krieg zur Regel. Mit dem zweiten Weltkrieg wurde der Krieg global, die Schlachten kontinuierlich, und die Waffen absolut. Die Atombomben ließen keinen Zweifel daran, dass die Grundannahme eines politischen Nutzens von Krieg nicht mehr galt. Dennoch besteht ein Großteil des modernen Kriegssystems immer noch: der militärischindustrielle Komplex, die militärische Mobilisierung der Technowissenschaften (eine »fortwährende Revolution in militärischen Angelegenheiten«), und die Annahme, der Krieg sei immer noch das wirkungsvollste Instrument der Politik. Daher der Begriff »postmoderner Krieg«.

Der Aufstieg des modernen Kriegs vor einem halben Jahrtausend fiel mit der Erfindung der Nationalstaaten zusammen, mit dem Aufkommen des europäischen Kolonialismus, dem Triumph des Rationalismus, besonders in seiner wissenschaftlich-technischen Ausprägung. Diese Entwicklungen waren alle miteinander verknüpft, und es überrascht daher kaum, dass die Krise des postmodernen Kriegs einhergeht mit dem Niedergang des Nationalstaats, dem Zusammenbruch des europäischen Kolonialismus, und einer zunehmenden Kritik reduktionistischer Rationalität. Der Terrorkrieg, der Aufstieg der Konzerne, und die zunehmende Tiefe der Globalisierung sind die jüngsten Manifestationen einer kollabierenden Moderne.

In den letzten 50 Jahren kam es zu einer weiteren Veränderung im Wesen des Krieges – die bloße Existenz des Kriegs wird von vielen nicht nur als unnötig, sondern als direkte Bedrohung des menschlichen Überlebens betrachtet – und zwar aus gutem Grund, wenn man sich die fortgesetzte Verbreitung von Massenvernichtungswaffen vor Augen hält.

Während man auf die Apokalypse wartet, wird die Gegenwart von neuartigen, auf neuen Technologien basierenden Kriegen, von der Wiederaufnahme des modernen Kriegs und von der Verbreitung nicht-staatlicher Gewalt geprägt. James Der Derian, ein führender Theoretiker von Gegenwartskonflikten, weist darauf hin dass »die Desintegration staatlicher Strukturen zur Desintegration des staatlichen Gewaltmonopols führt«. Doch diese Kriege sind keine Low-Tech-Kriege, auch wenn sie »von geringem Ausmaß ... verstreut, und möglicherweise nicht-hierarchisch« sind. Es werden immer noch wirkungsvolle leichte Waffen und hoch entwickelte Kommunikationsnetzwerke eingesetzt. Auch wo diese nicht verfügbar sind, wie es bei den Massakern von Ruanda der Fall war, erhalten die Killer mit ihren Macheten ihre Anweisungen über Funk (Der Derian 2001, 73 f.) Die gleiche Palette angemessener Technologien kann auch in tief unsymmetrischen Kriegen kleiner Nationalstaaten gegen Imperien zum Einsatz kommen, wie etwa in Vietnam und Afghanistan in der Vergangenheit, und in Afghanistan und im Irak heute. Wie die USA und ihre wenigen Verbündeten herausgefunden haben, stellen Low-Intensity-Konflikte (so der offizielle Terminus des US-Militärs) ein äußerst schwieriges Problem dar. Der Versuch, Technologie und Stärke einzusetzen und dabei Politik und Kultur zu ignorieren führt zwangsläufig zur Niederlage des Empires.

In einem Low-Intensity-Konflikt soll der Feind davon überzeugt werden, dass er nicht der Feind ist und dass man selbst auf seiner Seite steht. Opfer und jahrelange Kämpfe sind ein notwendiger, jedoch nicht ausreichender Preis für den Sieg in jedem ernsten Guerilla-Krieg, wie im Irak oder in Afghanistan. Die Situation ist am anderen Ende des Spektrums des Postmodernen Kriegs ebenso unstabil: im apokalyptischen Krieg.

Die Widersprüche zwischen dem modernen Krieg und den Technologien, die den postmodernen Krieg absurd machen, ist äußerst gefährlich und könnte durchaus zu einem Konflikt führen, in dem nukleare und biologische Waffen eingesetzt werden. Doch selbst wenn es dazu nicht kommen sollte, wurde vielfach darauf hingewiesen, dass der Krieg bereits die zivile Kultur vereinnahmt. Die Militarisierung der Kultur, die Paul Virilio (1984) als »reinen Krieg« bezeichnet, wurde durch die Erfindung der Massenvernichtungswaffen voran getrieben: »Die Atombombe machte die Entwicklung der Computerbombe nötig, die Bombe der totalitären Information.« (Virilio 1999, S. 36) Mittlerweile scheint sich eine neue Art des Krieges, vielleicht sogar des Friedens, abzuzeichnen. Was bedeutet das für die Politik? Wenn die Apokalypse unser Schicksal ist, brauchen wir darüber nicht nachzudenken. Falls nicht, gibt es reale Möglichkeiten. Um sie zu erkennen und aufgreifen zu können, müssen wir sowohl den postmodernen Krieg als auch seinen innere Antriebskraft begreifen: die ständige technologische Revolution.

DIE FORTWÄHRENDE REVOLUTION IN MILITÄRISCHEN ANGELEGENHEITEN

> Die Revolution in militärischen Angelegenheiten ist nur ein Name, der einem Abschnitt des langen Kontinuums der militärischen Technikentwicklung gegeben wurde.
>
> (Helprin 1998, 98)

In den vergangenen Jahren wurde viel darüber diskutiert, wie eine »Revolution in militärischen Angelegenheiten« (*Revolution in Military Affairs,* RMA) den Krieg vom Grund auf verändert. Manchmal wird diese RMA von der Elektronik vorangetrieben, manchmal von Information, dann wieder von der Biologie – die Spezifika sind variabel. Ebenso können sich die neuen Arten der von der RMA hervorgebrachten Kriege ändern: amorpher virtueller Krieg und hochdestruktive Kriege mit Präzisions-Munition kommen ebenso in Frage wie chaotische Straßenkämpfe. Doch ein Blick auf jüngere Geschichte zeigt, dass heute all diese RMAs und all diese Kriege existieren, und dass es in Wahrheit keine einzelne RMA gibt. Tatsächlich läuft schon seit 1945 eine fortwährende Revolution in militärischen Angelegenheiten (*Perpetual Revolution in Military Affairs,* PRMA) ab.

Warum also eine fortwährende Revolution und nicht eine einzige oder eine Reihe von Revolutionen? Weil wir es nicht mit einer einzelnen grundlegenden Veränderung der Militärpolitik und militärischer Praxen zu tun haben, aber ebenso wenig mit einer Reihe von separaten Veränderungen, wie sie für den modernen Krieg kennzeichnend waren. Seit 1945 (oder auch früher, begründbar wären etwa1939 oder 1914), als der Einsatz der Atombombe durch die USA gegen Japan die Grundidee des modernen Kriegs (totale Mobilisierung für den totalen Krieg) ad absurdum führte, war des Wesen des Krieges ständig im Fluss. Die verschiedenen RMAs, die postuliert wurden, waren in Wahrheit ein Bestandteil eines Systems kontinuierlicher grundlegender Veränderungen der militärischen Technik und der Doktrinen, die in dem vergeblichen Bestreben formuliert wurden, den fundamentalen Widerspruch des heutigen Krieges zu überwinden: moderne Prinzipien im Kontext postmoderner Technologien. Vor diesem Hintergrund ist Clausewitz' Satz vom »Krieg als Fortführung der Politik mit anderen Mitteln« nicht mehr gültig. Stattdessen wurde die Politik, wie Michel Foucault (1980) ins Treffen führte, zu einer Ausweitung des Krieges: seit 1941 haben sich die meisten Länder, insbesondere die USA, in einem ständigen Zustand der Ausnahme, der Mobilisierung, und der politischen Militarisierung befunden. Der erste Kalte Krieg gegen die Kommunisten wurde durch einen amorpheren zweiten Kalten Krieg ersetzt, ein Krieg der sich dem Anschein nach gegen den Terrorismus richtet, in Wahrheit jedoch ein Terrorkrieg ist. Die Grundstruktur des postmodernen Krieges bleibt die gleiche: kein totaler Krieg, aber alle anderen Arten des Krieges, kontinuierliche technische Innovation, zunehmende Geschwindigkeit und Tödlichkeit (einschließlich der Verbreitung von Massenvernichtungswaffen), Militarisierung von Technik und Wissenschaft, tiefer integrierte Mensch-Maschine-Systeme (Cyborgisierung), Informationsfetischismus, und ständig zunehmende Angst.

Selbst wenn dieses System des postmodernen Krieges nun mit sich selbst im Konflikt ist, ist es immer noch dynamisch. Die herrschenden Doktrinen fordern kontinuierliche militärische Innovation und schaffen entsprechende Bürokratien, und das Herz des technischen Fortschritts, der Computerchip, verdoppelt etwa alle zwölf Monate seine Kapazität. Die »Institutionalisierung der Innovation« hat sich mit verblüffender Genauigkeit an das Mooresche Gesetz gehalten (wonach die Kapazität von Computerchips geometrisch zunimmt) und produziert unentwegt bedeutende militärische Innovationen. Michael O'Hanlong fasst dies so zusammen:

> Die Liste der militärischen Technologien, die seit dem Zweiten Weltkrieg entwickelt wurden, umfasst Helikopter, Aufklärungssatelliten, Infrarot-Sichtgeräte, lasergestützte Entfernungsmesser und Zielerfassungstechnologien, elektronisch gesteuerte Radartechnologien, leistungsstarke Luft-Luft- und Boden-Luft-Raketen, den modernen Düsenantrieb und Überschall-Flugzeuge, Marschflugkörper, das globale Positionierungssystem, Radar-resistente Werkstoffe und Bauweisen, den thermonuklearen Sprengkopf, und die Interkontinentalrakete. (O'Hanlong 1998, 2)

O'Hanlon bezeichnet die Wirkung dieser Innovationen in der Folge als »evolutionär, nicht revolutionär«, was aber nicht logisch ist. Vielleicht kommt er zu diesem Schluss, weil er Atom-U-Boote, interaktive Panzerungen, hochwirkungsvolle Geschosse, neue medizinische Technologien, Drohnen und ferngesteuerte Flugzeuge, die Militarisierung des Weltraums und die Entwicklung neuer und wirkungsvollerer biologischer, chemischer und nuklearer Massenvernichtungswaffen ausgelassen hat. Wenn dies keine fortwährende Revolution in militärischen Angelegenheiten ist, dann kann es wohl keine geben.

Werfen wir einen Blick auf frühere RMAs. Andrew Krepinevich hat eine Geschichte der militärischen Revolutionen mit folgenden Abschnitten vorgelegt: Infanterie-Revolution (14. Jhdt.), Artillerie-Revolution (15. Jhdt.), die Revolution der Seefahrt und des Seekampfes (14. – 17. Jhdt.), die Festungs-Revolution (16. Jhdt.), die Schießpulver-Revolution (16. – 17. Jhdt.), die napoleonische Revolution (18. Jhdt), die Revolution der Landkriegsführung (19. Jhdt.), die Marine-Revolution (19. u. 20. Jhdt), gefolgt von einer Reihe von Revolutionen zwischen den beiden Weltkriegen (Mechanisierung, Luftkrieg, Information) sowie der späteren nuklearen Revolution (Krepinevich 1994). Zuerst folgten die Revolutionen aufeinander, Jahrhundert um Jahrhundert: die Infanterie ersetzte die Kavallerie, die Artillerie übernahm die Kontrolle des Schlachtfeldes, mit Schießpulver wurden Festungen zerstört, usw. – eine beständige Erhöhung des Wirkungsgrades des Tötens. Dann aber kommt das 20. Jahrhundert und das Tempo der Veränderungen erhöht sich gewaltig, die Revolutionen überschneiden einander und führen schließlich zur kontinuierlichen Innovation, die wir heute haben.

Die PRMA ist ein wichtiger Aspekt des postmodernen Kriegssystems, das seit dem Zweiten Weltkrieg ständig tiefgreifende, wenn auch ungleichförmige Veränderungen in der militärischen Doktrin und Praxis bewirkt haben, ohne jemals auch nur vorübergehend, und schon gar nicht permanent, eine vollständige militärische Überlegenheit zu garantieren. Wir wissen heute, dass es trotz RMA niemals perfekte Sicherheit geben wird, und zwar aus drei wichtigen Gründen: der Nebel des Krieges, die Grenzen der Informationstechnologie, und das postmoderne Kriegssystem.

Der Nebel des Krieges ist immer da, denn der Krieg findet zwischen Menschen statt. Er ist unberechenbar (Sun Tzu 1962). Die Informationstechnologie ist unvollkommen und einige ihrer Schlüsselkomponenten funktionieren, indem sie die Wirklichkeit nachbilden, nicht, indem sie die Wirklichkeit sind; Informationstechnologie ist unberechenbar und weit von der Perfektion entfernt. Das gegenwärtige postmoderne Kriegssystem ist besonders instabil und verändert sich ständig, weil die Technologien sich verändern.

Mikkel Rasmussen hat darauf hingewiesen, dass RMAs »eine Transformation sowohl der *episteme* als auch der *techne* erfordern« (Rasmussen 2001, 1). In anderen Worten, eine wirkliche RMA verändert die Art und Weise, wie wir über Krieg denken, nicht nur die Kriegsführung selbst. Im System der PRMA verändert sich der Krieg ständig, und nach Rasmusssen hängen diese Veränderungen mit einer grundlegenden »Veränderung des sozialen Paradigmas« zusammen, welches das internationale System erfasst hat und bedeutende Konsequenzen für die internationale Sicherheit nach sich zieht. Der Krieg ist kein eigenes und klar umrissenes politisches Instrument mehr, welches dazu eingesetzt werden könnte, einen entscheidenden Sieg im Konflikt zweier staatlicher Gegner herbeizuführen. Es handelt sich um einen ungeordneten und begrenzten Prozess, wo häufig auch eindeutige Siege, wie dem Schein nach etwa die US-Invasionen von Afghanistan und Irak, zu noch mehr Problemen und zu Verwirrung führen können, und wo viele der Kampfparteien keine Staaten oder sogar Proto-Nationen sind. Anstatt den praktischen Nutzen des Krieges als politisches Instrument zu erhöhen, was der Traum jeder neuen RMA ist, ist die kontinuierliche Entwicklung neuer Waffen und Systeme zum Motor eines verwirrenden, asymmetrischen und sehr unbestimmten postmodernen Kriegs geworden. Dies ist nirgends so deutlich sichtbar wie in der grässlichsten Waffenkategorie: den Massenvernichtungswaffen.

> Am fünfzehnten Tag hatten sich die kleinen Schrammen an Ustinovs Körper dunkelblau verfärbt, und seine Haut war dünn wie Pergament geworden. Das Blutbett darunter begann durchzusickern. Das Blut drang aus seiner Nase, dem Mund, und den Genitalien. Durch einen noch weitgehend unbekannten Mechanismus verhindert das Virus die normale Blutgerinnung: die Blutplättchen, welche die Gerinnung bewirken, werden zerstört. Durch die Ausbreitung des Virus beginnen die inneren Organe des Körpers sich buchstäblich aufzulösen. (Alibek 1999, 131)

Nikolai Ustinov arbeitete im sibirischen Labor für biologische Waffen »Vector«. 1988 injizierte er sich versehentlich Marburg-Viren in seinen Daumen. Sein entsetzlicher Tod macht ihn zu einem prägnanten Symbol für die Massenvernichtungswaffen des 21. Jahrhunderts.

Biologische Kriegsführung ist nichts Neues. Brunnen mit Leichen zu vergiften gehörte zur Taktik der Antike, und vor Hunderten von Jahren wurden indigenen Amerikanern die Decken von Pockenopfern geschenkt, um eine Epidemie auszulösen. Während des Zweiten Weltkriegs testeten die Japaner und die Deutschen biologische Waffen an Menschen, und auch die Briten, Sowjets und Amerikaner führten entsprechende Forschungen durch.

1942 testeten die Japaner bereits Milzbranderreger an Chinesen in den Lagern von Einheit 731. Sie entdeckten, dass bei einer Infektion der Lunge das Opfer zunächst die Symptome einer Grippe oder einer Erkältung wahrnimmt. Dann kommt es zu einer »Schattenphase«, in der das anfängliche Unwohlsein abnimmt. Doch die Bakterien vermehren sich nur. Plötzlich geben sie ein Toxin ab, das die Lungen mit Flüssigkeit füllt, wodurch die Haut des Opfers eine »blasse, bläuliche Farbe« annimmt. Husten und Krämpfe folgen. »Das Ende kommt meistens plötzlich: manche Opfer von Lungenmilzbrand starben mitten in einem Gespräch. Die Krankheit verläuft in 90 Prozent der unbehandelten Fälle tödlich.« (Alibek 1999, 7 f.)

Die Infektion muss jedoch nicht die Lungen betreffen. 1979 vergaßen Techniker der Zone 19, eine Biowaffen-Fabrik in der sibirischen Stadt Swerdlowsk, einen verschmutzten Filter auszutauschen. Dadurch wurden trockene Milzbranderreger des für militärische Zwecke eingesetzten Stamms 836 in der Stadt freigesetzt. Zwischen 66 und 106 Zivilisten kamen zu Tode. Die genaue Zahl ist dank des Vertuschungstalents des lokalen kommunistischen Parteifunktionärs Boris Jeltsin unbekannt geblieben. Die meisten der frühen Opfer starben an einer durch Einatmung der Pathogene verursachten Lungenmilzbrand, bei anderen erfolgte die Infektion erst später durch feine Hautrisse und Sporen, die infolge der von Jeltsin angeordneten Desinfektionsmaßnahmen aufgewirbelt wurden. Die Infektion über die Haut führt zu schwarzen Geschwüren. Falls eine Behandlung ausbleibt, erzeugen die Bakterien rasch Toxine, die sich mit den Körperzellen verbinden, besonders mit weißen Blutkörperchen, und dann diese und den Wirt töten (Alibek 1999, 76-77).

Warum werden solch entsetzliche Waffen hergestellt, deren Hauptziel offenkundig Zivilisten sind? Eine Antwort findet sich in der Geschichte des strategischen Bombardierens. Wie die biologischen Waffen löste auch die Vorstellung eines Bombardements von Städten anfangs bei den meisten Zivilisten und Militärs Entsetzen aus. Inzwischen wird sie jedoch akzeptiert, nicht nur als entscheidender taktischer Faktor in einem Krieg, sondern als Instrument des Peacemaking. Auch wenn es Faschisten waren, die Guernica bombardierten, und auch wenn es japanische Royalisten waren, die Shanghai bombardierten, so waren es doch Luftstreitkräfte der großen Demokratien, der USA und Großbritanniens, die Hamburg, Dresden und Tokyo (die größte einzelne »Tötung« der Geschichte) bombardierten, und zwar in einer Weise, die künstliche Wettersysteme in der Form von Feuerstürmen erzeugte, in denen Tausende Frauen, Kinder und Arbeiter ums Leben kamen. In den Dreißiger-Jahren, während die US-Regierung den Bombeneinsatz gegen Zivilisten in Barcelona, Guernica und Shanghai verurteilte, perfektionierte die US-Luftwaffe den B-17 Superbomber. Bald danach bauten im Exil lebende antifaschistische Deutsche und Italiener die Atombombe (Gray 1997, 134ff.).

Das System, welches strategische und atomare Bombardements hervorgebracht hatte, produzierte auch die biologischen Waffen. Biologische (und auch chemische) Waffen wurden wegen ihrer scheinbaren Wirkungslosigkeit weniger eingesetzt als explosive Stoffe. Schwierigkeiten bei der Ausbreitung und niedrige Infektionsraten haben sie zu minderwertigen Waffen gemacht. Doch sie wurden eingesetzt, und sie werden auch wieder eingesetzt werden, wenn der Krieg weitergeht.

Den modernen Krieg konnte man sich schwer vorstellen, da er so schrecklich war. Den postmodernen Krieg kann man sich noch schwerer vorstellen, denn er ist politisch undeutlich, auf der Ebene des Kampfes jedoch ebenso entsetzlich wie der moderne Krieg – potenziell sogar noch schlimmer, nämlich apokalyptisch.

Doch all das beruht auf einem Diskurs, wie der Krieg immer schon (Mansfield 1982). Dieser Diskurs wird in Körpern artikuliert, denn ohne die Verletzung und Zerstörung von Körpern gibt es keinen Krieg. Mehr noch, die Idee des Krieges ist die gleiche wie der Folter, nämlich den Gegner dazu zu bringen, sich körperlich zu unterwerfen, so wie es die eigenen Anhänger (Soldaten, Folterknechte) schon getan haben (Scarry 1992). Doch trotz dieser fleischlich-blutigen Wirklichkeit geht es immer noch um einen Diskurs, und zwar um einen, der sich in einer tiefen Krise befindet. Der Krieg wird nicht mehr als bloßes Ritual oder als natürliches Schicksal der Schwachen, oder als »Politik mit anderen Mitteln« akzeptiert. Die einzige Rechtfertigung des Krieges ist heute Peacemaking und Peacekeeping, und die Verbreitung von Massenvernichtungswaffen hat auch das noch in Frage gestellt. Was kann rationale Macht gegen den Fanatismus leisten, wenn beide Seiten über absolute Waffen verfügen?

Neuere und leicht kalkulierbare Fortschritte in der Biologie und der Entwicklung von Waffenplattformen deuten darauf hin, dass die biologische Kriegsführung in wenigen Jahren sehr wirksam sein wird. Besonders die Gentechnik stellt biologische Waffen mit erhöhter Wirksamkeit in Aussicht, die eine Definition von Zielgruppen (auch nach rassischen Kriterien) ermöglichen und durch die Kombination bestehender Pathogene Behandlungsresistenz gewährleisten. Die Fortschritte in der Raketentechnik, aber auch bei Aerosol- und Detonationstechnologien sind so weit gediehen, dass der Einsatz solcher

Waffen nicht mehr das unlösbare Problem ist, das er in der Vergangenheit war.

Verbesserte Technologie erklärt auch die Rückkehr der chemischen Waffen, die seit dem Ersten Weltkrieg kaum eingesetzt wurden. Saddam Husseins Irak setzte sie gegen den Iran und gegen aufständische kurdische Dörfer ein, und es ist wahrscheinlich, dass sie auch weiter eingesetzt werden. Denn biologische und chemische Waffen werden oft als die »Atombombe der Armen« bezeichnet, und darin liegt viel Wahres. Übersehen wird dabei jedoch, dass besonders die biologischen Waffen ein größeres Verbreitungspotenzial haben als Kernwaffen, da ihre Produktion immer einfacher wird und ihre Zerstörungskraft dabei noch zunimmt. Eine einzige biologische Waffe könnte hunderte Millionen Menschen töten, was selbst mit der stärksten Atombombe nicht möglich wäre. Freilich wurden Kernwaffen bereits eingesetzt und sind daher ein akzeptierter (wenn auch wahnsinniger) Bestandteil der internationalen Beziehungen. Deshalb haben sie sich immer weiter verbreitet. Die grundsätzliche Doppelmoral der Nuklearmächte – wir haben Atombomben, aber ihr dürft keine haben – hat bewirkt, dass der Atomwaffensperrvertrag im besten Fall wirkungslos ist. Die Weiterverbreitung von Kernwaffen wurde vielmehr durch technische und innenpolitische Probleme verlangsamt, wenn auch nicht gestoppt. Mit dem Eintritt von Indien, Pakistan und Nordkorea in den »Club« werden zwangsläufig weitere islamische und asiatische Länder Kernwaffen beschaffen. Dass der Irak seit 1991 kein Kernwaffenprogramm mehr hat und Libyen 2003 beschloss, keines zu beginnen und Inspektionen zuzulassen, ändert an der Grundsituation nichts. Solange manche Länder über Kernwaffen verfügen, und besonders solange sie diese für aggressive Drohungen verwenden (wie die USA), oder im Krieg selbst einsetzen (wie die USA es getan hat und wieder plant), solange werden sich diese Waffen weiterverbreiten.

Das bedeutet, dass auch nicht-staatliche Akteure irgendwann Massenvernichtungswaffen beschaffen werden. Walter Laqueur, ein führender »Verteidungs«-Theoretiker, hat lange die Auffassung vertreten, dass derartige Bedrohungsszenarios überbewertet werden. 1999 änderte er seine Haltung vollkommen:

> Die leichte Verfügbarkeit von Massenvernichtungswaffen ist heute eine Tatsache, und viel davon, was wir über den Terrorismus gedacht haben muss ebenso neu aufgerollt werden wie manche unserer wichtigsten Grundannahmen. Die Natur des Terrorismus ist in Veränderung begriffen, früher bestehende Beschränkungen verschwinden, vor allem aber ist die Bedrohung des menschlichen Lebens um vieles größer als in der Vergangenheit. (Laqueur 1999, 7)

DIE MILITARISIERUNG DES WELTRAUMS

Präsident George W. Bush gab seine Pläne für die so genannte strategische Verteidigung kurz vor den Selbstmordangriffen auf das World Trade Center bekannt, was zu vielen zynischen Kommentaren über die Wirkung eines derartigen Systems Anlass gab. Anstatt des minimalistischen Clinton-Vorschlags autorisierte Bush ein vollständiges System, das See, Land, Luft und Raum umfasste. Präsident Reagan hatte seine eigenen Motive für das Star Wars-Projekt, doch das eigentliche Ziel beider Pläne war die Militarisierung des Weltraums: die Kontrolle des erdnahen Weltraums ist gleichbedeutend mit der Kontrolle der Erde selbst. Aus diesem Grund hat auch China ein Raumprogramm und testete 2007 einen Satelliten-Killer, wie die USA und die UdSSR es früher schon getan hatten.

Es ist nicht nötig, hier all die Argumente gegen die Star Wars-Pläne oder die Militarisierung des Weltraums wieder aufzunehmen, doch etwas muss über die Rolle der Information in militärischen Systemen angemerkt werden, weil darin eines der bedeutendsten Probleme des postmodernen Kriegs liegt. Die Probleme werden durch eine pragmatische Kombination aus gelebter Erfahrung und Informationssystemen umrissen, und von unserem Wissen über Informationstheorie. Angesichts der vorliegenden Arbeiten über die Leistungsgrenzen von Computersystemen in Star Wars erscheint der Glauben der USA und anderer Regierungen an die Technik sonderbar. Es kümmert sie nicht, dass das, was sie wollen, jetzt für unmöglich gehalten wird, denn sie nehmen an, dass eines Tages *alles* technisch möglich sein wird.

Die allgemeinen Grenzen einer Verteidigung mit Marschflugkörpern machen die ganze Vorstellung einer Verteidigung mit Interkontinental-Raken sinnlos. Nicht nur, weil sie dem Verteidiger 10 bis 100 Mal mehr kostet, einem Täuschungsversuch durch den Angreifer zu begegnen. Die Vorstellung, dass jeder kleine Staat oder jede NGO anstatt anderer Systeme Raketen als Träger für Massenvernichtungswaffen einsetzen würde ist einfach nicht glaubwürdig. Die Systemwirkungen sind vielfältig. Es ist nicht nur unmöglich, die Ergebnisse komplexer Systeme vorherzusagen, die in Fachartikeln diskutiert wird, es geht um manche der größeren Folgen der Raketenverteidigung, die voraussehbar sind, und mit denen wir uns beschäftigen sollten.

Wenn Star Wars wirklich nur als Verteidigungssystem gedacht wäre (was militärisch unmöglich ist, aber man kann es sich einreden), dann wäre dies der Versuch, eine unmögliche Technologie zur Lösung eines entsetzlichen Problems zu verwenden, das durch die Technik selbst hervorgebracht wurde. Da aber das eigentliche Ziel der derzeitigen Pläne nur im nächsten Schritt zur Militarisierung des Weltraums besteht, geht es um ein politisches Ziel (die buchstäbliche Herrschaft über die Erde), das mit einer unmöglichen Technologie erreicht werden soll.

Die Militarisierung des Raums und seine Beherrschung ist seit Mitte der Vierziger-Jahre ein explizites Ziel des US-Militärs. Inzwischen besteht im Pentagon Einigkeit, die vom Rest der Regierung und einem Großteil der Legislative geteilt wird. Es gibt ein zentrales Raumkommando, es gibt Pläne für Weltraumstreitkräfte, die der Air Force, der Navy und der Army angegliedert werden sollen.

General Joseph Ashy sagte dazu 1996:

> Es ist politisch heikel, aber es wird dazu kommen. Manche wollen das nicht hören, und es ist sicher nicht in Mode, doch wir werden mit absoluter Sicherheit *im* Raum kämpfen, wir werden *aus* dem Raum und *in* den Raum kämpfen. (Zitiert nach Scott 1996, 51, Hervorhebung im Original)

Die National Missile Defense und die daraus folgende Besetzung des Raums durch die *US Space Corp.* wird als notwendig erachtet, um ein »Pearl Harbour« im Raum zu verhindern. Die präemptive Verteidigung wird zur Begründung für die Außerkraftsetzung von Verträgen, die den Weltraumkrieg verhindern sollen, und sie wird zum Ausgangspunkt der militärischen Ausbeutung eines unendlichen Grenzbereichs. Die Befürworter halten dies für unvermeidlich.

> Es ist unsere offenkundige Bestimmung. Wir sind von der Ostküste zur Westküste der USA vorgedrungen, haben den Kontinent besiedelt, und das wurde als offenkundige Bestimmung bezeichnet; der nächste Kontinent, der nächste Grenzbereich ist der Weltraum, und der dehnt sich unendlich aus.
> (Senator Bob Smith, R. New Hampshire, im Senate Armed Services Committee (Zitiert nach dem Dokumentarfilm »Star Wars Returns«, Feb. 2001)

Die Militarisierung des Raumes bildet einen Bestandteil einer bedeutenden Neuausrichtung der militärischen Prioriäten der Vereinigten Staaten. In der Zukunft können wir erwarten, dass die Nanotechnologie neue Massenvernichtungswaffen hervorbringt, und aus dem Weltraum könnten hochwirksame Laser schlimmen Schaden anrichten, doch beides ist noch so weit entfernt, dass man sich für weitere zehn Jahre darüber nicht den Kopf zerbrechen muss. In der Zwischenzeit propagieren Verteidigungsexperten und führende Militärs jedoch einen neuen Kriegstypus, der auf Information beruht und das Versprechen leichter, möglicherweise sogar blutloser Siege in sich birgt.

INFORMATIONSKRIEG UND REALER KAMPF

Der Krieg ist keine intellektuelle Tätigkeit sondern eine brutale physische. Der Krieg läuft immer auf die Zermürbung hinaus, also auf einen Wettbewerb zwischen zugefügtem und ertragenem Blutvergießen, und je extremer die Zermürbung wird, um so weniger zählt das Denken. (Keegan 2003, 321)

Die Kämpfe im Irak, und in kleinerem Umfang in Afghanistan, tendieren zweifellos zur Zermürbung, obwohl die USA nach wie vor hoffen, dass Informationskriegdoktrinen und -technologien den Sieg ermöglichen werden. Auf den ersten Blick ist unklar, worin ein Sieg im Irak bestehen würde. Die offiziellen Gründe für die präemptive Invasion, nämlich die Bedrohung für die USA, die Massenvernichtungswaffen und Terrorismus darstellten, waren schon unglaubwürdig, bevor sie sich im Laufe der Ereignisse als reiner Schwindel erwiesen. Den wahren Grund haben die Wall Street Journal-Report Robert Greenberger und Karby Leggett treffend auf den Punkt gebracht: Bushs »Traum ist, den ganzen nahen Osten in einen anderen Ort zu verwandeln, einen Ort, der keine Gefahr für amerikanische Interessen darstellt.« (2003, 1) Das irakische Öl ist nur ein Teil dieser Gleichung, geopolitische Strategie und kulturelle Faktoren wiegen schwerer. Die Gründe für den unvermeidlichen Fehlschlag dieser Politik sind viel sagend, und geben Aufschluss über den Unterschied zwischen naiven, technophilen Militärdoktrinen und dem wirklichen Krieg. Der Plan, den Irakern eine vorbildliche kapitalistische Demokratie zu schenken, steht vor einer Reihe bedeutender Schwierigkeiten:

- Die tatsächliche Wirkung der US-Besatzung bestand in der Stärkung anti-amerikanischer Kräfte und Stimmungen in der gesamten islamischen Welt, und in der Entfremdung der wichtigsten US-Verbündeten. Darüber hinaus hat sie zur Folge gehabt, dass die USA das Vorgehen Israels und Russlands gegen die Palästinenser bzw. die Tschetschenen billigten, was islamistische Behauptungen eines anti-islamischen Kreuzzugs stärkte.
- Wirksame Anti-Guerilla-Operationen und Nation-Building setzen weitere US-Opfer voraus, was politisch inakzeptabel geworden ist. Die Angst vor Opfern und der Glaube an die Information als Kampfkraftverstärker hat die USA dazu gebracht, Mitglieder der früheren irakischen Sicherheitskräfte zu rekrutieren (Washington Post 2003) und mit israelischer Unterstützung eigene Tötungen und Terroranschläge zu planen (Hersh 2003)

- In jedem Fall ist das US-Militär für das Nation-Building nicht geeignet, wie Wesley Clark überzeugend ins Treffen führte. Es wurde geschaffen, um große Kriege zu führen, nicht für Peacekeeping-Operationen (Clark 2003). Die Verwandlung des US-Militärs in einen »militärischen Unterhaltungskomplex« (Lenoir 2003, 175) oder in ein »militärisch-industrielles Medien-Entertainment-Netzwerk« (Der Derian 2001, xi) durch eingebettete Reporter und ähnliches mag nützlich sein, um den Krieg kurzfristig zu verkaufen, wird aber langfristig wirkungslos bleiben (wenn die Soldaten sich gegen den Krieg stellen und ihren Freunden und den Reportern alles darüber erzählen), und es wird auch nichts dazu beitragen, den Krieg zu gewinnen.
- Die Funktion des Kriegs und der Besatzung als Profitzentrum für bevorzugte republikanische Konzerne hat zu schlechter Verpflegung der Soldaten (Krugmann 2003) sowie einer stümperhaften Form der Kriegsökonomie geführt, die einer Art »Sozialismus der Konzerne« mit garantierten Gewinnen gleichkommt. Gewiss verdienen die USA viel durch den Verkauf von Waffen – sie sind weltweiter Marktführer mit einem Umsatz von $ 57,8 Billionen zwischen 1997 und 2001, und sie haben riesige »private« Militärfirmen (Söldner, nicht Waffenproduzenten), die bis 2010 voraussichtlich 200 Billionen Dollar Umsatz erzielen werden – dies schlägt sich aber nicht in wirksamer militärischer Macht nieder (Johnson 2003, 54, 56).

Alle auf den Krieg angewandten Informationstheorien, also z.B. der Netzkrieg, der virtuelle Krieg, der Cyber-Krieg, »Shock and Awe«, oder groß angelegte Sonderoperationen (die Rumsfeld als *manhunts* bezeichnete), sind Ausdruck eines ärmlichen, instrumentalistischen, wunschgeleiteten Denkens. Politisches, psychologisches und kulturelles Wissen sowie echte Opfer sind erforderlich, wenn eine Bevölkerung, die keine Besatzung will, länger als nur kurzfristig okkupiert werden soll. Nur zu den Opfern ist es dabei gekommen. Während sich die USA auf den Irak konzentrieren benutzen ihn die Islamisten zur Anwerbung und Ausbildung von Rekruten, bereiten sich auf die Wiedereroberung von Afghanistan sowie auf neue Terroranschläge und die Destabilisierung wichtiger islamischer Länder wie Pakistan (mit seinen Kernwaffen), Indonesien (die größte islamische Nation) und Saudi Arabien vor.

Die wirkliche Rolle der Information im postmodernen Krieg ist viel komplizierter als die US-Doktrin meint. Die Technik spielt dabei nur eine kleine Rolle, und es ist wichtiger, die passende Technologie zu haben, als die neueste. Zwei Tage vor Weihnachten 1999 berichtete die BBC, dass die Revolutionären Streitkräfte von Kolumbien (FARC), eine marxistische Guerilla-Gruppierung, Y2K-resistent war. Juan, der Systemadministrator der FARC, verkündete stolz, dass alle komplexen Datenbanken, in denen auch Entführungen gespeichert werden, auf Windows 2000 aktualisiert worden waren. Durch Satellitentelefone und Laptops hat die FARC »auch in den entlegensten Urwald-Camps Internet-Zugang.« (McDermott 1999)

Die Verkabelung der FARC zeigt, dass die Informatisierung zweifellos den Krieg verändert. Bedeutet das aber, dass ein ganz neuer Kriegstypus entstanden ist – ein Info-, Netz- oder Cyberkrieg? Keineswegs. Diese neuen Kriegstheorien sind aus zwei miteinander verbundenen Krisen hervorgegangen. Zum einen wächst die Bedeutung der Informationstechnologien in der Kultur der Gegenwart ständig an und verursacht zahlreiche ökonomische und politische Verwerfungen. Zum anderen gibt es eine Krise des Krieges selbst, die im postmodernen Krieg ihre *reductio ad absurdum* erreicht hat.

Die Globalisierung hat eine Lawine von Informationskriegstheorien ins Rollen gebracht. In den Neunziger-Jahren entdeckten zwei RAND-Forscher, John Arquilla und David Ronfeldt, dass die Zapatisten-Bewegung in Mexiko das Internet nutzte, um wirksam internationale Unterstützung zu mobilisieren. Sie führten eine Reihe von Theorien zusammen, welche bestimmte Aspekte des postmodernen Kriegs betreffen, und verabsolutierten sie: die zentrale Rolle der Information, das weltweite Kommunikationssystem, der Anspruch, Politik sei eine Fortsetzung des Kriegs mit anderen Mitteln, die Verbreitung unerklärter und Konflikte, das Vordringen des Kriegs in jedes denkbare Szenario. Eine zeitlang gab es einen wahnwitzigen Ansturm auf alles, was mit Info/Netz/Cyberkrieg zu tun hatte, verbunden mit entsprechenden Forderungen nach Mitteln. Mittlerweile ist die Hysterie verebbt, die Mittel sind verfügbar, und die Informationskriegstheorien werden in die Kriegspraxis der Gegenwart integriert, während die Vorstellung eines alleine im Cyberspace ausgetragenen Kriegs aufgegeben wurde. Doch Illusionen gibt es immer noch: die jüngste davon ist der Netz-zentrierte Krieg und verspricht immer noch viel mehr als sie erfüllen kann, wie das Desaster im Irak zeigt.

Die amerikanische Verwirrung über die wirkliche Funktion der Information im Krieg lässt sich zum Teil auf die Veränderungen zurückführen, die öffentliche Aufmerksamkeit in Konflikten bewirken kann. Aufmerksamkeit entmilitarisiert Konflikte in bestimmtem Maß, indem sie den Nutzen militärischer Mittel beschränkt. Die weltweite Aufmerksamkeit, welche die zapatistischen Gruppen in Mexiko auf sich zogen, führte ebenso wie der Zustrom von Aktivisten in das Gebiet zu einer starken Beschränkung der Möglichkeiten der Gewaltanwendung durch die mexikanische Regierung. Ein Konflikt, der in anderen Zeiten ein blutiger Aufstand werden hätte können wurde so zu einem weitgehend gewaltlosen Konflikt (Matthews 1997, 54). Der mexikanische Außenminister José Angel Gurría bemerkte dazu: »Die Schießereien dauerten zehn Tage, und seither ist der dieser Krieg ... ein Krieg im Internet« (zitiert nach Matthews 1997, 54).

Während der Eroberung des Iraks wurde viel Aufhebens um die eingebetteten Reporter gemacht, die den Krieg »wirklich« machen sollten, und um die ungeheuere *Shock and Awe*-Wirkung des Netz-zentrierten Kriegs, der über den Irak hereinbrach. Doch sobald der erste Ansturm vorüber war und die Kämpfe als Guerillakrieg fortgesetzt wurden, ging die öffentliche Unterstützung zurück. Massive koordinierte Feuerkraft bringt mehr Guerillas und Unterstützer hervor, als sie in der Lage ist zu töten oder abzuschrecken. In Low-Intensity-Konflikten ist gute Information ebenso schwer aufzutreiben wie sie wertvoll ist.

In den USA wurde dem Unified Space Command die Verantwortung für Informationskrieg übertragen. Dies erscheint schlüssig, wenn man in Betracht zieht, dass die Kontrolle des Weltraums in ihrem Verhältnis zu herkömmlichen Kampfformen der Kontrolle über den Cyberspace ähnelt, in Bezug auf die realen Verhältnisse ist es aber sinnlos. Die US-Politik seit 1945 ist von massiven Fehlschlägen der nachrichtendienstlichen Arbeit (also der Informationsverarbeitung) gekennzeichnet. Die Liste ist lang: die Umstürze in Osteuropa, der Koreakrieg, das Zerwürfnis zwischen der Sowjetunion und China, der Vietnamkrieg, die sowjetische Niederlage in Afghanistan, der Zusammenbruch des Kommunismus, die Anschläge des 11. September, die Suche nach Osama bin Laden, und die nicht-existierenden Massenvernichtungswaffen im Irak.

Die Übertragung des Informationskriegs an das *Unified Space Command* ist eine Fortsetzung des übermäßigen Vertrauens auf elektronische Information zu Lasten wirklichen Wissens und präziser (und ausreichend anspruchsvoller) Theorien über die Welt.

Der Krieg ist ein sehr komplexes und unstabiles System und kann nicht kontrolliert, verwaltet oder vorausberechnet werden. Dennoch ist der Drang nach der Automatisierung und Informatisierung des Kriegs ungebrochen, auch wenn die militärische Gewalt als politisches Instrument immer nutzloser wird. Für jeden Fall, wo eine politische Führung zu einer politischen Veränderung mit militärischen Mitteln genötigt wird, wie etwa Slobodan Milosevic durch die Massierung von NATO-Truppen während der Bombardements, gibt es viel mehr Beispiele für das vollkommene Versagen militärischer Maßnahmen in der Verfolgung politischer Ziele, selbst im Falle einer großen Übermacht. Somalia ist ein solches Beispiel.

> Abokoi sah, wie sich die Menge über die Amerikaner hermachte. Nur einer war noch am Leben. Er schrie und winkte mit den Armen als die Menge ihn an den Beinen fasste und an den Kleidern von dem Helikopter wegzerrte. Er sah seine Nachbarn die Leichen der Amerikaner 1996 zerhacken und an ihren Gliedmaßen zerren. Dann sah er Menschen mit Teilen der amerikanischen Leichen herumlaufen und sie zur Schau stellen. (Bowden 1999, 195)

Dieser Bericht vom Abschuss eines US-Helikopters in Mogadischu aus der Sicht eines (durch Helikopter-Feuer) verwundeten Somalis findet sich in Mark Bowdens Buch *Black Hawk Down.* Dieses Buch wirft Licht auf mehrere andere seltsame Dynamiken des Kriegs der Gegenwart. Als die Black Hawks abgeschossen wurden, wurden ungeheure Anstrengungen unternommen, um die Leichen der Besatzung zu bergen. Im postmodernen Krieg hat in den Militärs der industrialisierten Welt sich ein wahrer Fetischismus um die Leichen gefallener Soldaten entwickelt. Darin liegt eine unheimliche Ähnlichkeit zur Verehrung der Toten im traditionellen Krieg, wo man glaubte, dass entehrte Tote nicht zur Ruhe kommen könnten. Im Krieg der Antike kam es zu entsetzlichen Schändungen, wenn etwa in der Ilias die Leiche Hektors von Achilles um die Mauern Trojas geschleift wird – ähnlich wie die Somalier tote amerikanische Soldaten durch die Straßen Mogadischus schleiften und damit nicht nur die Welt, sondern auch viele Somalis entsetzten.

Vielleicht begreifen Soldaten besser als andere, dass menschliche Körper gerade jetzt, wo wir begreifen, dass selbst hoch entwickelte Technologien in den einfachsten Konflikten versagen, zum entscheidenden Faktor geworden ist. Abseits des Wirbels um Hi-Tech-Cyborg Systeme ist der Krieg immer noch etwas Politisches und letztlich das, was mit lebenden, sich der Berechnung entziehenden Körpern getan wird. Das ist der Krieg. Man kann ihn nennen wie man will: postmodern, low-intensity, oder asymmetrisch.

ASYMMETRIE UND ANDERE PARADOXE

Kriege sind fast immer asymmetrisch; daher gewinnt jemand, und jemand anderer verliert. Doch wenn Colin Gray (2002, 5) behauptet, »Asymmetrie ist im Wesentlichen ein leerer Begriff« stellt er sich dumm. Was die Asymmetrie heute zu einem so wichtigen Begriff macht ist der Umstand, dass im System des postmodernen Kriegs viele verschiedene Formen und Ansätze von Krieg existieren. Die frühere Lösung eines militärisch dominierenden Kriegers, oder eines totalen Kriegs bis hin zum Genozid, ist keine Option mehr dar (was nicht bedeutet, dass sie nicht auch vor kurzem noch entsprechende Versuche unternommen worden wären).

Der Krieg ist also mehr als je zuvor politisch und nicht technisch. Deswegen verloren sowohl die größte als auch die zweitgrößte Militärmacht der Weltgeschichte Kriege gegen relativ kleine Gegner (Vietnam, Afghanistan). Die Konflikte waren so radikal asymmetrisch, dass auch große militärische Überlegenheit (durch revolutionäre Waffentechnologien wie Helikopter und Luftkavallerie und das elektronische Schlachtfeld) seitens der USA bzw. der Sowjets nicht ausreichten, um die essenziell politischen Regeln außer Kraft zu setzen, die von Einzelpersonen, Gruppen und Staaten getroffene politische Entscheidungen höher bewertet als militärische Aktionen. Suizide von Gefangenen, wie etwa des IRA-Häftlings Bobby Sands, oder von Guantánamo-Häftlingen stellen in einem Sinn asymmetrischen Krieg dar, sollte aber besser als Handlungen verstanden werden, die einen Konflikt auf eine dem Krieg nachgelagerte Ebene verschiebten. Sie verlagern den Kampf – in beiden Fällen um Gleichbehandlung – in einen rein politischen Bereich und löscht die massive militärische Kraft der betroffenen Mächte aus.

Wenn die politische Situation günstig ist, etwa im Krieg der USA gegen die (vor allem von den Afghanen) gehassten Taliban oder das verkommene Regime Saddam Husseins, können Hi-Tech-Streitkräfte leichte Siege erringen. Die gleichen Gegner können jedoch in einer anderen Situation tödlich sein. Oder Studenten, die gegen den Schah protestieren, verwandeln sich im Iran in islamistische Mullahs, oder Anhänger der irakischen Bath-Partei in irakische Nationalisten. Der Krieg ist niemals einfach und er hält nie still – darauf zu vergessen kann katastrophale Folgen haben.

Ein gemeinsamer Gedanke jener, die glauben, die Technik könne die Widersprüche des Kriegs lösen, besteht darin, dass die RMA die »Reibung« und den »Nebel« des Krieges beseitigen wird – Clausewitz' Begriffe für die grundlegende Ungewissheit des Krieges, die Sun Tzu als »Moral« und Machiavelli »Fortuna« nannte (Gray 1997, S. 94). Selbst Michael O'Hanlon, ein Kritiker der RMA-Befürworter und deren Rede von »vollständiger Situationswahrnehmung«, »volldimensionalem Schutz«, »beweglicher, rasch einsetzbarer, automatischer, präziser Langstrecken-Kräfte«, und »Weltraummacht«, die als Grundlage für einen »Aufklärungs-Angriffs-Komplex« dienen, schreibt: »Wir sollten die Versprechungen der Hochtechnologie nicht ignorieren und uns nicht damit abfinden, für immer in Clausewitz' berühmten ›Nebel‹ des Krieges zu operieren.« (O'Hanlon 1998, 2 f., 12)

Doch der Nebel des Krieges wird sich nie heben, weil er von den drei wichtigsten »Problemen« des Kriegs erzeugt wird: das eigene Verhalten, das Verhalten des Gegners, und die Natur (Physik, Biologie, Wetter). Wie werden die eigenen Soldaten sich verhalten, wenn sie mit dem Tod konfrontiert werden? Welche Leistung werden die eigenen Geräte bringen? Wie gut sind die eigenen Geräte und Personen integriert? Was wird der Feind tun, und wie wird er auf das reagieren, was man selbst tut? Wie wird das Wetter sein? Diese Fragen können niemals vollständig beantwortet oder gar vorausberechnet oder gesteuert werden. In informationstheoretischen Begriffen handelt es sich um »unberechenbare komplexe Systeme«. Der Krieg ist ein unergründbares begriffliches Problem. Die einzige Art, den Ausgang eines Krieges zu kennen, ist ihn zu führen.

RMA-Theoretiker, wie jene, die von O'Hanlon kritisiert werden, möchten die US-Militärpolitik auf Waffensystemen aufbauen, die vollständige Situationswahrnehmung, voll-dimensionalen Schutz, Präzisionszielerfassung usw. versprechen – in anderen Worten: die perfekte Information. Dieser unmögliche Traum hat die Militärs der postindustriellen Länder dazu inspiriert, eine Reihe von Spezialtechnologien (elektronisches Schlachtfeld, Robotik, intelligente Geschoße) sowie Informations-gesättigte Doktrinen (Luft-Boden-Krieg, Infokrieg, Netzkrieg) zu entwickeln. Der Krieg dagegen bleibt unvermeidlich verwirrend und blutig. Die Erfahrungen der USA im Nahen Osten zeigen dies sehr deutlich, von den vielen Fehlschläge in Somalia über die Kriege in Afghanistan bis zur Jagd nach der Hydra Al-Kaida und der immer größeren Katastrophe im Irak ist nichts so geschehen, wie angenommen worden war. Kein Plan und keine Illusion überlebt den Kontakt mit dem Feind, oder auch nur die Zukunft. Die US-Erfahrung zeigt, dass die Schwere der Niederlagen mit der Größe der Illusionen zunimmt.

Es gab eine Zeit, so heißt es, als Schlachten von den Tapferen und den von Gott Auserwählten gewonnen wurden. Wunderwaffen halfen, doch die inneren Qualitäten und simples Glück waren aus der Sicht der meisten wichtiger. Gewiss, Sun Tzu, der Kriegsphilosoph der chinesischen Antike, und seine Kommentatoren wussten es besser, doch die Geschichte zeigt, dass wenige Generäle, geschweige denn gewöhnliche Soldaten, den Krieg so intelligent austrugen wie Sun Tzu ihn analysiert hatte. Dennoch war in großen von Hand gefochtenen Schlachten der Einsatz der einzelnen Soldaten von großer Bedeutung, oft war er entscheidend. Auch kluge Generäle spielten eine Rolle. Im Zuge des Aufkommens des modernen Krieges wurde jedoch die Macht der Waffen, insbesondere die Feuerkraft, immer wichtiger. Der Krieg wurde mehr zu einer Frage der Logistik und der Unnachgiebigkeit, und weniger des Schwungs, was in den industrialisierten Schlachten der Weltkriege gipfelte, dem dunklen Spiegelbild der industriellen Produktion.

Im postmodernen Krieg ist Information zum Ideal geworden, zum wichtigsten »Kampfkraftverstärker«, wie Militärs gerne sagen. Der Zugang dazu war meist ein industrieller (»mehr ist besser«) und oft von der irrigen Vorstellung gefangen, dass es eines Tages genug (perfekte) Information geben werde, auch wenn zu den wenigen Dingen, die wir über Information wissen, die Gewissheit gehört, dass sie NIEMALS perfekt sein kann, und zwar aufgrund verschiedener Paradoxien der Repräsentation, der Bedeutung, und der Systeme (also Information), die von Gödel, Church-Turing, Heisenberg, McLuhan und anderen allgemein beschrieben wurden (Gray 2005).

Fast jede Theorie des gegenwärtigen Globalisierungsprozesses geht von der Informationstechnologie (IT) als primäre treibende Kraft aus. Viele, die behaupten, wir befänden uns gerade in dieser oder jener RMA, tun dies mit Verweis auf die IT, und schließlich stellt diese auch eine Grundlage des postmodernen Kriegs dar. Dennoch werden die Diskurse, die die Globalisierung einerseits und den Krieg der Gegenwart andererseits untersuchen, selten zusammengeführt. Dies muss sich ändern, denn sie gehören beide zu den gesellschaftlichen und technischen Phänomenen, die von der so genannten Informationsgesellschaft hervorgebracht wurden.

Wenn man einen Blick auf die Elemente des postmodernen Kriegs wirft (Gray 1997, 68-94), wird man feststellen, dass diese sich nahtlos in den gegenwärtigen Globalisierungsprozess einfügen. Zu den wichtigsten Elementen gehören:

- Die zentrale Rolle der Information und der Informationstechnologie. Die IT bildet eine Grundlage der PRMA und der globalen Ökonomie.
- Eine Erhöhung der Transaktions- und Prozessgeschwindigkeiten, die zu einer Beschleunigung der Globalisierung und der RMA geführt und die Hoffnung genährt hat, in militärischen Auseinandersetzungen durch mehr und bessere Informationen rascher zu dominieren.
- Eine Flickwerk aus verschiedenen Erscheinungsbildern des Kriegs und der Politik, das vollkommen neue Formen ebenso beinhaltet wie die ältesten. In der Moderne waren der Nationalstaat und der totale Krieg die vorherrschenden Formen, in der Postmoderne teilen sich Konzerne, regionale Allianzen, Stämme, staatenlose Nationen, NGOs, internationale Regierungsinstitutionen, Netzwerke und Ethnien die Macht und propagieren verschiedene Typen der organisierten Gewalt, von der Massenvergewaltigung bis zur nuklearen Drohung, wobei Nationalstaaten zentrale Akteure bleiben.
- Verstärkte Mensch-Maschine-Integration (Cyborgisierung). Diese bildet den Mittelpunkt neuer Geschäftspraktiken und der meisten neuen Militärtechnologien, aber auch der Selbstwahrnehmung und Selbstverwirklichung vieler Menschen und Gruppen auf der ganzen Welt.
- Das Fehlen einer vereinheitlichenden Erzählung in Politik, Religion, oder militärischen Angelegenheiten, daher die Vermehrung von RMA, wobei jedoch keine RMA für sich alleine eine klare Antwort bereithält.

- Die zunehmende Komplexität von Geschlecht. Die Verbreitung von IT-Systemen hat die Integration von Frauen in den meisten militärischen Berufen und zivilen Jobs ermöglicht. Physische Kraft ist im Krieg nun weniger bedeutend als Fertigkeit und Intelligenz.
- Der Frieden ist die wichtigste Rechtfertigung für den Krieg. Sicherheit hängt damit von der Gefährdung des ganzen Planeten ab (durch nukleare Arsenale oder durch Konzepte wie den präemptiven Krieg), während der Krieg in die Kultur vordringt. Diese Doktrinen bauen fast immer auf unrealistischen Erwartungen von RMA auf, z.B. der nuklearen RMA, oder der derzeitigen RMA der Präzisionswaffen.

PEAK EMPIRE

Das Wissen, das wirklich Macht ist, ist zu wissen, was überhaupt los ist. Und da wir niemals genau wissen, was los ist, müssen wir uns mit Teilwissen abfinden, und unsere Zukunft mit viel weniger als absoluter Macht gestalten. Gestalten können wir sie dennoch. Dies beginnt mit einem Verständnis der Postmoderne, also der Welt, in der wir leben, und wie sich ihre Mächte konstituieren. Jede Form des Verstehens gleicht einer Landkarte. Landkarten sind instrumentalistisch. Sie sagen uns, wohin wir gehen können. Eine Landkarte der gegenwärtigen Welt muss die Gefahren und die Möglichkeiten zeigen, die diese beinhaltet. Sie sollte uns sagen, wo die wichtigsten Probleme liegen, und wie sie in das größere Bild passen. Einige Schlussfolgerungen scheinen an diesem Punkt nahe liegend.

Das Problem des postmodernen Kriegs ist das Problem unserer gegenwärtigen Globalisierung und des internationalen Systems, welche den Rahmen dafür bildet – ein eigenartiger Eintopf aus Nationalstaaten, Firmenimperien, internationaler Allianzen, Nichtregierungs-Organisationen und nichtstaatlichen Akteuren (im offiziellen Diskurs auch als »Terroristen« bekannt). Es gibt auch etwas, was die Zapatisten als »internationale Zivilgesellschaft« bezeichnet haben, nämlich den gemeinschaftlichen Raum, der außerhalb der direkten Kontrolle von Regierungen, Konzernen und Parteien liegt, aber auch nicht rein persönlich oder familiär beschaffen ist. Die Zivilgesellschaft formuliert jedoch selten klare politische Forderungen – wenn sie es aber tut, brechen Regierungen im Dutzend zusammen, wie in den letzten zwanzig Jahren in Osteuropa, Südamerika, Afrika und Asien.

Eine Regierung zu stürzen ist freilich einfacher, als zu regieren. Die meisten nationalen Befreiungsbewegungen und zivilgesellschaftlichen Revolutionen der letzten 50 Jahre haben es nicht geschafft, eine gesunde politische Stabilität herzustellen, in der die Zivilgesellschaft (auch unter »Alltagsleben« bekannt) gedeihen kann. Ursachen dafür gibt es viele, besonders den Kolonialismus, die Macht der Konzerne, die Interessen der Imperien (insbesondere der USA, Russlands und Chinas), aber einfache Antworten gibt es keine. Diese Veränderungen wahrzunehmen ist wichtig, wenn wir über die gegenwärtigen Entwicklungen nachdenken, denn es gibt viele Hinweise darauf, dass die weltweite Krise auf eine Art Höhepunkt zustrebt, die mit der Zukunft des herrschenden Weltimperiums, den USA, verknüpft ist.

Es wird viel von *Peak Oil* gesprochen, und es handelt sich dabei um eine ganz reale Krise. Unsere Zeit ist voller Krisen – die globale Erwärmung, Pandemien, Ressourcenraubbau, globalisierte Ungerechtigkeit, postmoderner Krieg. Wir sind an einem Punkt fehlender politischer und ökologischer Nachhaltigkeit angelangt. Das gleiche trifft auf die Weltpolitik zu. Wir können sie *Peak Empire* nennen.

Im neuesten futuristischen RAND-Bericht für die US-Army (Nichiporuk 2005) spricht nur eines von sechs Szenarios (»US-Unipolarität«) von einer fortgesetzten militärischen und politischen Hegemonie der USA, und sogar dieses beinhaltet große Kriege (Indonesien greift Malaysia an und die USA tritt in den Konflikt ein, um das indonesische Regime zu stürzen). Abgesehen von dem utopischen Szenario »demokratischer Frieden« (welches nur durch die chaotischen Zustände in Bogota getrübt wird, das einen US-Marines-Einsatz erfordert) gibt es noch »Aufstieg eines bedeutenden Konkurrenten« (China oder Russland) und drei sehr unschöne Welten: »Wettbewerbsorientierte Multipolarität« sieht drei stabile Blöcke und zahlreiche schmutzige Kriege und potenzielle dritte Weltkriege vor;

»Chaos/Anarchie« ist noch schlimmer. Im Szenario »Transnationales Geflecht« (»eine mittelschlechte Welt«) geht eine der größten Bedrohungen von »... radikalen transnationalen Gruppen für Frieden und soziale Gerechtigkeit« aus (S. xiv). Aus der Sicht der US-Armee in der Tat eine entsetzliche Vorstellung.

All diese Szenarios sind von großer »Informationsdichte« geprägt. Informationsflüsse werden als entscheidende wirtschaftliche und militärisch-kulturelle Kräfte angesehen, und die Informationstechnologien spielen sowohl in den Bedrohungen als auch den Rettungsmöglichkeiten eine überragende Rolle. Der Derians »Military-Industrial-Entertainment«-Komplex (Der Derian 2001) artikuliert einen Aspekt des US Peak-Empire-Systems sehr deutlich.

In all diesen Szenarien ist das internationale System ein Kriegssystem. All diese Szenarien gehen davon aus, dass die Welt unbegrenzt am Rand der Apokalypse tanzen kann, selbst wenn die Macht der Technik geometrisch zunimmt, selbst dann, wenn die menschliche Zivilisation von vielen qualitativen und quantitativen Krisen betroffen ist. Dies ist die wahre Bedeutung des »langen Kriegs«, den die Bush-Regierung den USA und der Welt versprochen hat, des Terrorkriegs. Er wird so lange dauern, bis es eine globale politische Kultur gibt, die nicht auf den Ungerechtigkeiten und den Paradoxien innerhalb der Postmoderne beruht, nicht auf Nationalstaaten und dem unersättlichen Gewinnstreben der Konzerne, nicht auf Ausbeutung, Gewalt und Krieg.

Übersetzung aus dem Englischen von Wolfgang Sützl

LITERATUR

Alibek, K. (1999): Biohazard. Random House.

Armitage, J. (2006): On Terrorwar: An Interview with Chris Hables Gray, Cultural Politics, 2/02, July: 225-244.

Arquilla, J. and D. Ronfeldt (1993): Cyberwar is Coming! Journal of Comparative Strategy 12, no. 2: 141-165.

Arquilla J. and D. Ronfeldt (1997): In Athena's Camp: Preparing for Conflict in the Information Age, Santa Monica: Rand.

Bowden, M. (1999): Black Hawk Down: A Story of Modern War. Penguin.
Clark, W. (2003): Winning Modern Wars. Public Affairs.
Denning, D. (2003): Cyber-Security as an Emergent Infrastructure, in R. Latham, ed., Bombs and Bandwidth. London/NY: The New Press: 26-48.
Der Derian, J. (2001): Virtuous War: Mapping the Military-Industrial-Media-Entertainment Network, Boulder: Westview.
Foucault , M. (1980): Power/Knowledge, ed. by Colin Gordon, New York: Pantheon.
Gray, C.H. (1997): Postmodern War: The New Politics of Conflict, New York: Guilford
Gray, C.H. (2005): Peace, War and Computers. New York: Routledge.
Gray, C. (2002): Thinking Asymmetrically in Times of Terror, Parameters, Spring: 5-14.
Greenberg, R. and K. Leggett (2003): President's Dream: Changing Not Just Regime but a Region, Wall Street Journal, March 21: A1, A16.
Harding, S. (1986): The Science Question in Feminism, Ithaca, NY: Cornell University Press.
Haraway, Donna (1989): Simians, Cyborgs, and Women, New York: Routledge.
Helprin, M. (1998): Revolution or Dissolution, Forbes 161:4, Feb. 23: 86-102.
Hersh, S. (2003): Moving Targets, New Yorker, December 15
Ignatieff, M. (1997): The Warrior's Honor: Ethnic War and the Modern Conscience, New York: Owl Books.
Johnson, C. (2003): The War Business, Harpers, November: 53-58.
Kaplan, R. (2005): Imperial Grunts, New York: Vintage.
Keegan, J. (2003): Intelligence in War, New York: Knopf.
Krepinevich, A. (1994): Calvary to Computer: The Pattern of Military Revolutions, National Interest Fall; reprinted in Foreign Policy, Winter, 1998: 82-83.
Krugman, P. (2003): Thanks for the M.R.E.'s, New York Times, August 12: A21.
Ladd, John, (1987): Computers at War: Philosophical Reflections on Ends and Means, in D. Bellin and G. Chapman (Hg.), Computers in Battle. Harcourt Brace Jovanovich: 286-312.
Laqueur, W. (1999): The New Terrorism: Fanaticism and the Arms of Mass Destruction, Oxford: Oxford University Press.
Lenoir, T. (2003): Programming Theaters of War: Gamemakers as Soldiers, in R. Latham, ed., Bombs and Bandwidth. New York: The New Press: 175-198.
Mansfield, S. (1982): The Gestalt of War: An Inquiry into Its Origin and Meaning as a Social Institution, New York: Dial Press.
Matthew's, J. (1997): Power Shift, Foreign Affairs, vol. 76, no. 1, January/February: 50-66.
McDermott, J. (1999): Columbia's rebels ready for Y2K, BBC World Service, December 23.
Moore, G. (1965): Cramming More Components Onto Integrated Circuits, in Electronics 38:8 (April 19, 1965): 114-117.
Nelson, Greg and Redell, David (1986): The Star Wars Computer System, Abacus 3, no. 1, Winter: 8-22.

Nichiporuk, B. (2005): Alternative Futures and Army Fore Planning: Implications for the Future Force Era, Santa Monica: Rand.

O'Hanlon, M. (1998): Can High Technology Bring U.S. Troops Home? Foreign Policy Winter: 72-84.

Ornstein, S., Smith, B. C. and L. Suchman (1984): Strategic Computing, Bulletin of the Atomic Scientists, December: 17-24.

Ornstein, S. and L. Suchman (1985): Reliability and Responsibility, Abacus 3, no. 1, Fall: 57-61, 68.

Parnas, D. (1985): Software Aspects of Strategic Defense Systems, American Scientist, September-October: 37-46.

Parnas, D. (1987): »Computers in Weapons: The Limits of Confidence,« in D. Bellin and G. Chapman, eds., Computers in Battle. New York; Harcourt brace Jovanovich: 202-232.

Parnas D. and the National Test Bed Study Group (1988) »The SDI's National Test Bed: An Appraisal,« CPSR, Inc., Report no. WS-100-5, May.

Peraica, Ana (2000): »Project De/Light Me! Proposal," unveröffentlichtes Manuskript.

Pullum, G. (1987): »Natural Language Interfaces and Strategic Computing,« AI and Society 1, no. 1: 47-58.

Rasmussen, M. (2000): War is Never Civilised. Civilisation, Civil Society and the Kosovo War, Copenhagen: DUPI Working Papers.

Rasmussen, M., (2001): The Acme of Skill: Clausewitz, Sun Tzu and the Revolutions in Military Affairs (Copenhagen: Dansk Udenrigspolitsk Institut (DUPI), report no. 12: 1.

Scarry, Elaine (1992): Der Körper im Schmerz: die Chiffren der Verletzlichkeit und die Erfindung der Kultur, Frankfurt: Fischer.

Scott, W. (1996): »USSC Prepares for Future Combat Missions in Space,« Aviation Week & Space Technology, August 5.

Serrano, Maria and Silvia Lopez (2003): Positions, Situations, Short Circuits: La Eskalera Karakola, A Deliberate Space, 5th European Feminist Research Conference, Lund University, Sweden.

Sitrin, Marina, ed. (2006): Horizontalism: Voices of Popular Power in Argentina, Oakland: AK Press.

Smith, B. C. (1979): The Limits of Correctness in Computers, from the Center for the Study of Language and Information, report No. CSLI-85-36, (Palo Alto: Stanford University).

Sun, Tzu (1962): The Art of War. Trans. B. Griffith, Oxford: Oxford University Press.

Van Creveld, M. (1989): Technology and War: From 2000 B.C. to the Present, New York: Free Press.

Virilio, P. (1999): Politics of the Very Worst, trans. M. Cavaliere, interview by Philippe Petit, New York: Semiotext(e).

Virilio, P. and S. Lothringer (1984): Der reine Krieg, Berlin: Merve.

Washington Post (2003): U.S. turning to Saddam's agents, Great Falls Tribune, August 24: 2

Scherze über die Sicherheitsmaßnahmen führen zu Ihrer Festnahme!

Josefina Echavarría und Norbert Koppensteiner

Um den 30. August 2005 wurde Kathleen Blanco, Gouverneurin von Louisiana, in Zusammenhang mit Berichten von Plünderungen in dem von Hurrikan Katarina verwüsteten New Orleans mit der Ankündigung zitiert, vor kurzem im Irak stationierte Streitkräfte anzufordern: »Diese Truppen haben schussbereite M16-Gewehre. Sie wissen, wie man schießt und tötet, und ich nehme an, das werden sie auch tun.«[1]

Angesichts dieser Äußerung, die zu heftigen Debatten Anlass gab, stellen sich einige Fragen im Zusammenhang mit dem Einsatz von US-Truppen in New Orleans. Haben wir es angesichts dieser Äußerung noch mit einem Katastropheneinsatz zu tun, einem Hilfseinsatz nach einem Hurrikan, der leider mit Waffengewalt durchgeführt werden muss? Oder handelt es sich um einen Sicherheitseinsatz, bei dem Soldaten benötigt werden, um die Katastropheneinsatzkräfte und die in der Stadt verbliebenen Menschen physisch zu schützen? Oder haben wir es vielmehr mit Soldaten zu tun, die aus den Straßen Bagdads in eine andere städtische Kampfzone verlegt werden, deren Besonderheit darin besteht, dass das Ziel die eigenen Bürger sind? In anderen Worten: geht es um Katastrophenhilfe mit Gewalteinsatz, um einen Sicherheitseinsatz, oder um einen urbanen Krieg? Die Fragen bleiben offen.

Eine weitere sonderbare Äußerung, wenige Wochen später, nicht weit entfernt. Als wir mit Jetlag von einer langen Anreise aus Europa am Houston International Airport ankamen, fiel uns eine merkwürdige Lautsprecherdurchsage auf. Neben der üblichen Warnungen, keine

Gepäcksstücke von Unbekannten anzunehmen und den allgemeinen Hinweisen zur Flughafensicherheit bekamen die Passagiere von der gleichen, angenehm klingenden, jedoch sehr bestimmten Stimme zu hören, dass »unangebrachte Bemerkungen oder Scherze über die Sicherheitsmaßnahmen zur ihrer Festnahme führen« würden. Das war nun wirklich etwas Neues.

Was diese Äußerung so besonders macht, ist die Unvereinbarkeit ihrer beiden Teile. Der zweite Teil, der uns über die anzuwendenden Maßnahmen informiert, hat die Endgültigkeit von klickenden Handschellen: » ... *wird* zu ihrer Festnahme führen« – ohne jeden Zusatz, ohne jede Bedingung, welche diese Ankündigung relativieren könnte – kein »kann«, kein »könnte«. Die angekündigte Strafe steht mit absoluter Sicherheit im Raum. Damit befindet sie sich in einem auffälligen Gegensatz zum ersten Teil des Satzes, der die zu bestrafende Tat beschreibt. Man fragt sich: was sind *unangebrachte* Bemerkungen und Scherze? Wer definiert in diesem Zusammenhang was als unangebracht gilt, und wären im Sinne dieser Ankündigung angebrachte und lobreiche Bemerkungen zu den Sicherheitsmaßnahmen etwa zulässig? Würden sie vielleicht gar belohnt? Oder ist das Ernstnehmen der Sicherheitsmaßnahmen etwas, was man heute als etwas Gegebenes annimmt, als etwas Offenkundiges, das weder in Frage gestellt noch kritisiert werden kann?

Beide Beispiele signalisieren eine gewisse Leere, eine gewisse Unklarheit der verwendeten Begriffe: im ersten Fall sind es die Grenzen zwischen einem zivilen Einsatz wie Katastrophenhilfe einerseits, und Sicherheit und Krieg andererseits. Im zweiten Fall ist es die Frage, wodurch sich eine Situation auszeichnet, auf die er Sicherheitsapparat reagiert. In diesem Beitrag werden wir uns näher damit auseinandersetzen, wie diese Leere begrifflich zu fassen wäre, um im Anschluss daran einige Überlegungen zu möglichen Folgeerscheinungen anzustellen.

NORMALISIERTES LEBEN, SICHERHEIT UND KRIEG

Der Krieg befindet sich, wie viele aufmerksame Beobachter festgestellt haben, in einer Krise. Obwohl es auf der Welt noch keinen Mangel an Kriegen gibt, beträgt die Zahl der erklärten Kriege seit dem Zweiten Weltkrieg Null. Die Kriege in Afghanistan und im Irak nach 9/11 sind paradigmatische Beispiele der gegenwärtigen Krise. Diese Krise hängt mit einer begrifflichen Unklarheit des Krieges zusammen, und mit der Tatsache, dass nicht nur das Wesen des Krieges sich verändert hat – wie die Verschmelzung der Begriffe seit dem »totalen Krieg« des Zweiten Weltkriegs bis zum »zweiten Kalten Krieg«, dem »reinen Krieg«, dem »neuen Krieg«, dem »Info-Krieg« usw. zeigt (vgl. Chris Hables Gray in diesem Band) – sondern dass auch seine Grenzen ihre Textualität verloren haben: Es ist nicht mehr klar, wo der Krieg beginnt und endet – bis hin zu der Behauptung, der Krieg könne gar nicht mehr beendet werden.

Der Begriff »Sicherheit« scheint von einer ähnlichen Erscheinung betroffen zu sein. Das wichtigste und am häufigsten genannte Merkmal scheint das Vordringen der Sicherheit in alle Bereichen der Gesellschaft zu sein: die Sicherheitslogik hat immer größere Gesellschaftsbereiche erfasst und verändert, was Giorgio Agamben zu seiner bekannt gewordenen These veranlasste, wonach Sicherheit zur einzigen Grundlage und Legitimationsbasis von Regierungshandlungen geworden ist (Agamben 2001).

Das normale Leben hat in indessen tief greifende Veränderungen erfahren. Wenn das normale Leben nach Foucault als ein mehr oder weniger erfolgreich normal*isiertes* Leben verstanden wird, dann fühlt man sich heute in sonderbarer Weise an Gilles Deleuze's *Kontrollgesellschaften* erinnert, denen ihrerseits eine Krise vorausging, nämlich jene der disziplinären Institutionen und Mechanismen, die bis dahin für die Produktion von Normalität zuständig gewesen waren. Die derzeit entstehende, neue Normalität scheint jedoch eng mit dem Aufstieg der Sicherheit, aber auch mit der Unbestimmtheit des Krieges verknüpft zu sein. Wenn dies zutrifft, dann würde es bedeuten, dass Sicherheit/Krieg und das normalisierte Leben nicht getrennt gedacht und analysiert werden können, sondern in Wahrheit miteinander verbunden sind. Im Folgenden werden wir, ausgehend von einem Foucaultschen Ansatz, diese Verknüpfung als *Relationalität* – die Machtverhältnisse impliziert – annehmen und einen ersten Umriss dessen vorschlagen, was man als *Sicherheits/Kriegs-Dispositiv* bezeichnen könnte.

DAS SICHERHEITS/KRIEGSDISPOSITIV

In einem 1977 gegebenen Interview, das später auf Englisch unter dem Titel *Confessions of the Flesh* veröffentlicht wurde, geht Foucault auf ein besonderes Gerät in seiner Werkzeugkiste ein – den Apparat oder das Dispositiv:

> What I am trying to pick out with this term is firstly, a thoroughly heterogeneous ensemble consisting of discourses, institutions, architectural forms, regulatory decisions, laws, administrative measures, scientific statements, philosophical, moral and philanthropic propositions – in short the said as much as the unsaid. Such are the elements of the apparatus. The apparatus itself is the system of relations that can be established between these elements. Secondly, what I am trying to identify in this apparatus is precisely the nature of the connection that exist between these heterogeneous elements. Thus, a particular discourse can figure at one time as the program of an institution, and at another it can function as a means of justifying or masking a practice which itself remains silent, or as a secondary re-interpretation of this practice, opening out for it a new field of relationality. In short, between these elements, whether discursive or non-discursive, there is a sort of interplay of shifts of positions and modifications of function which can vary widely. Thirdly I understand by the term ›apparatus‹ a sort of – shall we say – formation which has as its major function at a given historical moment that of responding to an *urgent need*. The apparatus thus has a dominant strategic function. (Foucault 1980, 194–195)

Nach dieser Auffassung wird der Apparat von einer beweglichen Konstellation von Machtverhältnissen zusammen gehalten, einer Matrix oder einem Netzwerk aus diskursiven und nicht-diskursiven Elementen. In unserem Fall beinhaltet diese Matrix sowohl Elemente, die für gewöhnlich dem Krieg zugeordnet werden (etwa Luftangriffe und direkte Invasionen von Ländern), als auch Sicherheitselemente (wie neue Reisepässe und die zentrale Erfassung biometrischer Daten), sowie neue und hybride Elemente. Der Diskurs über den »Krieg gegen den Terror« würde zu den letzteren angehören, als diskursives Element, welches die verschiedensten in seinem Namen durchgeführten Maßnahmen beinhaltet.

Was Foucault als *urgent need* – dringendes Bedürfnis – bezeichnet, könnte als das diskursiv induzierte und artikulierte Bedürfnis an Sicherheit nach 9/11 verstanden werden. Während es aber von Anfang an klar war, dass dieses Bedürfnis nach Sicherheit zum Krieg führen würde, so ist es jetzt, vor dem Hintergrund eines entstehenden Sicherheits/Kriegs-Dispositivs nicht mehr klar, ob das Bedürfnis nach Sicherheit zum Krieg führt, oder ob der Krieg zu einem Bedürfnis nach mehr Sicherheit führt. In der Tat verlieren diese Differenzierungen mit dem Sicherheits/Kriegsdispositiv ihre Kohärenz und ermöglichen keinerlei Abgrenzung mehr.

Worum es bei dieser entstehenden Normalisierung auch geht ist eine Neudefinition und Neuorientierung der Normalisierung in mehrfacher Hinsicht. Erstens erleben wir eine Fortsetzung und Intensivierung eines Trends, von dem schon in Deleuzes *Kontrollgesellschaften* die Rede ist. Das Vordringen von Sicherheitsmaßnahmen in alle Bereiche der Gesellschaft führt zur Verallgemeinerung einer Situation, die früher nur in Gefängnissen anzutreffen war. Heute haben die Werkzeuge und Diskurse der Sicherheit – im Sinne permanenter Überwachung, Videoüberwachung, elektronischer Fingerabdrücke an Flughäfen, vermehrter Möglichkeiten der Datenspeicherung und -analyse, usw. – eine Situation geschaffen, in der die Regierung opak und die Bürger transparent werden (Vattimo 1992).

In anderen Worten: die Gestalt des Panoptikons verbreitet sich überall in der Gesellschaft. Und es gehört zu den auffälligsten Eigenschaften des Panoptikons, dass seine Wirksamkeit nicht in seiner tatsächlichen Fähigkeit beruht, Verbrecher festzusetzen, Straftaten zu verhindern, oder, wie in unserem Fall, Terroristen aufzuspüren. Seine Wirksamkeit liegt vielmehr in den Auswirkungen, welche die ständige Möglichkeit des Beobachtetwerdens und daher der sofortigen Festnahme im Fall eines Vergehens auf alle hat, die sich im Sichtfeld des Panoptikons befinden. Ob die Sicherheitsmaßnahmen ihren ursprünglichen Zweck, der aus dem dringenden Bedürfnis, das am Ausgangspunkt des Sicherheits/Kriegsdispositivs steht, in dieser Situation erfüllen, ist irrelevant.

Die Unbestimmtheit dessen, was eine Verfehlung oder eine Straftat ausmacht, wie im obigen Beispiel der Scherze am Flughafen, verstärkt diese Wirkung nur, solange die Drohung der Festnahme mit einer Geste der Finalität und der Gewissheit geäußert werden kann. Die sonderbare Kombination aus der Unbestimmtheit des eigentlichen Vergehens und der Entschiedenheit der angedrohten Sanktionen findet darin ihren Zweck und ihre Erklärung.

Alle bisher beschriebenen Konsequenzen verbleiben jedoch in so ferne im Inneren des Sicherheits/Kriegsdispositivs, als sie Menschen und Gesellschaften betreffen, die zu sichern und zu normalisieren sind. Das Dispositiv schafft jedoch auch ein Äußeres, einen Raum der Nicht-Zugehörigkeit, und es begründet Leben, die ungesehen bleiben und nicht normalisiert werden. Dieser Problematik wollen wir uns im Folgenden zuwenden.

DER TOD, DER NICHT BETRAUERT WERDEN KANN

Gewalt kann – auch wenn dies eine sehr nahe liegende Feststellung ist – auch durch Ausschluss erzeugt werden. Sogar in einem System, welches auf Einschluss durch (gewaltsame Prozesse der) Normalisierung basiert, bedeutet ein Verbleib am Rand nicht notwendigerweise, dass man der Gewalt des Systems entkommt. Im Zusammenhang mit dem Sicherheits/Kriegsdispositiv wirft dies die Frage auf, wessen Leben gesichert und daher normalisiert werden soll, was zu der weiteren Frage führt, wessen Leben zählt, als vollständig lebendig gilt, und überhaupt für die Normalisierung in Frage kommt, und letztlich auch wessen Leben als wirklich und echt menschlich zählt. In den Worten Edward Saids konstituiert das Äußere das Innere mit:

> Die Konstruktion der Identität [...] impliziert die Konstruktion von Gegensätzen und von »Anderen«, deren Wirklichkeit stets von den laufenden Interpretationen und Neuinterpretationen dessen abhängt, was sie von Uns unterscheidet. Jedes Zeitalter und jede Gesellschaft schafft neue »Andere«. Die eigene Identität und die Identität des Anderen sind also alles andere als statisch, sie sind ein historischer, sozialer und politischer Prozess der viele Veränderungen durchlaufen hat, und der als Streit von Individuen und Institutionen in allen Gesellschaften stattfindet. [...] Kurz gesagt, die Konstruktion der Identität ist mit der Disposition der Macht und der Machtlosigkeit in jeder Gesellschaft verbunden, und sie ist daher keineswegs bloß ein akademisches Scheingefecht. (Said 2003, 331-332)

Judith Butler nähert sich dieser Frage in einer scheinbar indirekten Art, indem sie nach dem Verlust fragt: wer kann betrauert, wessen Leben kann öffentlich sichtbar gemacht werden, sodass der Tod betrauert und als Verlust anerkannt werden kann? Sie kommt zu dem Schluss, dass manche Leben unsichtbar bleiben müssen, denn dieselben Bedingungen des Einschlusses sind es auch, die den Ausschluss herstellen:

> Es ist nicht bloß so, dass einige Menschen als Menschen behandelt werden und anderen die Menschlichkeit abgesprochen wird; es ist vielmehr so, dass die Entmenschlichung in dem Maße zur Bedingung für die Erzeugung des Menschlichen wird, wie sich eine ›westliche‹ Zivilisation über und gegen eine Bevölkerung definiert, die per definitionem als illegitim, wenn nicht gar als menschlich zweifelhaft verstanden wird. (Butler 2005, 111)

Mit dieser Feststellung wird eine Untersuchung der Kategorie des Menschlichen eingeleitet, einer Untersuchung der Bedingungen, die manche Leben als vollständig menschliche Leben hervorbringen, andere dagegen außerhalb dieser Kategorie ansiedeln. Gleichzeitig wird damit auch die Frage der Grundkategorie der Subjektivierung angesprochen.

In ganz ähnlicher Weise untersucht Giorgio Agamben den Unterschied zwischen dem bloßen Leben *zoé* und dem politisch gültigen Leben *bios* (Agamben 1998). Die biopolitische Moderne, so Agamben, beruht im Grunde auf dem Ausschluss des nackten Lebens, einem Ausschluss, der gleichzeitig ein Einschluss ist, auf dem das *bios* aufgebaut und als solches anerkannt werden kann. Agambens Analyse verbleibt jedoch weitgehend innerhalb des Horizonts der westlichen Welt – die wir innerhalb des Sicherheits/Kriegs-Dispositivs als jene Zone betrachten, wo Normalität (re-)produziert werden kann – oder sie befasst sich mit Einbrüchen in diesen Horizont von außerhalb, etwa in der Form von Flüchtlingen. Da Agambens Zugang seinen Ausgangspunkt in rechtlichen Überlegungen hat, und da auch sein Begriff der Souveränität auf diesen aufbaut, sind auch der Ausnahmezustand und letztlich *zoé/bios* innerhalb dieses Horizonts angesiedelt. Die Reichweite seiner Schlussfolgerungen und Analysen kann daher den Wirkungsbereich dieser Rechtsnormen nicht überschreiten; ihre Anwendbarkeit endet an den Grenzen der westlichen Nationalstaaten und ihrer Rechtstraditionen.

Die Frage, wessen Leben betrauert werden kann weist möglicherweise über diesen Rechtshorizont hinaus und fragt nach den durch das Sicherheits/Kriegsdispositiv betroffenen Leben, für welche die westliche Normalisierung niemals eine Option war – wobei Normalisierung hier auch als Einschluss verstanden wird, der bewirkt, dass man zählt und Anlass zu Rechenschaft gibt. Diese Fragen anzusprechen kann jedoch nur ein erster Schritt sein, der Raum schafft für die doppelte Problematik, wie Widerstand und Freiheit überhaupt noch gedacht werden können.

WIDERSTAND UND FREIHEIT

> Das Ziel [...] besteht heute weniger darin, zu entdecken, als vielmehr abzuweisen, was wir sind.« (Foucault 1987, 250)

Die oben angestellten Überlegungen führen zum zentralen Anliegen dieses Beitrags: wenn das Sicherheits/Kriegsdispositiv eine wachsende Gruppe von Maßnahmen im Namen der Sicherheit legitimiert und normalisiert und dabei auch »Kriegshandlungen« oder Feldzüge gegen fremde Länder zulässt und das Leben der transparent gemachten Bürger/innen verschluckt, dann muss gefragt werden: was steht auf dem Spiel? Welche Möglichkeiten haben wir, das Sicherheits-

/Kriegsdispositiv so zu kritisieren, dass wir in der Lage sind, darüber zu *scherzen*? Wie können wir die Fähigkeit, staatliche und nichtstaatliche Sicherheitsmaßnahmen zu kritisieren, zurückgewinnen? Wie können wir einem ständig wachsenden Signifikant der Sicherheit Widerstand leisten, der mittlerweile selbst die Möglichkeit minimaler, spontaner Äußerungen der Ablehnung, wie etwa unangebrachte Äußerungen und Witze, vereinnahmt hat?

Das Problem des – in diesem Fall gewaltfreien – Widerstands gegen das Sicherheits/Kriegsdispositiv besteht darin, dass die Provokationen, welche das Dispositiv in verschiedenen Menschen auslöst, durch Diskurse, institutionelle Maßnahmen und nicht-staatliche Handlungen als Bedrohungen der Sicherheit selbst absorbiert und dann auf die Gefahrenliste der Sicherheits-Gesellschaft gesetzt werden. Wir müssen die Frage stellen, wie die gleiche Matrix der Machtverhältnisse des Sicherheits/Kriegsdispositivs so rekonfiguriert werden kann, dass Räume für die Kritik (wieder-)geöffnet werden, die Veränderungen in *unserer* und *ihrer* Gesellschaft bewirkt.

»Macht«, stellt Foucault fest, »wird nur auf ›freie Subjekte‹ ausgeübt, und nur sofern diese ›frei‹ sind« (Foucault 1987, 255). Wenn Macht und Widerstand tatsächlich in einer Spiralbewegung miteinander verknüpft sind, dann kann die Möglichkeit der Freiheit nicht außerhalb der Relationalität der Macht gefunden werden. Der Widerstand gegen die Normalisierung durch das Sicherheits/Kriegsdispositiv kann daher nicht die Relationalität der Macht als solche ablehnen, denn es ist letztlich eben diese Relationalität, die uns menschlich macht – sie ermöglicht die Subjektivierung, und nur durch diese kann sich überhaupt die Möglichkeit von Widerstand auftun.

Widerstand ermöglicht Freiheit daher nie durch einen totalen Akt der Ablehnung. Die spezifische Form, in der sich die Normalisierung auf uns auswirkt, ihre Elemente, wie z.B. der Diskurs des »Anti-Terror-Kriegs«, der uns sagt, wer wir sind, indem er unsere Liebe und unseren Hass, aber auch unsere spezifischen Formen des Regiert-Werdens diktiert, bilden jedoch Bestandteile des Sicherheits/Kriegsdispositivs, die sehr wohl in Frage gestellt werden können.

Die Freiheit beginnt also mit einem Neudenken des Subjekts als etwas Problematischen und Unvollständigen – und sie kann mit einer kritischen Ontologie des Selbst beginnen. Michel Foucault unternahm einen derartigen Versuch in *Die Sorge um sich selbst,* wo er das eigene Leben als Kunstwerk postuliert – als Kunstwerk, das ständig produziert und neu definiert wird, aber auch die Möglichkeit einer aktiven Produktion und Neudefinition durch uns selbst beinhaltet. Die Sorge um das Selbst, die Verwandlung des eigenen Lebens in ein Kunstwerk ist daher gleichermaßen ein ethisches und ein ästhetisches Unterfangen. Aus dieser Verschränkung von Ethik und Ästhetik leitet Foucault seine Technologien des Selbst ab.

Dieses individuelle Kunstwerk, dieses Individuum *als* Kunstwerk kann man mit Judith Butler als Neu-Denken dessen, was man jetzt ist und was man sein könnte denken, so dass man das, was man gerade ist, zum Teil aufheben und transzendieren kann. In diesem Sinne kann die kritische Ablehnung dessen, was wir sind, niemals vollständig sein – sie kann nie eine vollkommene Ablehnung sein, sie kann jedoch verschiedene Möglichkeiten öffnen.

> [...] welche Bedingungen für eine Mobilisierung auf der Grundlage der vorhandenen Diskurs- und Machtkonfigurationen werden hervorgebracht? Wo liegen die Möglichkeiten, gerade die uns konstituierende Matrix der Macht umzuarbeiten, das Erbe dieser Konstituierung zu rekonstruieren und gegen jeden anderen Regulierungsprozess anzugehen, der die vorhandenen Machtsysteme entstabilisieren könnte? Denn wird das Subjekt durch die Macht konstituiert, dann verschwindet die Macht nicht in dem Augenblick, in dem das Subjekt konstituiert ist. Das Subjekt ist niemals vollständig konstituiert, sondern wird immer wieder neu unterworfen *(subjected)* und produziert. Dieses Subjekt ist also weder ein Ursprung noch ein bloßes Produkt, sondern die stets vorhandene Möglichkeit eines bestimmten Prozesses der Umdeutung (*resignifying process*), der zwar durch andere Machtmechanismen umgeleitet oder abgebrochen werden kann, jedoch stets die der Macht eignende Möglichkeit selbst darstellt, umgearbeitet zu werden. (Butler 1993, 45)

Innerhalb dieser Räume existiert die Freiheit als Möglichkeit. Kein Machtverhältnis kann den Widerstand zur Gänze überwinden, jedenfalls nicht, ohne selbst zu verschwinden. An ihrem Höhepunkt negiert sich die Macht selbst und wird zu etwas anderem – Herrschaft. Giorgio Agamben, der sich auf einen rechtlichen Aspekt des nackten Lebens konzentriert – als ein Leben, welches (legal) getötet werden kann, ohne dass damit ein Tötungsdelikt begangen würde, verfolgt die Spur dieser machtfreien Zone der reinen Gewalt in die Konzentrationslager, stolpert dabei jedoch über sein rechtliches Argument in so ferne er »kein Recht, kein Gesetz« mit »keine Machtbeziehung« gleichsetzt. Auch wenn dies aus rechtlicher Sicht richtig erscheint (das Töten eines Häftlings in einem Nazi-Konzentrationslager stellte in der nationalsozialistischen Gesetzgebung kein Tötungsdelikt dar), wird dabei übersehen, dass auch die Lager aus Machtbeziehungen bestanden, in denen nicht alle Häftlinge gleich waren und wo bestimmte privilegierte Positionen existierten, welche jene kleinen Unterschiede ausmachten, welche die Macht für ihr Bestehen benötigt, und welche in einem Lager zwischen Leben und Tod entscheiden können.

Die normalisierenden Wirkungen des Sicherheits/Kriegsdispositivs abzulehnen – teilweise, und aus einer Sicht der ontologischen Verfasstheit – bedeutet nicht, dass wir nicht zur Kenntnis nehmen, dass wir Wesen sind, die regiert werden und deren Leben produziert wird. Eine solche Ablehnung beinhaltet jedoch sehr wohl das Postulat, »dass man nicht derartig, im Namen dieser Prinzipien [...], zu solchen Zwecken und mit solchen Verfahren regiert wird – dass man nicht so und nicht dafür und nicht von denen da regiert wird« (Butler 2001). Diese Verknüpfung von Ethik und Ästhetik könnte daher zu einer kritischen Praxis führen, welche »nicht aus der angeborenen Freiheit der Seele ... entspringt, sondern vielmehr im Schmelztiegel eines bestimmten Austauschs zwischen einer Reihe (schon vorhandener) Regeln oder Vorschriften und einer Stilisierung geformt wird (die diese schon vorhandenen Regeln und Vorschriften erweitert und reformuliert)« (Butler 2001).

Wir können uns in diesem Sinne etwa weigern, in dieser Weise *gesichert* zu werden, mit diesen Mitteln, zu diesem Preis und zu diesen Kosten, ebenso wie sich die Menschen im Irak weigern könnten, in dieser Weise *demokratisiert* zu werden, mit diesen Mitteln, und zu diesem Preis und zu diesen Kosten. In den Worten von Gayatri Spivak ist es diese Praxis einer »beständigen Kritik dessen« was man – wie Sicherheit oder Demokratie – » nicht nicht wollen kann« (Spivak 1992, 158).

Diese Akte sind keine Versuche, die Freiheit zu sichern, da Freiheit niemals gesichert werden kann, sondern eher Behauptungen einer – stets kontingenten, kritischen, relationalen und zerbrechlichen – Freiheit. Innerhalb dieses Bereichs haben wir die Möglichkeit, die Machtverhältnisse, die uns konstituieren, zu verändern, jedenfalls aber das Ich in Beziehung zum Anderen zu setzen, dessen Leben betrauert werden kann. Den Prozess des Ausschlusses sichtbar zu machen, und die nachfolgende Zerstörung dieses Prozesses selbst fördert die Gewalt zutage, welche jene Grenzen bewacht, die uns voneinander trennen und uns unberührbar für die Schmerzen und das Leiden der de-autorisierten anderen macht. Gleichzeitig bringt uns dieses Umarbeiten des Sicherheits/Kriegsdispositivs der Vorstellung näher, dass wir durch eben dieses konstituiert werden, dass wir dieser Konstituiertheit durch Sicherheit/Krieg nicht entgehen können, dass wir aber dennoch die Aufmerksamkeit auf die Möglichkeiten des politischen Handelns richten müssen. Als kontaminierte, unreine Wesen, die das Dispositiv von innen kritisieren, haben wir die Möglichkeit, unautorisierte Fragen zu stellen und die Vorstellung der Angebrachtheit von Sicherheit/Krieg im Kern in Frage zu stellen. Selbst dann, wenn wir dies tun wollen, in dem wir darüber scherzen.

Übersetzung aus dem Englischen von Wolfgang Sützl

ANMERKUNGEN

[1] »Military due to move in to New Orleans«, CNN News, 2. September 2005, http://www.cnn.com/2005/WEATHER/09/02/katrina.impact/index. html?iref=newssearch [09.08.2007]

LITERATUR

Agamben, Girogio (2001): *Sicherheit und Terror*, Frankfurter Allgemeine Zeitung, 20. September 2001, http://polylogos.org/chronique/agamben.html [28.10.2005].

Agamben, Giorgio (2002): *Homo Sacer. Die souveräne Macht und das nackte Leben*, Frankfurt, Suhrkamp.

Butler, Judith (1993): *Kontingente Grundlagen. Der Feminismus und die Frage der »Postmoderne«*, in Benhabib, S. *et al* (Hg.): Der Streit um die Differenz. Feminismus und Postmoderne in der Gegenwart, Frankfurt: Fischer, 31-58.

Butler, Judith (2001): *Was ist Kritik? Ein Essay über Foucaults Tugend*, in transform 05/2001,

http://transform.eipcp.net/transversal/0806/butler/de [6.8.2007]

Butler, Judith (2005): *Gefährdetes Leben. Politische Essays.* Frankfurt: Suhrkamp.

Deleuze, Gilles (1993): *Postskriptum über die Kontrollgesellschaften*, in ders., Unterhandlungen, Suhrkamp, Frankfurt/m. 1993, 254-262.

Foucault, Michel (1980): »Confessions of the Flesh«, in: Gordon C. (Hg.): *Power/Knowledge. Selected Interviews & Other Writings 1972-1977*, New York, Pantheon Books, 194-228.

Foucault, Michel (1989): *Die Sorge um sich. Sexualität und Wahrheit III*, Frankfurt, Suhrkamp.

Foucault, Michel (1987): *Das Subjekt und die Macht.* Nachwort in: Hubert L. Dreyfus/ Paul Rabinow: Michel Foucault. Jenseits von Strukturalismus und Hermeneutik, Frankfurt am Main: Athenäum.

Hables Gray, Chris (2005): *Peace, War and Computers*, London, Routledge.

Said, Edward (2003): *Orientalism*, New York, Vintage Books.

Spivak, Gayatri (1992): »More on Power/Knowledge«, in: Landy, D./MacClean, G. (Hg.) (1996): *The Spivak Reader*, London, Routlege, 141-175.

Vattimo, Gianni (1992): Die Transparente Gesellschaft, Wien: Passagen Verlag

Die Rückkehr Heraklits

Zur politischen Poetik einer Kritik der Gewalt

Wolfgang Sützl

Sie verstehen nicht, wie es auseinander getragen mit sich selbst im Sinn zusammengeht;
gegenstrebige Vereinigung wie die des Bogens und der Leier.

Heraklit, Fragment 51

1. HERAKLIT IN COLORADO. JEFFREY GEDMIN

Im Dezember 2002, wenige Monate vor dem Angriff der *coalition of the willing* auf den Irak, gab Jeffrey Gedmin, Direktor der Berliner Außenstelle des in Aspen, Colorado, beheimateten und nach diesem Wintersportort benannten Think-Tanks am Beginn eines Vortrags[1] in Wien einen Witz zum Besten. In diesem werden ein Amerikaner, ein Franzose und ein Deutscher von Terroristen gefangen und dürfen im Angesicht ihrer bevorstehenden Exekution einen letzten Wunsch äußern. Der Franzose, so der Witz, möchte vor seinem Tod ein letztes Mal die Marseillaise hören und mit erhobenen Herzen die Größe seiner Nation würdigen. Der deutsche Gefangene dagegen wünscht sich die Erlaubnis, einen langen, theoretischen Vortrag über Recht, Moral und Legitimität von Gewalt zu halten, um den Terroristen ihr Unrecht zu beweisen. Und der Amerikaner? Um sich all das nicht anhören zu müssen, wünscht er sich nur, als erster erschossen zu werden.

Es zeigte sich rasch, dass der Witz die im Vortrag vermittelte Haltung angemessen illustrierte, auch wenn diese in ihrer Schlichtheit kaum einer solchen Illustration bedurft hätte: Jemand wie Saddam Hussein, so die Kernaussage, mache ein entschlossenes Eingreifen notwendig; er nutze die pluralistischen Verfahren der demokratischen Staaten als Schwäche, die es ihm erlaube, noch mehr Massenvernichtungswaffen anzuhäufen. Daher müsse es jetzt mit dem Reden ein Ende haben: Taten statt Worte! Wer nicht für uns ist, ist für Saddam!

Eine klassische militärische Denkfigur stand plötzlich im Mittelpunkt einer politischen Entscheidung: blitzartiges Zupacken statt langer Debatten, Tatsachen schaffen anstatt Möglichkeiten erkunden. Nach Gedmins Vorstellungen, welche sich präzise mit jenen der Regierung George W. Bushs deckten, sollte also die Entscheidung *zum* Krieg nach denselben Grundsätzen erfolgen, die für gewöhnlich *im* Krieg selbst gelten. Politik als deutlich vom Krieg unterscheidbare Tätigkeit, gar als Versuch der Gewaltminimierung erschien aus dieser Sicht hinderlich und stand unter dem Verdacht des Verrats an den »Feind«. In der Tat, eine »diskutierende Öffentlichkeit«, die »alle politische Aktivität ins Reden verlegt ... ist einer Zeit sozialer Kämpfe nicht gewachsen«, und wer keinen Feind kennt, »stellt sich auf Seite der Feinde« – das wusste Carl Schmitt 80 Jahre vor Gedmin (Schmitt 1922, 52 u. 1932, 40).

Der Irak-Krieg war damit schon eine politische Realität bevor die ersten Bomben fielen: er hatte immer schon begonnen; die Rede auf der Seite der Kriegsbefürworter war folgerichtig schon lange vor den ersten Angriffen von *dem* Krieg, nicht von einem *möglichen* Krieg. (Sützl 2003). »Der Krieg« gegen den Irak, aber auch der »Krieg gegen den Terror« stellen Beispiele einer Wendung des Politischen dar, in welcher die Differenz zwischen normaler Politik und Krieg nicht gezogen werden kann. Der Krieg wird darin zum bloßen Faktum, welches nicht erklärt werden muss: weder in Form einer formalen Kriegserklärung, noch in Form einer Begründung.

In diesem Beitrag bezeichne ich eine solche Wendung des Politischen als »heraklitisch« bzw. die dahinter stehende Sicht des Politischen als Heraklitismus: Politik handelt aus dieser Perspektive allein von diskontinuierlicher »Gegenstrebigkeit« und begreift den Kampf, *polemos,* als Ausgangspunkt und Legitimation politischer und gesellschaftlicher Ordnungen. Heraklitische Politik besteht daher, wie Carl Schmitt exemplarisch demonstrierte, in der Unterscheidung zwischen Freund und Feind. Differenzierte Einwände gegen eine solche Ordnung – Kritik – sind im Heraklitismus nicht möglich: das Normative ist mit dem Faktischen identisch, es gibt keinerlei »dritte« Instanz jenseits der gegenstrebigen Kräfte, auf welche sich die Kritik berufen könnte. Jeder Versuch, heraklitische Politik in Frage zu stellen, läuft daher Gefahr, eine bloße Ablehnung, ein »Paktieren mit dem Feind« zu sein, und eben dadurch die heraklitische Sichtweise zu bestätigen. Diese Gegenwendigkeit macht die Kritik einer Politik, die heraklitisch verfasst ist, zu einem besonderen Problem, welches der Gegenstand dieses Beitrages sein soll.

Ein Versuch, etwas über den Heraklitismus zu sagen, was diesen nicht von vorne herein bejaht, erfordert daher zunächst einen Verzicht: den Verzicht nämlich, stärker sein zu wollen als er. Ein solcher Versuch lässt sich im Anschluss an Gianni Vattimos *pensiero debole* unternehmen. Dieses links-heideggerianisch geprägte »schwache Denken« betrachtet die Vorstellung einer restlosen Überwindung des metaphysischen, auf Letztgültigkeit abgestellten Denkens als hinfällig und gewaltanfällig plädiert für eine verwindende Annahme des metaphysischen Erbes (Sützl 2007, Vattimo 2002). Der hier unternommene Versuch, den Heraklitismus zur Sprache zu bringen verzichtet daher darauf, diesen theoretisch »widerlegen«, normativ einzugrenzen oder argumentierend aus der Reserve locken zu wollen. Angesichts der im Heraklitismus obwaltenden Letztgültigkeit des Faktischen erwiesen sich derartige Versuche rasch als politikferne Unterhaltung. In eben jener faktischen Verfasstheit des Heraklitismus verbirgt sich indessen eine Negation der Sprache. Und genau in dieser Sprachfeindlichkeit könnten sich »schwache« Möglichkeiten einer nicht von Vorstellungen der Stärke geleiteten Auseinandersetzung mit dem Heraklitismus auftun. Was hier versucht wird, konzentriert sich daher auf die innere *Sprachlosigkeit* des Heraklitismus, die einerseits Schweigegebote hervorbringt (Geheimhaltung, hermetische Expertendiskurse, »Taten statt Worte«, etc.), andererseits eben durch eine Konstitution des Politischen außerhalb der Umgangssprache diese ihrer politischen Möglichkeiten und Maßstäbe beraubt und die Öffentlichkeit mit dem Dröhnen der Belanglosigkeit füllt.

In dieser Absicht setze ich mich zuerst mit dem Heraklitismus als politischem Programm auseinander, so wie es in der Zeit der Weimarer Republik u.a. von Alfred Bäumler und Carl Schmitt entworfen wurde. Um die Relevanz des Heraklitismus in der Gegenwart aufzuzeigen und die Bedeutung des Faktischen in ihm sichtbar zu machen, aber auch um die Technik als toten Punkt des Heraklitismus herauszustellen, bespreche ich daraufhin die Bedeutung der Technik im Heraklitismus anhand Ernst Jüngers und Martin Heideggers Auseinandersetzung mit der Technik. Abschließend wird anhand Heideggers Unterscheidung zwischen »technischer« und »überlieferter« Sprache und Uwe Pörksens Kritik der politischen Sprache die Frage nach einer politischen Poetik gestellt, welche Möglichkeiten einer Schwächung des Heraklitismus bereithält.

2. HERAKLIT IN WEIMAR. BÄUMLER UND SCHMITT

Die folgende Charakterisierung zweiter Theoretiker aus der Zeit der Weimarer Republik als »heraklitisch« unternimmt nicht etwa den ehrgeizigen Versuch einer direkten Auseinandersetzung[2] mit diesem schon in der Antike wegen seiner »Dunkelheit« bekannten Vorsokratiker, sondern will vor allem die Bedeutung einiger Aspekte der heraklitischen Fragmente für die Frage nach der Gewalt im zeitgenössischen Erscheinungsbild des Heraklitismus verdeutlichen, um für den legitimen Gebrauch dieser Bezeichnung zu werben. In diesem Sinne sind mehrere Aspekte des heraklitischen Denkens wesentlich: zunächst, dass die Welt für Heraklit von keinerlei innerer Struktur zusammengehalten oder äußeren Gesetzmäßigkeiten bestimmt wurde, sondern sich als fortwährender Fluss von Veränderungen darstellte, welche aus einer inneren »Gegenstrebigkeit« hervorgingen. Nicht zufällig hat Heraklit daher in der Debatte um die Postmoderne erneut Interesse gefunden (z.B. Waugh 1991). Die einzige Einheit, die diese Welt kennt, ist die Unüberwindbarkeit der Gegensätze, die einander kontinuierlich herausfordern. Allein die »Gegenwendigkeit« des Seins, Widerstreit (*eris*) und Kampf (*polemos*) ermöglichen den *logos* Heraklits. Der Urstoff des Universums ist für Heraklit daher das Feuer; jenes Element, welches erlischt und sich wieder von neuem entzündet, zerstört und Neues hervorbringt, und in dem sich die Vorläufigkeit des Seienden artikuliert wie in keinem anderen.

Das Feuer des Kriegs prägt das heraklitische Bild der Politik. In Fragment 53 ist die Rede vom Krieg als »aller Dinge Vater, aller Dinge König. Die einen erweist er als Götter, die anderen als Menschen, die einen macht er zu Sklaven, die anderen zu Freien« (zit. nach Diels 1934, 162). Der Krieg tritt hier als naturimmanenter Ursprung der gesellschaftlichen Ordnung hervor, die ihre Gerechtigkeit allein aus ihrer faktischen Gegebenheit bezieht: »Man soll aber wissen, dass der Krieg gemeinsam (allgemein) ist und das Recht der Zwist und dass alles geschieht auf Grund von Zwist und Schuldigkeit.« (Fragment 80, Diels 1934, 169)

Bekanntlich hat es ein Großteil der westlichen Geistesgeschichte, vom Platonismus, über das Christentum bis hin zu Aufklärung, Idealismus und Romantik übernommen, diese Bedeutung des Gegenstrebigen zu schwächen und das Prinzip der Widerspruchsfreiheit nicht nur zum Fluchtpunkt eines *logos* der Vernunft und der christlichen Eschatologie, sondern einer an der Aussöhnung von Gegensätzen orientierten Ethik zu machen, aus welcher die völkerrechtliche Ächtung des Krieges ab dem frühen 20. Jahrhundert hervorging.

Nachdem vor allem die Ansprüche des idealistischen, romantischen Denkens in der zweiten Hälfte des 19. Jahrhunderts in Deutschland immer weiter mit den Realitäten des aufstrebenden kapitalistischen, industrialisierten Gesellschaftssystem auseinanderklaffen, ist es jedoch kein Zufall, dass das heraklitische Denken in jenem historischen Moment erneut zur Geltung kommt, in dem die Moderne und ihr Anspruch auf Fortschritt in eine Krise gerät und sich selbst zu negieren beginnt. In kaum einem anderen Denker ist die krisenhafte Entwicklung der Moderne deutlicher angelegt als in Friedrich Nietzsche. Dessen anti-platonisches, anti-modernes und anti-metaphysisches Denken fand in Heraklit ein Vorbild.

Die Krankheit der Moderne bestand für Nietzsche u.a. in deren Naheverhältnis zur platonisch-christlichen Metaphysik, welche zwangsläufig in den Nihilismus führte. Platonismus und Christentum hatten nach Nietzsche das Erbe der griechischen Antike in einer Weise umgeschrieben, in welcher die Wahrheit der Hoffnung auf Aussöhnung aller Gegensätze zum Opfer fällt und damit zu einer maskierten Form der Lüge wird. Dem gegenüber plädiert Nietzsche für eine neue Kultur des Tragischen, welche die Vergänglichkeit und »Kontingenz« der Erscheinungen heraklitisch radikalisiert. »Das Ja-Sagen zu Gegensatz und Krieg, das Werden, mit radikaler Ablehnung auch selbst des Begriffs ›sein‹ – darin muss ich unter allen Umständen das mir Verwandteste erkennen, was bisher bedacht worden ist«, beschreibt Nietzsche sein Verhältnis zu Heraklit (Nietzsche 1999, 6, 313). Recht und Moral sind für Nietzsche nur mehr spezifische Momente einer auf Beruhigung abgestimmten, das Tragische verschleiernde Metaphysik, in welchem sich die platonische Seinslehre mit der christliche Heilsvorstellung zu einen großen Trugbild verbindet. Denn aus Nietzsches heraklitischer Sicht kann es keine Gerechtigkeit geben, welche außerhalb der Machtbeziehungen zwischen Menschen existierte: Gerechtigkeit, die sich als Tugend begreift, so lässt Nietzsche seinen Zarathustra sagen, sei eine versteckte Rachsucht (Nietzsche 1999, 4, 128f.). Die Vorstellung einer Gleichheit unter den Menschen, welche sich seit der Aufklärung in der Moderne durchgesetzt hatte, ist für Nietzsche eine Folge dieser verlogenen Tugendhaftigkeit und wäre durch das heraklitische Modell der Gerechtigkeit abzulösen welches Ungleichheit und Kampf erfordert.

Dies ist gewiss nicht die einzig mögliche Interpretation der politischen Philosophie Nietzsches,[3] sie bildet jedoch den Mittelpunkt der nachhaltig wirkenden »heraklitischen« Nietzsche-Interpretation des nationalsozialistischen Philosophen Alfred Bäumler (Bäumler 1931). Bäumler begriff Nietzsche ausschließlich als heraklitischen Denker, welcher im Kampf die einzige Möglichkeit von Gerechtigkeit sieht. Diese »kann nur sein, wo Kräfte in Freiheit sich miteinander messen«, ist in einer »Friedenswelt nicht möglich«, und »stellt sich durch Taten selbst her« (Bäumler 1931, 67). Wo sich Gerechtigkeit selbst herstellt, kann weder von moralisch beurteilbaren Zwecksetzungen noch von Verantwortung die Rede sein. Taten sind daher keine selbstbestimmten Handlungen, sondern gleichen, in einer Entsprechung Heraklits Gleichsetzung der sozialen mit der natürlichen Ordnung, dem »unschuldigen« Werden in der Natur. Die einzige hier mögliche Moral findet Bäumler in Nietzsches »Herrenmoral«: »Nur der Überlegene, nur der Herrschende vermag, Gerechtigkeit festzustellen, d.h.

ein Maß auszurichten, nach welchem gemessen wird«. (Bäumler 1931, 67) Wenn der Kampf der Ursprung der Gerechtigkeit ist, dann lässt er kein Urteil anhand von Kriterien zu, die außerhalb von ihm selbst lägen, weshalb etwa eine völkerrechtliche Einhegung von Kriegshandlungen hinfällig wäre und der »gerechte Krieg« tatsächlich der Angriffskrieg wäre: »Der angreifende Mensch steht der Gerechtigkeit näher als der reaktive«, schreibt Bäumler folgerichtig (ebd., 66).

Bäumler bereitet damit einen wesentlichen Aspekt der Sprachlosigkeit des Heraklitismus vor: denn jede normative Betrachtung der Zulässigkeit oder Legitimität von Krieg machte diesen zum Gegenstand begründender sprachlicher Vollzüge und schafft damit die Möglichkeit, ihn argumentierend zu beeinspruchen. Damit eben diese Möglichkeit gewährleistet wird, sind in demokratischen Verfassungen sowie auch der UN-Charta präzise festgelegte und große Mehrheiten erfordernde Verfahren vorgesehen. Aus Bäumlers Sicht ist der Krieg dagegen immer schon ein Faktum, welches nicht Gegenstand politischer Willensbildung sein kann. In der Negierung der Kausalität und des autonomen Handelns in Bäumlers tritt eine Denkfigur in Erscheinung, welche den Krieg als nicht mehr eingrenzbares Kontinuum entwirft und ihm damit – entgegen den Intentionen Bäumlers – das spezifisch »Kriegerische« nimmt und das vorbereitet, was sich heute als Politik der Sicherheit etabliert hat. Die Auslagerung politischer und moralischer Entscheidungen in informationstechnische Systeme, die kalkulierende Durchdringung von Handlungsräumen durch Sicherheitstechnologien (vgl. DeLanda 1992) entspricht dabei Bäumlers Vorstellung vom Handeln als Naturereignis, wobei eine quasi-autonome Technik die Natur als Grund der Gerechtigkeit abgelöst hat.

Rechtstheoretisch gewendet findet sich eine ähnliche Haltung bei Carl Schmitt. Schmitts Herausforderung reicht jedoch weiter als jene Bäumlers, der nach dem Ende des Nazi-Staates kaum außerhalb der Nietzsche-Interpretation rezipiert wurde: seine radikale Infragestellung der liberalen Demokratie beschäftigt die politische Theorie auch heute, oder gerade heute: Das Denken Schmitts berührt, wie Chantal

Mouffe erklärt, den »blinden Fleck« des Liberalismus, sein Begriff des Politischen »macht bedeutende Mängel im vorherrschenden liberalen Denken sichtbar« und dient daher als »Warnung vor der Gefahr der Selbstgefälligkeit, die der Triumph des Liberalismus birgt« (Mouffe 1999, 2). Und Schmitts These von der Entpolitisierung und Neutralisierung (Schmitt 1932, 66f.) scheint in einer Zeit an Relevanz zu gewinnen, die vom »Ende des Politischen« spricht, und in der »humanitäre Rhetorik die politischen Inhalte ersetzt hat ... und die westlichen Liberalen glauben, dass jeder Antagonismus beseitigt worden wäre« (Mouffe 1999, 2).

Schmitt vertritt das genaue Gegenteil einer politischen Theorie, welche auf Konsensfindung und Ausgleich zielt, und er sieht sich genau deswegen als kompromisslos *politisch*. Die Freund-Feind-Beziehung stellt für sie den Kern des Politischen dar: während die Moral zwischen Gut und Böse, die Ästhetik zwischen Schön und Hässlich, die Ökonomie zwischen Nützlich und Schädlich differenzierten und sich durch diese Kategorien untereinander unterschieden, sei die »spezifisch politische Unterscheidung ... die Unterscheidung von Freund und Feind« (Schmitt 1932, 14). Diese Unterscheidung nicht anhand von Kriterien, die außerhalb des Politischen selbst liegen, begründbar – »der politische Feind braucht nicht moralisch böse, er braucht nicht ästhetisch hässlich zu sein, er muss nicht als wirtschaftlicher Konkurrent auftreten« (ebd.). Überall dort, wo die Freund-Feind-Unterscheidung durch andere Kriterien geschwächt wird, kommt es jener »Entpolitisierung und Neutralisierung«, welche Schmitt dem Vordringen von Moral, Ästhetik, Ökonomie und Technik in das »Zentralgebiet« der Politik zuschreibt (Schmitt 1932, 67 ff.).

In der Unbegründbarkeit der Freund-Feind-Unterscheidung äußert sich Schmitts Dezisionismus, demzufolge in jedem Übergang von einer reinen, normativen Ordnung zur gesellschaftlichen Wirklichkeit ein Willensakt nötig ist, der keinerlei positiven Normen mehr entsprechen kann: die dezisionistische Entscheidung, schreibt Slavoj Žižek, ist eine »gewaltsame Geste, welche die Unabhängigkeit des abgründigen Entscheidungsaktes von seinem positiven Inhalt behauptet« (Žižek 1999, 20). Eine solche Entscheidung ist keine

Sachentscheidung mehr, keine »Entscheidung für eine bestimmte Ordnung, sondern in erster Linie eine Entscheidung für das formale Prinzip der Ordnung als solche« (Žižek 1999, 19).

Die Entscheidung einen Feind als solchen zu betrachten ist daher weniger eine Entscheidung, einen *bestimmten* Feind zu haben, sondern eine »abgründige« formale Entscheidung – eine Entscheidung für die Feindschaft überhaupt, unabhängig von der konkreten Gestalt des Feindes oder seiner Handlungen.

In der Tat ist heute die konkrete Gestalt des »Feindes« auch heute besonders im »War on Terror« ebenso beliebig und leer wie die politische Identität der in diesem »Krieg« festgenommenen und in illegalen Gefängnissen wie Guantánamo Bay inhaftierten, als *unlawful combatants* entrechteten Gefangenen. Dass es um einen Krieg gegen den »Terror« geht, nicht etwa gegen konkret handelnde »Terroristen«, illustriert den Dezisionismus dieses Krieges noch deutlicher: Was zählt ist, in einer präzisen Entsprechung Schmitts, dass überhaupt Feindschaft behauptet wird – die Entscheidung für den »War on Terror« ist vor diesem Hintergrund eine Entscheidung für die Feindschaft und für den Krieg als nicht begründbares und daher nicht in Frage zu stellendes Ordnungsprinzip. Auch im Vorlauf des Irak-Krieg ist dieses dezisionistische Muster zu erkennen: Saddam Hussein als Gestalt eines positiven Feindes war durchaus austauschbar, ein früherer Freund, der sich angeblich Doppelgänger hielt. Die irrlichternde Vielfalt der ihm zugeschriebenen Handlungen, von der Erzeugung von Massenvernichtungswaffen über Massenmord bis zu Verbindungen mit Al Quaida, mit denen der Krieg gerechtfertigt wurde[4] machte bei aller Verwirrung, die sie stiftete, zumindest deutlich, dass die Kriegsentscheidung eine vom Gegenstand des Krieges unabhängige, eine »abgründige« Entscheidung war, die keinerlei Begründungen benötigt und diese daher als PR-Gags spielen kann. Dementsprechend blieb auch die spätere Entdeckung, dass die wichtigsten offiziellen Kriegsgründe nicht existierten, international ohne große politische Folgen.

Anders als Bäumler, der den Ursprung der Gerechtigkeit im Krieg ortet, verweist Schmitt dieses Wort aus dem Umfeld des Krieges: für ihn gibt es weder einen »legalen« Krieg, noch einen »gerechten« Krieg: »Es gibt keinen rationalen Zweck, keine noch so richtige Norm, kein noch so vorbildliches Programm, kein noch so schönes soziales Ideal, keine Legitimität oder Legalität, die es rechtfertigen könnte, dass Menschen sich gegenseitig dafür töten.« (Schmitt 1932, 37)

Deutlicher als Bäumlers literarisch verbrämte Variante des Heraklitismus zeichnet sich Schmitts rechtstheoretischer Zugang durch ihren radikal formalen Charakter aus, der sprachlich darstellbare politische Inhalte negiert. Deutlicher als bei Bäumler der Heraklitismus bei Schmitt als ein Politikmodell hervor, dessen Formalismus Politik zur Technik macht: ihre Unfähigkeit, über Inhalte zu sprechen, macht die Inhaltsleere der Technik zum einzig möglichen Inhalt. Dadurch verliert umgekehrt die Technik ihren nebensächlichen, »bloß technischen« Charakter.

Mit der Frage der Technik erreicht der Heraklitismus Weimarer Prägung daher einen toten Punkt: Wohl ist die Technik, in ihrer prinzipiellen Indifferenz allen Zwecken gegenüber ein machtvolles Instrument der Politik und vermag diese zur »Ultra-Politik« (Žižek) Schmittscher Prägung zu machen. Doch in einem politischen Entwurf, der kein Kriterium für Inhalte, also positive Zwecke kennt, lässt sich Technik nicht ohne weiteres als neutrales Instrument vom Politischen selbst isolieren. In Schmitts eigenen Begriffen wäre die Technik daher etwas, was der Neutralisierung von Politik Vorschub leistet, indem sie etwas nicht zur Politik gehörendes in diese einführt. Andererseits ermöglicht die Inhaltsleere der Technik kein Kriterium, welches diese als politikfremd fassbar machen würde. Das Bild, das daraus entsteht, ist das eines Politik-Technik-Kontinuums, in dem keine isolierten abgründigen Entscheidungen mehr getroffen werden – und welches uns heute in der Gestalt der Politik der Sicherheit entgegentritt, für welche Schmitt noch keinen Namen hat. Es darf daher nicht verwundern, wenn aus Schmitts Haltung gegenüber der Technik der Ausnahmefall der Unentschlossenheit spricht: er erklärt die Frage der Technik für »unabgeschlossen« und mutmaßt, dass jede »starke Politik« die Technik zu ihrem Instrument machen wird,

(Schmitt 1922, 80) was eine »Neutralität« der Technik impliziert. Diese jedoch sei »etwas anderes als die Neutralität aller bisherigen Gebiete«, ja der »Prozess fortwährender Neutralisierung der verschiedenen Gebiete des kulturellen Lebens ist an seinem Ende angelangt, weil er bei der Technik angelangt ist.« (Schmitt 1922, 70) Damit billigt er der Technik zumindest implizit eine positive politische Kraft zu, welche andere Gebiete der Kultur nicht haben; sie bleibt damit erst recht etwas Ambivalentes, das einerseits entpolitisiert, andererseits der Neutralisierung eine Grenze zieht.

Die Verunsicherung des Heraklitismus durch die Technik ist fundamental, und sie führt zur einzig möglichen heraklitischen Reaktion: dem Sturmangriff. Unternommen wird dieser von Ernst Jünger, Stoßtruppführer im Ersten Weltkrieg. Jünger macht den unerhörten Versuch, den Heraklitismus in das technische Zeitalter zu retten, in dem er die Technik selbst als Grund des Politischen setzt: als »elementare«, übergeschichtliche Macht, die den Ursprung jeder Politik bildet.

3. HERAKLIT IN HEIDELBERG. JÜNGER

Die bei Schmitt zögerlich gestellte Frage nach einer der Technik angemessenen politischen Gestalt stellt Jünger mit der Unbefangenheit des Literaten, gepaart mit der Entschlossenheit eines begeisterten Frontsoldaten. Er findet sie im »Arbeiter« (Jünger 1932), der außerhalb des Instrumentalen steht, weder »Schöpfer noch Opfer« der Technik ist. Der Arbeiter ist ein anti-bürgerliches, aber auch antiaufklärerisches Subjekt, das in einem von der Technik geschaffenen politischen Raum die Herrschaft repräsentiert, jedoch nicht im Sinne einer autonomen Machtausübung, sondern bereits von der Technik »gestellt«. Bei Jünger »überschreitet die Technik den materiellen Horizont und gewinnt damit die Perspektive der staatlichen und gesellschaftlichen Großorganisation ... die neuzeitliche Technik unterwandert die alte Welt, um sie schließlich im technisch gewordenen Raum völlig zu zerstören ...«, schreibt Hans-Martin Schönherr-Mann über Jüngers Technikverständnis (Schönherr-Mann 1994,

266). Technik ist für Jünger die Art und Weise, in welcher der Arbeiter die Welt mobilisiert und ein romantisches, entweder in anti-technischen oder optimistischen Vorstellungen von der Technik gefangenes Bürgertum als maßgebliche politische Kraft ablöst. Eine solche technische Umwälzung ist etwas Anderes als die Erwartung von Fortschritt, welche das von Jünger verachtete Bürgertum mit dem technischen Wandel verbindet. Jüngers Technik führt zu keinerlei Humanisierung, zu keiner Verschönerung oder Verbesserung der Weltlage, sondern lediglich zu einer Beschleunigung und Perfektion der technischen Abläufe, welche die Frage nach Orientierungen oder Werten obsolet machen.

Die von Jünger ersonnene Gestalt des Arbeiters hat ihre historischen Wurzeln, im neuen, technisierten Soldatentypus des Ersten Weltkriegs (Martus 2004, 23) und stellt ein Produkt Jüngers Erfahrung in diesem ersten mit industrieller Technik geführten Krieg dar. Im Modell des »totalen Kriegs« wird die Unterscheidung zwischen militärischer und ziviler Sphäre hinfällig: alle gesellschaftlichen Ressourcen werden auf den Krieg konzentriert, der Krieg wird zu einem gigantischen Arbeitsprozess, der seine eigenen räumlichen und zeitlichen Grenzen aufhebt. »Krieg« und »Frieden« werden damit zu einer Unterscheidung, welche durch die Technik, genau wie alle anderen vortechnisch entworfenen Ordnungen, hinfällig werden. Das Einzige, was im technisierten Krieg nicht versinkt, ist die Technik selbst, sie gehört zu einem »entscheidenderen Bezugssystem« (Jünger 1932, 154). Die Symbole der Technik, schreibt Jünger, hätten sich schnell in die entferntesten Winkel der Erde verbreitet, und wo die »Tatsachensprache dieser Symbole eindringt, dort fällt das alte Lebensgesetz« (ebd.).

Die »Tatsachensprache der Technik«: Technik wird bei Jünger zur Materialisierung einer Schweigen gebietenden Metaphysik des Politischen. Aus der Sicht, die im »Arbeiter«, Jüngers »anspruchvollsten theoretischen Entwurf« (Martus 2001, 88), entwickelt wird, gehört eine politikfähige Sprache zum »alten Lebensgesetz«, das angesichts einer Politik, die vollständig in der Faktizität des Technischen aufgeht, nur mehr als Zeichen nostalgischer Extravaganz erscheint, die für die »Front der Restauration« aus Bürgertum, Kirche, Adel kennzeichnend ist (Jünger 1932, 157).

Nicht nur in Jüngers Schriften der 1930er-Jahre, auch in der Auseinandersetzung um die Zulässigkeit eines Angriffs auf den Irak im Februar 2003 entfaltete sich eine Rhetorik der übergeschichtlichen Elementarkräfte: der Donner der Weltgeschichte hallte etwa durch einen Aufruf der acht EU-Länder, deren Unterstützung der Bush-Regierung in der Irak-Politik sie in Worten Donald Rumsfelds zum »neuen Europa« adelte: Demokratie, Freiheit, Menschenrechte und Rechtsstaatlichkeit, so wurde in einem offenen Brief formuliert, seien heute "so bedroht wie nie zuvor"; als Garant dieser Errungenschaften seien indessen die "transatlantischen Bande" heute bedeutender "als jemals zuvor", sodass es in der "heutigen Welt mehr denn je" geboten sei, Einheit und Zusammenhalt zu bewahren und eine "unbeirrte Entschlossenheit" an den Tag zu legen, wenn es darum geht, den "Weltfrieden" auch durch Krieg zu bewahren (Sützl 2003).[5] Aber auch die Bezeichnung *shock and awe,* für die während der ersten Phase der Invasion eingesetzte Strategie, deutet auf die Rückkehr Jüngers »elementarer«, außergeschichtlicher Kräfte im Heraklitismus der Gegenwart hin: *shock and awe* steht für eine Kraftentfaltung die im Stande ist, auch den stärksten Willen zu brechen, für ein »nicht-nukleares Äquivalent der Wirkung, welche der Abwurf der Atombomben auf Hiroshima und Nagasaki auf die Japaner hatte« (Ullman u. Wade 1996), für einen Zustand angstvoller Sprachlosigkeit, wie er durch das Wort *awe* bezeichnet wird.

Entscheidend für das Verständnis von Technik als heraklitischer Kraft ist die Verbindung zwischen Krieg und Technik die bei Jünger hergestellt wird, denn sie macht die Aufhebung der Differenz zwischen Krieg und Frieden deutlich, welche die konsequente Annäherung des Heraklitismus an die ambivalente Technik herbeiführt: der Unterschied zwischen Krieg und Frieden ist ein gradueller und kein qualitativer – »Ihr Frieden und ihr Krieg sind wie Wind und Sturm«, schreibt Brecht treffend in seiner »Deutschen Kriegsfibel«.

Deutlicher als Bäumler und Schmitt markiert Jünger damit den Punkt, an dem *polemos* als Leitbegriff eines technisch verfassten Heraklitismus obsolet wird und der »neutrale« Leitbegriff der Sicherheit eingeführt wird, und zwar als Folge weder eins Versagens noch eines Erfolgs des Heraklitismus, sondern als zwingende Konsequenz seiner Wesensverwandtheit mit der Technik. Das Unerbittliche des Heraklitismus wird durch seine sicherheitspolitische Neutralisierung zu einer wenig heroischen, politisch jedoch fatalen Berechnung des Durchschnitts. »Wie schwierig eine sachgemäße Übertragung der Heraklitischen Rede vom Widerstreit (*eris*) und Kampf (*polemos*) in die heutige Form des Denkens und Redens ist, zeigt sich schon an der Tatsche, dass wir auf Anhieb über keinen Begriff verfügen, der Streit und Frieden ... unter ein Joch zwingen würde«, schreibt Jürgen-Eckhardt Pleines (2002, 107): Der Begriff der Sicherheit dürfte wohl genau diese Lücke füllen und damit die Verwirklichung des Heraklitismus als politisches Programm inaugurieren.

Denn Sicherheit sichert, indem sie berechnet und die Anzahl der Variablen reduziert, was mit fortschreitender Entwicklung informationstechnischer Systeme bedeutet, dass die schweigende, einsame Entscheidung, Kern des Schmittschen Politikbegriffs, vom Automatismus der Computer ausgehöhlt wird; von Computern, die dafür gebaut wurden, die Unsicherheit – die Möglichkeit falscher Entscheidungen – aus der Politik zu entfernen. Damit erfordert Sicherheit Kriterien des Richtigen und Falschen, welche letztlich wiederum sprachliche Vollzüge und positive Inhalte erforderlich machen, deren Möglichkeit der Heraklitismus jedoch negiert.

Über dieses Verhältnis von Sprache und Technik bieten die Thesen der Weimarer Heraklitianer kaum Aufschluss. Anders verhält es sich mit der Spätphilosophie Heideggers, die eben dieses Verhältnis in den Mittelpunkt rückt.

4. HERAKLIT VOR FREIBURG. HEIDEGGER

Heidegger entwickelt eine wesentlich differenziertere Sichtweise der Technik als Jünger, in der gerade der instrumentale Charakter der Technik diese zur Metaphysik der Moderne macht. Ähnlich wie Adorno sieht Heidegger die Rückführung aller Erscheinungen auf einen letzten, unüberwindlichen Grund, so wie es der abendländischen Metaphysik entspricht, als Fluchtpunkt des globalen Projekts der modernen Technik. Doch während Adorno daraus ethische und politische Fragen ableitet, verharrt Heidegger bei der Frage nach dem »Wesen« der Technik und des »Menschen«, welcher von der Technik »herausgefordert« wird, wobei sich – und darin liegt das Interesse Heideggers für unsere Zwecke – diese Herausforderung als Veränderung der Sprache zeigt.

Technik ist bei Heidegger ihrem Wesen nach »nichts Technisches« (Heidegger 1991, 5), sie ist eine »Weise des Entbergens« in Form der »Herausforderung«, welche den Menschen »stellt« (ebd., 13f.). Dieses »Herausfordern« vor allem der modernen Technik macht vor keiner Grenze halt, denn sie ist ein permanentes Überwinden von Grenzen, weshalb schließlich der Mensch selbst von ihr »gestellt« und zum »Bestand« wird (ebd., 17).

Gerade die instrumentelle Dimension der Technik macht es nach Heidegger erforderlich, den Blick auf die Technik als Metaphysik zu richten. Gerade durch ihren anti-metaphysischen, modernen, säkularen Anspruch, der uns als materielle Wirklichkeit der Technik überall begegnet, verstellt die Technik diesen Blick auf ihr Wesen. Deshalb werden ständig neue Technologien entwickelt, welche eine Kontrolle über die Technik gewährleisten sollen. Die Informationstechnologie ist die technische Ausformung eben dieses verhängnisvollen Bestrebens, die Kontrolle über die Technik mit Mitteln der Technik zurück zu gewinnen. Dabei wird die Sprache immer mehr zur »technischen Sprache«, zum »Austausch- und Verständigungsmittel«, zur »Information« (Heidegger 1989, 22), sie wird technisch-rechnerischen umgeformt und sorgt dafür, dass der »Mensch sich nirgends mehr selbst begegnet«, sie verstellt den Menschen den Blick auf sich selbst. Die technische Sprache muss in erster Linie dem Kriterium der formalen Präzision und der Eindeutigkeit entsprechen und dementsprechend die verschiedenen Deutungsmöglichkeiten eliminieren oder zumindest innerhalb eines berechenbaren Rahmens begrenzen, was ebenfalls eine Aufgabe der »Großrechenanlagen« (Heidegger) ist.

Am Ende der technischen Sprache steht Jüngers »Tatsachensprache«, welche keinerlei Differenz mehr zulässt.

Damit leitet die technische Sprache aus dem So-Sein der Dinge einen impliziten Wahrheitsanspruch ab, der sich nicht in Frage stellen lässt. Schönherr-Mann beschreibt die von Heidegger beschriebene technische Sprache als »primitive Sprache, die zugleich eine Befehlssprache ist« (Schönherr-Mann 1994, 268). In der »technischen Sprache« Heideggers ist damit bereits jene Sprache angedacht, in der keine das Wesentliche berührenden Fragen formuliert werden können. Sofern der Heraklitismus Technik zur Politik macht, ist es diese technische Fakten- und Befehlssprache welche zur Sprache des Politischen wird. Es ist diese technische Sprache, welche den Punkt sucht, an dem nichts mehr gesagt werden kann und dieses Nicht-Sagen, dieses Schweigen im Inneren der Politik etabliert. Es ist aber auch diese technische Sprache im Inneren einer heraklitisch verfassten Politik, welche die Alltagssprache aus der Politik verdrängt, ihr ihren politischen Nerv zieht und die Öffentlichkeit – den Ort, an dem sich Demokratietheorien kritische Diskurse wünschen – mit Informationsmüll, mit Rauschen, mit Unterhaltung und belanglosem Getöse füllt. Wenn das Wesentliche des Sprechens, wie Heidegger behauptet, das Sagen (wie »zeigen« vom althochdeutschen *sagan* abgeleitet) ist, dann kann man von einem viel sagenden Schweigen im inneren und einem nichts sagenden Sprechen im äußeren der technisierten, sicherheitspolitisch neutralisierten heraklitischen Politik sprechen.

Welche Möglichkeiten einer nicht-technischen, viel sagenden politischen Sprache sind indes vorstellbar? Heideggers Suche, aus gutem Grund weniger von einer politischen Motivation als von einer Sorge um den Verlust der Sprache als wichtigstem Wesenszug »des Menschen« getragen, führt hinein in eine Sprache, welche er als »überlieferte Sprache« bezeichnet. Diese geht auf die versunkene, edle Sprache der Dichter zurück: denn sagen heißt zeigen, heißt das »Anwesende und Abwesende zum Vorschein bringen«, *poiesis*. Dichter wie Hölderlin oder Trakl sind nicht zufällig die Gewährsleute Heideggers Sprachphilosophie, die zeigen, wie Sprache Neues hervorbringen kann und damit, so lässt sich folgern, auch in der Lage sein könnte, die Berechnungen des sicherheitspolitisch neutralisierten Heraklitismus zu stören. Die Deutlichkeit der Unterscheidung zwischen technischer und überlieferter Sprache, die sich leicht als Opposition darstellen lässt, bringt freilich Gefahren mit sich, die bei der Suche nach einer un-heraklitischen politischen Poetik beachtet werden müssen: vor allem die Gefahr des Entstehens einer neuen binären Struktur, damit verbunden die Gefahr eines essentialistischen Reinheitsdenkens, welche die nicht-technische Sprache als technikfreie Sprachinsel entwirft. Ein Sprache, die der Schwächung des Heraklitismus fähig wäre, müsste demnach zwei Kriterien erfüllen: sie dürfte keinen Reinheitsanspruch erheben, sondern wäre als kontaminierte Sprache zu sehen, und sie müsste in der Lage sein, im Sprechen etwas zu Sagen und sich dabei sowohl vom Getöse als auch vom Schweigen abzuheben.

5. HERAKLIT VOR BIELEFELD: PÖRKSEN

In zwei Schriften zur Sprache des Politischen spricht Uwe Pörksen von der »fehlenden Autonomie des Politischen« (Pörksen 2002, 17ff.), und vom »Schwund der Politik« (2004, 7ff.), welcher mit dem Aufstieg der »gesellschaftlichen Großmächte« zusammenhänge: einerseits »Naturwissenschaft – Technik – Wirtschaft«, andererseits »Medien – Meinungsforschung – Parteien« (2002, 19f., 27f.).

Unschwer lassen sich diesen beiden Koalitionen von Großmächten, einerseits der sicherheitspolitisch neutralisierte Heraklitismus der Gegenwart (»viel sagendes Schweigen«) und andererseits das – ebenfalls sicherheitspolitisch neutralisierte – Nachfolgemodell des Ideals einer liberalen Demokratie (»nichts sagendes Sprechen«) erkennen. Für Pörksen sind beide Koalitionen für den Verlust der Autonomie des Politischen verantwortlich. Auf die Problematik des Heraklitismus übertragen hieße dies, dass dieser, entgegen den Ansprüchen der Weimarer Heraklitianer, die Autonomie des Politischen aufgrund der in der Technik angelegten sicherheitspolitischen Neutralisierung nicht zu retten vermag, sondern Politik vielmehr zum informatisierten *risk management* umformt. Allerdings wäre auch der Liberalismus von einem solchen Versagen betroffen: mit seiner Sprache, die zunehmend von »Medien, Meinungsforschung und Parteien« gestaltet wird, mit seinen PR-Agenturen und Spin-Doctors, die mit der Formulierung und Kommunikation dessen beauftragt werden, was politische Inhalte sein hätten sollen, aber nur mehr als Rauschen zutage tritt. Gemeinsam ist den beiden Koalitionen also sowohl ein Versagen in der Rehabilitation des Politischen als auch in der Sprache.

Ohne auf die Problematik des Heraklitismus spezifisch Bezug zu nehmen, entwickelt Pörksen in seiner politischen Poetik eine Sichtweise, welche eine Sprache des Politischen jenseits der heraklitischen Reduktion bzw. Aushöhlung andenkt. Pörksen beschreibt die Sprache des Politischen als poetische Sprache, sofern sie im Stande ist, etwas »noch nicht Vorhandenes zu sagen«, »im öffentlichen Raum etwas Neues anzufangen« (Pörksen 2002, 41). Eine gute Rede wäre eine, »die auf der Ebene der Sprache das richtige Wort wählt, aber zugleich auf der Ebene der Sache ... das angemessene Wort findet«. Mit Sicherheit machbar ist diese Rede nicht, sie ist ein »Schritt ins Ungewisse« (ebd., 42).

Das Wesentliche einer politischen Poetik läge demnach in der Kunst, dem Neuen und Experimentellen auf der Ebene der Sache, dem Faktischen der Technik, einen Ort zu geben; in anderen Worten, die »Überlieferung« in der überlieferten Sprache nicht allein als Tradition, sondern als spontane Kontamination des Poetischen durch das Technische zu begreifen, welche dort die Möglichkeit von Neuem und Anderen auftut, wo das heraklitische Schweigen der Sache sich breitmacht. Ein schwach begriffenes Eigentliches des Politischen wäre demnach weniger die Stärke der binären Freund-Feind-Unterscheidung, sondern die Arbeit an solchen Sprachen.

Solche Sprachen, die der Beeinspruchung des Heraklitismus fähig wären, wären in der Alltagssprache beheimatet und keineswegs Idealsprachen, mit denen sich keine Unwahrheit sagen lässt: Ein solcher Anspruch findet sich im sicherheitspolitisch neutralisierten Heraklitismus, der die vollständige Koinzidenz des Ist-Zustandes mit dem Soll-Zustand sucht. Ein gesellschaftlicher Bereich, in dem die Kontamination der technischen mit den überlieferten Sprachen in diesem

Sinne stattfindet ist die Informationstechnologie: deren Funktion ist ohne diese Kontamination nicht denkbar. Hier wird deutlicher als anderswo, dass die Entwicklung von Technik selbst als kultureller Gestaltungsprozess verstanden werden kann, der politische Sprachen bildet. Die Informationstechnologie wäre demnach nicht nur die global verteilte Rechenmaschine eines sicherheitspolitisch neutralisierten Heraklitismus, sondern auch der Ort seiner Schwächung, wo das Streben nach vollständiger Sicherung nur um den Preis der Verunsicherung möglich ist.

Dieser Versuch, den Heraklitismus zu beeinspruchen, ist nichts Großes, er kann nichts mehr als »Furchen ziehen« (Heidegger). Er rührt jedoch an etwas Wesentliches, dem Heraklitismus Fremdes; Pörksen kann daher schließen: »*Eine gute Rede steht über der Gewalt.* Das ist keine historische Wahrheit, aber es ist wahrscheinlich wahr.« (Pörksen 2002, 187, Hervorhebung Pörksen).

ANMERKUNGEN

[1] Eine Sammlung von Beiträgen, die Gedmins Position zum Irak-Krieg dokumentieren, findet sich auf http://www.aspenberlin.org/jeffgedmin.php

[2] Vgl. dazu z.B. Gadamer 1999 u. Pleines 2002.

[3] Zur Rolle Bäumlers in der Rezeptionsgeschichte Nietzsches vgl. Vattimo 1992, 116f.

[4] Eine Dokumentation der wechselnden Kriegsbegründungen findet sich auf http://www.globalpolicy.org/security/issues/iraq/justifindex.htm

[5] Der Originaltext dieses offenen Briefes findet sich auf http://news.bbc.co.uk/2/hi/europe/2708877.stm

LITERATUR

Arendt, Hannah (2006): Eichmann in Jerusalem. Ein Bericht von der Banalität des Bösen.

Bäumler, Alfred (1931): Nietzsche, der Philosoph und Politiker, Leipzig: Reclam 1931

Benjamin, Walter (1971): Zur Kritik der Gewalt und andere Aufsätze, 2. Aufl., Frankfurt: Suhrkamp

Clausewitz, Carl von (1993): Vom Kriege. In: Kriegstheorie und Kriegsgeschichte. Carl von Clausewitz, Helmuth von Moltke. Hrsg. von Reinhard Stumpf, Frankfurt: Deutscher Klassiker Verlag, 9-423.

DeLanda, Manuel (1992): War in the Age of Intelligent Machines, San Francisco: Zone Books.

Diels, Hermann (1934). Die Fragmente der Vorsokratiker, Berlin: Waidmann.

Gadamer, Hans-Georg (1999): Der Anfang des Wissens, Stuttgart: Reclam.

Jünger, Ernst (1932): Der Arbeiter. Herrschaft und Gestalt, Hamburg: Hanseatische Verlagsanstalt.

Heidegger. Martin (1959). Der Weg zur Sprache. In: (ders.), Unterwegs zur Sprache, Pfullingen: Neske.

Heidegger, Martin (1999). Die Technik und die Kehre. 8. Aufl., Pfulllingen: Neske.

Heidegger, Martin (1989). Überlieferte Sprache und technische Sprache, St. Gallen: Erker.

Hirst, Paul (1999): Carl Schmitt's Decisionism. In: Mouffe 1999, 7-17.

Martus, Steffen (2001): Ernst Jünger, Stuttgart: Metzler.

Mommsen, Hans (2006): Hannah Arendt und der Prozess gegen Adolf Eichmann. In: Arendt 2006, 9-48.

Mouffe, Chantal (Hg.) (1999): The Challenge of Carl Schmitt, London: Verso

Nietzsche, Friedrich (1999). Sämtliche Werke. Kritische Studienausgabe in 15 Bänden, München: dtv

Pörksen, Uwe (2002): Die politische Zunge. Eine kurze Kritik der öffentlichen Rede, Stuttgart: Klett-Cotta.

Pörksen, Uwe (2004): Was ist eine gute Regierungserklärung? Grundriß einer politischen Poetik. 2. Aufl., Göttingen: Wallstein.

Schmitt, Carl (1922): Politische Theologie. Vier Kapitel zur Lehre von der Souveränität, München, Leipzig: Von Duncker u. Humboldt1922.

Schmitt, Carl (1926): Die geistesgeschichtliche Lage des heutigen Parlamentarismus. 3. Aufl., Berlin: Duncker & Humboldt.

Schmitt, Carl (1932): Der Begriff des Politischen, München, Leipzig: Von Duncker & Humboldt.

Schönherr-Mann, Hans-Martin (1994): Leviathans Labyrinth. Politische Philosophie der modernen Technik, München: Fink.

Sützl, Wolfgang (2003). Desert Peace – der Irak-Krieg als historische Mission? Der Standard, 3. 2. 2003.

Sützl, Wolfgang (2007): Emancipación o violencia. Pacifismo estético en Gianni Vattimo, Barcelona: Icaria.

Taubes, Jacob (1987): Ad Carl Schmitt. Gegenstrebige Fügung. Berlin: Merve.

Ullman, Harlan u. James P. Wade (1996): Shock and Awe. Achieving Rapid Dominance, Washington, DC: Center for Advanced Concepts and Technology 1996.

http://www.shockandawe.com/shockintro.html

Vattimo, Gianni (2000): Dialektik, Differenz, und schwaches Denken. In: Schönherr-Mann, Hans-Martin: Ethik des Denkens, München: Fink 2000, 79-97.

Vattimo, Gianni (1992): Friedrich Nietzsche. Stuttgart: Metzler.

Waugh, Joanne B. (1991): Heraclitus: The postmodern presocratic? The Monist,

Oct 1991, 74:4, S. 604-623.

Žižek, Slavoj (1999): Carl Schmitt in the Age of Post-Politics. In: Mouffe 1999, 18-37.

Weltnomos der Zivilgesellschaft und Normalisierung des Krieges

Dierk Spreen

Wandelt sich der Krieg zu einem Mittel von vielen, mit deren Hilfe die Zivilgesellschaft im globalen wie im nationalen Rahmen für ihre Sicherheit sorgt? Streift er den Fluch des Not- oder Ausnahmezustands ab? Muss man sich zukünftig an Sicherheitskriege gewöhnen oder bleiben sie in der öffentlichen Wahrnehmung problematisch? Oder impliziert das Dispositiv globaler Sicherheit einen »Weltbürgerkrieg«, der »jedes zivilisierte Zusammenleben unmöglich macht« (Agamben 2001)?

Solche Fragen markieren den Horizont der kritischen Reflexion der Ordnung globaler Sicherheit, die sich nach dem Ende des Ost-West-Konfliktes abzeichnet. Im Folgenden wird das globale Sicherheitsdispositiv als Weltnomos der Zivilgesellschaft dargestellt. Sicherheitskriege stehen demnach nicht nur im Dienste der Normen und Werte des Zivilgesellschaftlichen, sondern sie führen auch nicht zu einer Aufhebung demokratischer Rechtsstaatlichkeit.* Zivile gesellschaftliche Normalität und Sicherheitskriegführung schließen einander vielmehr ein. Insofern Krieg unter bestimmten Umständen zu einem legitimen Mittel politischer Zwecke wird, kann er in einem Normalisierungsdiskurs verortet werden. Ein wesentliches Moment dieser Normalisierung ist allerdings, dass Sicherheitskriege in der Öffentlichkeit umstritten bleiben.

* Der Begriff der Zivilgesellschaft wird hier als rein analytische Kategorie verwendet. Der Begriff soll moderne Gesellschaften bezeichnen, die im Wesentlichen folgende Kriterien erfüllen: Gewaltmonopol, Rechtsstaatlichkeit, Gewaltenteilung, republikanische Staatsverfassung, Öffentlichkeit statt Gewalt als Modus des politischen Streits, Friedensnorm, soziale Chancengleichheit (Gerechtigkeit), Sozialstaat, Marktwirtschaft, Individualisierung, Massenkultur und kulturelle Egalität (vgl. Spreen 2008, S. 21, 126).

Um dieses Argument plausibel zu machen, wird zunächst der Bedeutungsverschiebung des Begriffs der ›Sicherheit‹ nachgespürt. Weiterhin wird auf einige normative Strukturprobleme des globalen Sicherheitsdispositivs hingewiesen. Obwohl dieses eine verrechtlichte globale Ordnung bezeichnet, ist es durch eine innere Ambivalenz gekennzeichnet, die es staatlichen Akteuren ermöglicht, subjektive Moral über internationales Recht zu stellen. Anschließend wird zwischen andauerndem Sicherheitszustand und permanentem Ausnahmezustand unterschieden und damit eine auf das Sicherheitsdispositiv zugeschnittene Begrifflichkeit entwickelt. In diesem Zusammenhang wird beschrieben, was unter Normalisierung des Krieges zu verstehen ist. Obwohl Krieg zu einem legitimen Sicherheitsmittel wird, bleibt er in rechtlicher und politischer Hinsicht problematisch, weil er kein beliebig verfügbares Mittel darstellt. Die letzten beiden Kapitel vertiefen dann zentrale Aspekte des andauernden Sicherheitszustands. Zum einen kommt es zu einer Normalisierung von Sicherheitsrisiken. Dies wird am Beispiel des Diskurses über das Terrorrisiko illustriert. Zum anderen zählt zur Normalisierung des Krieges, dass seine öffentliche Legitimation immer fraglich bleibt. Beide Aspekte verweisen darauf, dass das globale Sicherheitsdispositiv einen Weltnomos der Zivilgesellschaft und nicht der Kriegsgesellschaft darstellt.

SICHERHEIT ALS PARADIGMA INTERNATIONALER ORDNUNG

Im Rahmen des globalen Sicherheitsdispositivs meint der politische Begriff der ›Sicherheit‹ nicht das Gleiche wie der klassische Begriff des vom ›Krieg‹ unterschiedenen ›Friedens‹. Eine Differenz zwischen diesen beiden Begriffen deutet sich bereits in der Wortwahl der Charta der Vereinten Nationen ab. Dort wird als Zweck der UNO neben der Förderung der »Menschenrechte und Grundfreiheiten« insbesondere die Wahrung und gegebenenfalls Wiederherstellung des »Weltfriedens und der internationalen Sicherheit« durch »wirksame Kollektivmaßnahmen« bestimmt (Charta, Art. 1, Abs. 1 und Abs. 3.). Bei dieser Formulierung fällt auf, dass ›Weltfrieden‹ und ›internationale Sicherheit‹ offenbar nicht als ganz gleichbedeutend betrachtet werden. Aber wie ist diese Differenz genauer zu fassen? – Dazu ist zunächst zu klären, was ›Sicherheit‹ heute eigentlich meint. Der Begriff selbst ist schon alt, aber gerade in den letzten Jahrzehnten kommt es zu einer deutlichen Bedeutungsverschiebung.

In der klassischen Theorie des Politischen bedeutet Sicherheit zunächst die Abwesenheit von Unsicherheit in den zwischenmenschlichen Verhältnissen. Thomas Hobbes verwendet den Begriff, um die Leistung des Staates zu bezeichnen, den Krieg aller gegen alle aufzuheben. Sicherheit meint damit einfach, dass die Gesellschaft »dem elenden Kriegszustand« entkommt (Hobbes 1966, 131). Durch die »vollständige Befriedung« einer Gesellschaft auf einem abgegrenzten Territorium mittels der Errichtung einer staatlich-juridischen Ordnung entsteht überhaupt erst eine »normale Situation« sozialer Alltäglichkeit, die sich durch die Abwesenheit der omnipräsenten Angst des Hobbesschen Naturzustandes auszeichnet (Schmitt 1963, 46). Das Verbot der gewaltsamen Selbsthilfe und die Übertragung der Sicherheitsproduktion an den Staat erzeugt den Frieden der zivilen Gesellschaft. Eine solche innere Befriedung setzt die »Veralltäglichung zentrierter Herrschaft« voraus (Popitz 1992, 258). Das allerdings heißt, dass das ganze Gewebe staatlicher Herrschaft selbst ›normal‹ und ›gesichert‹ funktionieren muss.

Aufgrund dieses Zusammenhangs zwischen gesellschaftlicher Normalität und Veralltäglichung staatlicher Herrschaft bedeutet ›Sicherheit‹ im klassischen Verständnis »die Sicherheit des Nationalstaates, der [...] qua Staatlichkeit die Sicherheit der Gesellschaft gewährleistet« (Daase 1999, 34). Diese Sicherheit des Nationalstaates ist allerdings prinzipiell prekär, denn im System des Westfälischen Friedens basiert sie letztlich auf geschickter Diplomatie und der Fähigkeit sich selbst zu verteidigen. Sicherheit des Staates ist in diesem System immer nur Funktion der eigenen begrenzten Mittel in einer letztlich nicht kontrollierbaren Kräftekonstellation. Vor diesem Hintergrund wird die Idee eines verlässlichen zwischenstaatlichen Friedenszustands als Ergebnis des Krieges zur Norm des Politischen (Howard 2001, 30f.).

Das System des Westfälischen Friedens beginnt bereits im 19. Jahrhundert zu zerfallen, weil Sicherheit zunehmend als ein multilateraler, alle Parteien inkludierender Prozess verstanden wird. Multilaterale Sicherheit heißt dabei nicht notwendig kollektive Sicherheit; letztere ist allerdings von erheblicher Bedeutung für die Transformation der Sicherheitsvorstellungen. Sie geht von einer gemeinsamen Verantwortung für die Aufrechterhaltung des Friedens aus. Bereits das ›Gleichgewicht der Kräfte‹ das sich nach dem Wiener Kongress 1815 zwischen den europäischen Nationalstaaten aufspannt, lässt sich als ein – wenngleich informelles – System kollektiver Sicherheit deuten. In dem nach dem Ersten Weltkrieg konstituierten Völkerbund und den nach dem Zweiten Weltkrieg ins Leben gerufenen Vereinten Nationen wird das Prinzip kollektiver Sicherheit rechtlich formalisiert und politisch institutionalisiert.

Dieser Institutionalisierungsprozess hat einen Paradigmenwechsel im System internationaler Ordnung zur Folge. In der Charta der Vereinten Nationen wird hervorgehoben, dass kollektive Sicherheitsmaßnahmen sich bereits auf »internationale Streitigkeiten oder Situationen« beziehen können, »die zu einem Friedensbruch führen könnten« (Charta, Abs. 1). Neben der ›Beseitigung‹ von bestehenden Konflikten, geht es ebenfalls um die Verhütung von Konfliktrisiken bzw. den »Ursachen möglicher Konflikte« (Unser 1992, 26). Dabei handelt es sich um den Übergang »von einer reaktiven Haltung, die einen Angriff beantwortet, zu einer aktiven Haltung«, die »auf Veränderung zielt« (Hardt/Negri 2004, 36).

Das politische Handeln im Rahmen der Sicherheitsgemeinschaft der UNO umfasst damit die präventive und konstruktive Beeinflussung von Risikowahrscheinlichkeiten. Sicherheitshandeln setzt bereits ein, wenn sich Bedrohungen und Risiken abzeichnen. Es umfasst zumindest dem Anspruch nach auch die Beseitigung struktureller Kriegsursachen. Damit unterläuft es die klassische Differenz zwischen den Rechtszuständen ›Krieg‹ und ›Frieden‹. Sicherheit kann bedroht sein und Gegenmaßnahmen können notwendig sein, obwohl es noch gar nicht zu einer Aufhebung des Friedenszustandes gekommen ist. Sicherheitspolitik meint damit mehr als Friedenswiederherstellung.

Sie hat auch einen ›vorbeugenden‹ Charakter und bearbeitet mögliche Friedensbrüche und ihre Ursachen.

Die Verlagerung weg von der ›großen‹ Differenz zwischen Krieg und Frieden hin zum komplexen Feld globaler Sicherheit geht einher mit einer generellen Normierung des Staatspolitischen. Internationale Beziehungen gelten nicht mehr als rein faktische Machtbeziehungen, vielmehr bildet das globale Sicherheitsdispositiv ein verrechtlichtes System. ›Verrechtlichung‹ meint dabei nicht bloß eine positive Fixierung von Zwangsmitteln, sondern beinhaltet jene für das Politische kennzeichnende normative Orientierung, die auf Zähmung der Macht zielt und damit über das bloße Sein sowohl binnengesellschaftlicher als auch globaler Machtverhältnisse hinausweist (Kater 2003, 200). Die Verrechtlichung der internationalen Beziehungen zeigt sich etwa darin, dass staatliche Souveränität nicht mehr Herrschaft über das Recht, sondern eine rechtliche Verpflichtung des Staates gegenüber den Menschenrechten und dem Völkerrecht anzeigt. Das ist eine grundsätzliche Verschiebung, denn Souveränität basiert damit auf Rechten und Pflichten, die durch das Völkerrecht zugewiesen werden (Fassbender 2004, 11). Solche Verpflichtung des Staates weicht seinen Souveränitätspanzer auf, weil das völkerrechtliche Interventionsverbot mit der Verpflichtung des Staates auf die Menschenrechte in Konflikt gerät, wenn staatliche Gewalt »selbst zur Quelle für Entwürdigung, Gewalt, Unterdrückung, Mord und Vertreibung wird« (Preuß 1999, 820).

Ein wesentlicher Aspekt dieser Entwicklung ist die generelle Delegitimation des Krieges als frei verfügbares Mittel der Außenpolitik im Rahmen des UN-Systems. Die Abschaffung des Rechts zum Krieg hat allerdings keine Abschaffung des legalen Krieges zur Folge. Gerade umgekehrt ermöglicht sie aus der Perspektive der westlichen Zivilgesellschaften die Wiederkehr des ›heißen‹ Krieges nach dem Ende des ›kalten‹. Insbesondere kann es sich als notwendig erweisen, zum Zwecke der humanitären Intervention auf militärische Mittel zurückzugreifen. Die Einhaltung der Menschenrechte wird im neuen internationalen Rechtsverständnis nicht mehr länger als ›innere Angelegenheit‹ betrachtet. Die »systematische Verletzung der Menschenrechte einer Bevölkerung durch ihre eigene Regierung« gilt vielmehr als eine Sache, »die die gesamte Staatengemeinschaft betrifft und deren friedliches Zusammenleben [...] stört.« (Preuß 1999, 822) Aus diesem Argument ist trotz der Diskriminierung des Krieges im Völkerrecht die Erlaubnis zu einer militärischen Intervention zum Schutze der Menschenrechte ableitbar. Manche Autoren sprechen sogar davon, dass eine militärische Intervention in einem solchen Falle »geboten« sei (so etwa: Senghaas 2000, 105). Obwohl diese Argumentation nicht die Absicht verfolgt, einen neuen Rechtsgrund für die Legalisierung des Krieges zu konstruieren, sondern es ihr vielmehr um die Wahrung basaler Mindestnormen menschlichen Zusammenlebens geht, ermöglicht sie dennoch eine von den Vereinten Nationen mandatierte legale Kriegführung. Ähnlich verhält es sich mit anderen Völkerrechtsverstößen, die die internationale Sicherheit bedrohen, wie etwa die Invasion Südkoreas durch Nordkorea 1950 oder die Invasion Kuwaits durch den Irak 1990. Auch in solchen Fällen können kriegerische Mittel legitim sein, um den Rechtsverstoß zu ahnden. Da der grundsätzliche Verzicht auf gewaltsame Mittel im Bereich globaler Sicherheit illusorisch ist, wird damit *kriegerische Gewalt zu einem Mittel der Sicherheitspolitik* – gemeinsam mit anderen, friedlichen Mitteln.

Trotz der Wiederkehr des Krieges als Sicherheitsmittel im Rahmen einer globalen politischen Ordnungsstruktur, die im Begriff der Sicherheit die klassische Differenz zwischen Krieg und Frieden unterläuft, bleibt die Unterscheidung zwischen Krieg und Frieden erhalten. In der UN-Charta wird ausdrücklich darauf verwiesen, dass »friedliche Mittel« (Charta, Art. 1, Abs. 1.) zur Bereinigung von Sicherheitsrisiken einzusetzen sind, die in einen Friedensbruch führen könnten. Gewaltmittel werden im UN-System von friedlichen Instrumenten deutlich unterschieden. Sie bedürfen besonderer Legitimation und gelten lediglich als ›letztes Mittel‹ im Rahmen sicherheitspolitischer Maßnahmen (Preuß 1999, 825). Von einer Gleichrangigkeit zwischen Krieg und Frieden kann daher keine Rede sein (Senghaas 2000, 99). Dieses Aufrechterhalten der Differenz zwischen Krieg und Frieden ändert jedoch nichts daran, dass Kriegführung zu einem integralen Moment internationaler Sicherheit wird, d.h. Kriegführung und ›Sicherheit‹ schließen sich nicht gegenseitig aus, ›Krieg‹ und ›Frieden‹ dagegen schon. Im Rahmen des kollektiven UN-Systems kommt es damit zum Einschluss des Krieges in das für internationale Normalität konstitutive globale Sicherheitsdispositiv.

NORMATIVE STRUKTURMERKMALE GLOBALER SICHERHEIT

In die normative Struktur des globalen Sicherheitsdispositivs sind konstitutionelle Spannungen eingetragen, die sich auch politisch immer wieder äußern. Die Weltordnung der Zivilgesellschaft basiert auf dem Prinzip der Verrechtlichung sozialer Beziehungen. Allerdings ist sie damit fundamental auf den Staat als lokaler Anerkennungsgemeinschaft des Rechts verwiesen. Der Nationalstaat oder eine vergleichbar identifikationsfähige politisch-rechtliche Raumordnung ist das Bindeglied, dass Rechtsgeltung und Globalisierung aufeinander bezieht (Kater 2004). Aber gerade weil der Staat im Rahmen dieser Ordnung entgegen aller post-leninistischen Hoffnung nicht ›absterben‹ kann, kommt es im Bereich internationaler Ordnung notwendig zu einem strukturellen *Spannungsverhältnis zwischen selbstbezogener Souveränität und äußeren Verpflichtungen der Staatlichkeit* durch weltweite Geltung beanspruchende zivilgesellschaftlich-normative Mindeststandards.

Dieser Spannung entkommen auch demokratische, zivile Gesellschaften nicht, obwohl sie die normativen Ansprüche in der Regel erfüllen. Gerade für Zivilgesellschaften gilt, dass sich das Politische *von innen her* bestimmt. Ihr politischer Prozess und ihre kollektive Identität beruhen konstitutionell auf dem Prinzip der Volkssouveränität, auf innerer Öffentlichkeit und Kritik, auf dem Primat des nationalen Rechts und auf der rechtlichen Auszeichnung der eigenen Bürger gegenüber Ausländern. Diese Bezugspunkte können nicht einfach aufgegeben werden und bedingen damit einen *double bind* zwischen den Verpflichtungen nach innen und denen nach außen.

Dieses Spannungsverhältnis lässt sich an der Position der USA nach den Terroranschlägen in New York und Washington verdeutlichen.

Die neue Sicherheitsdoktrin der Vereinigten Staaten schränkt das Prinzip der Unantastbarkeit der Souveränität anderer Staaten ein. Sie definiert drei Bedrohungen unter denen »preemptive actions« unter Umständen auch ohne Zustimmung des Weltsicherheitsrates denkbar werden: Terrorismus, Genozid und Massenvernichtungswaffen (National Security Strategy 2002, 15). Da der US-Präsident in der neuen Sicherheitsstrategie zugleich ein unmissverständliches Bekenntnis der USA zu den Vereinten Nationen zum Ausdruck bringt (National Security Strategy 2002, 7), ist sie nicht als Rückkehr zum ›Recht des Stärkeren‹, sondern als Aufforderung zur Reform des bestehenden Völkerrechts zu verstehen (Krause/Irlenkaeuser/Schreer 2002, 45). Folgt man diesem Verständnis, dann werden präventive Aktionen von der Nationalen Sicherheitsstrategie als mögliche und vorläufige Ausnahmefälle gekennzeichnet, die aus Sicht der USA nötig erscheinen, um die internationale und die nationale Sicherheit zu gewährleisten. Der amerikanischen Strategie, nach Außen als moralischer Normgeber gegenüber anderen Staaten aufzutreten und dabei zugleich autonome Souveränität zu demonstrieren, ist eine Variante, sich im Spannungsfeld zwischen Souveränität und Normierung des Staates zu verorten.

Jeder staatliche Akteur muss sich in dem, für das globale Sicherheitsdispositiv charakteristischen Spannungsfeld zwischen innen und außen situieren. Für diesbezügliche Entscheidungen spielen unterschiedliche Machtressourcen, unterschiedliche Wertauffassungen, unterschiedliche kulturelle Horizonte, unterschiedliche historische Erfahrungen, unterschiedliche Selbstwahrnehmungen und unterschiedliche Interessen eine Rolle. Wenn die USA den Sheriff geben und manche NATO-Staaten den Deputy miemen, während andere von rauchenden Colts prinzipiell eher geringe Ordnungseffekte erwarten, dann handelt es sich um differente Positionierungen im normativen Feld des globalen Sicherheitsdispositivs. Die Einen verweisen auf ihre Nationale Sicherheitsstrategie, die Anderen auf die Bedeutung kollektiver Sicherheitsmechanismen.

Diese Problematik steht mit einem weiteren in der normativen Struktur des globalen Sicherheitsdispositivs angelegten Spannungsverhältnis in enger Verbindung. Der nicht verzichtbare Bezug auf Staatlichkeit und ›das Eigene‹ strahlt nach außen auch als subjektiv motivierter moralischer Imperativ aus, der sowohl mit den Auffassungen anderer Staaten (auch zivilgesellschaftlich verfasster) als auch mit dem internationalen Recht in Konflikt geraten kann, denn subjektive moralische Gewissheit, d.h. das Wissen, im Namen einer höheren Gerechtigkeit zu handeln, hat die Eigenschaft, sich über geltendes Recht hinwegsetzen zu können. Die Präferenz für die eigene moralische Überzeugung und die eigene Kultur ist jedoch unhintergehbar, wenn überhaupt von Vergesellschaftung und politischer Formierung geredet werden soll (Hondrich 2002, 26, 134, 179).

In den Debatten um den Kosovokrieg und den Irakkrieg wird diese für das globale Sicherheitsdispositiv konstitutionelle *Spannung zwischen Moral und Recht* sichtbar. Beide Kriege beruhen auf moralisch legitimierter Selbstmandatierung und sind ohne Zustimmung des Weltsicherheitsrates geführt worden. Viel mehr als der Kosovokrieg geriet dabei der von den USA im Alleingang geführte Krieg gegen den Irak in das Kreuzfeuer der Kritik. Anders als 1999 ließ sich nicht mit Jürgen Habermas argumentieren, dass der Krieg einen kosmopolitischen Rechtszustand befördern wolle (Habermas 2000, 61). Trotzdem handelt es sich um einen Sicherheitskrieg, der dem Anspruch nach sowohl im Dienste der nationalen Sicherheit als auch der Weltsicherheit steht. Die unilaterale, aber dennoch globale sicherheitspolitische Rolle der USA wird gut durch die Metapher des internationalen ›Sheriffs‹ eingefangen, mit der der Sicherheitsakteur ›Uncle Sam‹ seine globale Rolle selbst beschreibt. Ihr Gebrauch bezeichnet, dass

> »the United States will act on behalf of others, as well as itself, undertaking some of the tough jobs of international security that no other agent or agency is competent to perform.« (Gray 2004, 7)

Zur Legitimation dieser Rolle berufen sich die USA auf die Ideen der Demokratie, der Freiheit, des Pluralismus, des Fortschritts und der Toleranz, sowie auf eine entschlossene Feindstellung zu totalitären Staats- und Gesellschaftsformen (Bush 2001). ›Globocop‹ kämpft und handelt im Namen zivilgesellschaftlicher Ideale. Dabei orientiert er sich zwar am internationalen Recht und am UN-System, stellt jedoch seine Interessen und seine eigenen regulativen Ideen, Moralvorstellungen und Rechtsnormen in den Vordergrund (Hippler 2003, 17). Obwohl also die Orientierung am Primat der eigenen Moral mit der Legalitätsbedingung normgerechten politischen Handelns in Konflikt geraten kann, bleibt solches Handeln an einem Sollen orientiert, das in Spannung zum bloßen Sein steht.

Das Spannungsverhältnis zwischen Moral und Recht hat es der US-Regierung ermöglicht, im Irak einen völkerrechtswidrigen Sicherheitskrieg zu führen. Auch der Kosovokrieg lässt sich auf dieses Spannungsverhältnis zurückführen, denn die Rede eines Vorgriffs auf eine kosmopolitische Rechtsordnung verweist ebenfalls auf die Legitimation durch höhere moralische Gewissheit (Preuß 1999, 828). Dabei zeigen beide Sicherheitskriege unterschiedliche Variationen moralischer Legitimation. Die eine hegt Zweifel am UN-System in seiner derzeitigen Form, ›das Gute‹ wirklich durchsetzen zu können und beharrt außerdem auf dem Primat der subjektiven Moralvorstellung, die andere benutzt den Verweis auf eine allgemeine kosmopolitische Rechtsordnung, um sich über bestehendes Recht hinwegzusetzen. Das Sicherheitsdispositiv der Zivilgesellschaft basiert damit auf einem legitimatorischen normativen Kontinuum zwischen Legalität und Moral: Legales Mandat, Vorgriff, subjektive moralische Gewissheit – diese drei Elemente vermischen sich. Der normative Horizont des Sicherheitsdispositivs lässt sich damit nicht allein auf das UN-System begrenzen. Problematisch ist diese Spannung zwischen subjektiver Moral und allgemeinem Recht, weil sie zu einer »Zerreißprobe« für das Völkerrecht und seine ordnungspolitischen Errungenschaften führen kann (Münkler 2003, 135).

ANDAUERNDER ZIVILER SICHERHEITSZUSTAND

Da Risiken auch im Raum des Politischen nur Wahrscheinlichkeiten darstellen, es also keine politische ›An‹/›Aus‹-Differenz gibt, ist das Sicherheitsdispositiv durch permanente Wachsamkeit und Bereitschaft der staatlichen oder staatlich beauftragten Sicherheitsorgane gekennzeichnet. Die Zivilgesellschaften befinden sich damit in einem *andauernden Sicherheitszustand.* Ein hervortretendes Moment dieses Zustands sind die Sicherheitskriege, die im Namen der Werte und Normen der Zivilgesellschaft und zum Schutz der sie kennzeichnenden ›Lebensweise‹ geführt werden.

Seit dem Ende des Ost-West-Konfliktes hat es eine ganze Reihe militärischer Sicherheitsoperationen gegeben, die problemlos als Kriege gelten können, so etwa der Golfkrieg 1991, der Kosovokrieg 1999, der Krieg in Afghanistan 2001 und der Irakkrieg 2003. Kennzeichen dieser Sicherheitskriege ist, dass sie nicht nur ihrem Anspruch nach im Dienst der Zivilgesellschaft stehen, sondern dass sie die zivilgesellschaftliche Normalität begleiten. Es kommt *nicht* zu einem Notstandsregime, während dessen der bürgerliche Rechtszustand, die Verfahrensweisen der republikanischen Staatsordnung oder die richterliche Normenkontrolle außer Kraft gesetzt würden. Selbst der Kosovo- und der Irakkrieg, die ohne Zustimmung des Weltsicherheitsrates geführt wurden und daher zumindest in dieser Hinsicht als außerhalb des Völkerrechts stehend anzusehen sind, haben die Normalität des gesellschaftlichen und politischen Lebens und die Geltung von Recht und Verfassung nicht aufgehoben, sondern lediglich begleitet.

Der binnengesellschaftliche Friedenszustand – die Normalität der alltäglichen Geschäfte – wird weder vorübergehend für die Dauer eines konkreten Sicherheitskrieges noch in Permanenz im Rahmen einer zeitlich unlimitierten Sicherheitspolitik wie dem so genannten ›Krieg gegen den Terror‹ annulliert. Die *zivile Normalität sekundierende Kriegführung* ist vielmehr charakteristisch für das globale Sicherheitsdispositiv, wie es hier verstanden werden soll.

Aus dieser Perspektive kann der Sicherheitskrieg als ein gesellschaftliches Phänomen interpretiert werden, das auf eine *Normalisierung des Krieges* hindeutet. Wenn Krieg zivilgesellschaftliche Normalität schützend begleitet, dann heißt das, dass er eine konstitutive Funktion für die zivilgesellschaftliche Ordnung und Sicherheit übernimmt. Krieg als Sicherheitsmittel wird insofern als normal betrachtet, als der Einsatz militärischer Gewalt für die Sicherung der normalen

Lebensweise als ein legitimes und unter eng definierten Umständen legales Mittel gilt. Allerdings impliziert diese Normalisierung durchaus nicht, dass der Krieg zu einem unproblematischen Sicherheitsmittel wird. Vielmehr unterliegen militärische Mittel besonderen normativen Restriktionen. Erstens hat das UN-System hohe Hürden errichtet, bevor legale kriegerische Gewalt denkbar wird. Zweitens unterliegt der Einsatz militärischer Mittel in demokratischen Republiken westlichen Zuschnitts generell besonderen Kontrollen durch Verfassung, Gesetz und Legislative. Drittens stehen die moralischen Werte der Zivilgesellschaften und eine kritische öffentliche Meinung einer dezisionistischen Entscheidungsfreiheit über Krieg und Frieden seitens der Regierung entgegen, so dass Sicherheitskriegführung unter einem strukturellen Legitimationsproblem leidet. Normalisierung des Krieges meint also, dass der Sicherheitskrieg in einen Diskurs eingebettet wird, der sich durch ethische und begriffliche Sachlichkeit bei der Reflexion globaler und nationaler Sicherheit auszeichnet. Diskursanalytisch lässt sich zeigen, dass sich schon seit Mitte der 80er Jahre verstärkt Sichtweisen der Gewalt und des Krieges abzeichnen, die den modernisierungstheoretischen und auch in der Gewalt- und Kriegsursachenforschung virulenten Pathologisierungsdiskurs verlassen, und die konstitutive Bedeutung von Gewalt und Krieg für die moderne gesellschaftliche Ordnung betonen (Spreen 2003).

Der Hinweis auf den das Zivilgesellschaftliche begleitenden Charakter von Sicherheitskriegen versteht sich nicht von selbst. Ganz im Gegensatz dazu sprechen viele Autoren im Anschluss an Carl Schmitt von einem permanenten Ausnahme- oder Kriegszustand, um den sich abzeichnenden Weltnomos zu beschreiben (Agamben 2001; Hardt/Negri 2004, 9; Holert/Terkessidis 2002, 16). Im Schmittschen Verständnis bezeichnet dieser Begriff »grundsätzlich anormale« Verhältnisse (Boldt 1972, 373). Bezogen auf das politische System impliziert er das Außerkraftsetzen der rechtlichen Beschränkungen exekutiver Macht, der Gewaltenteilung, des repräsentativen Parlamentarismus, des Föderalismus und des Pluralismus. Der permanente Ausnahmezustand markiert den totalen Maßnahmestaat, in dem Regierung, Gesetzgebung und Rechtsprechung in der politischen Führung zusammenfallen (Schmitt 1940, 186) und taugt daher nicht zu Beschreibung des globalen Sicherheitsdispositivs. Insbesondere kann nicht die Rede davon sein, dass ein fortdauernder anomischer Zustand eingetreten sei, »in dem eine Gesetzeskraft ohne Gesetz [...] zum Einsatz kommt« (Agamben 2004, 49) bzw. Recht »zum Verfahren« (Hardt/Negri 2003, 41) geworden sei.

Bei dieser Rede vom permanenten Ausnahmezustand handelt es sich im Prinzip um einen moralisierenden Nazi-Vergleich in Nadelstreifen. Die Ursprünge dieses Diskurses liegen zum Teil in der gesellschaftstheoretischen Tradition der neuen Linken, die bereits in den sechziger Jahren von einer »Transformation der Demokratie« zum Notstandsstaat ausging (Agnoli 1990). Diese Ansicht verfehlte damals und verfehlt heute fundamental den antitotalitären und pluralistischen Charakter moderner Zivilgesellschaften (Fraenkel 1991, 307-325). Daher kommt es darauf an, die konstitutive Funktion des Sicherheitskrieges für die Normalität *des Zivilgesellschaftlichen* im beginnenden 21. Jahrhundert herauszuarbeiten.

NORMALISIERUNG EINES RISIKOS

Vergleichbar der Bedeutungsverschiebung des Sicherheitsbegriffs im Rahmen zwischenstaatlicher Beziehungen gestaltet sich die Entwicklung des Begriffs ›innerer Sicherheit‹, der in den sechziger Jahren auftaucht. Auch dieser Begriff markiert ein ordnungspolitisches gesellschaftliches Feld, welches sich auf ein Mehr oder Weniger von Sicherheitsrisiken bezieht, wobei diese Risiken sich auf unterschiedliche Gegenstandsbereiche beziehen. Wissenschaftliche Methoden der Klassifizierung von individuenbezogenen Risikoprofilen und der Erfassung und Kontrolle riskanter sozialer Aggregierungen dienen in diesem Ordnungsdispositiv einem umfassenden »Management von Kriminalität und Gefährlichkeit« (Schmidt-Semisch 2002, 85). Auch dieses Sicherheitsmanagement verfährt nicht bloß reaktiv – etwa indem es Verstöße nachträglich sanktioniert –, sondern es versucht bereits im Vorfeld, Sicherheitsrisiken aktiv zu manipulieren, indem Räume, Körper und Wissen kontrolliert werden und mittels dessen auf soziales und gesellschaftliches Handeln steuernd eingewirkt wird.

Damit zeichnet sich in den Diskursen innerer und globaler Sicherheit insgesamt eine gleichlaufende Entwicklung ab. Faktisch sind beide Diskurse unter Globalisierungsbedingungen auch nicht zu trennen, weil die Ursachen vieler innerer Sicherheitsrisiken über den nationalen Rahmen hinausweisen.

Sicherheitsdispositiven zugrunde gelegte Risiken sind allerdings keine Sachen, die ›vorliegen‹, sondern soziale Tatsachen, die durch wissenschaftliche Verfahren hergestellt und über Medien kommuniziert werden. Solche Risikoeinschätzungen stellen ein recht abstraktes und lebensweltlich wenig angebundenes Wissen dar. Zum Beispiel wird die Wahrscheinlichkeit für das Eintreten eines Terroranschlags, bei dem x Opfer zu beklagen sind, als proportional zu der Expotentialfunktion x^{-a} für az2 angegeben (Clauset/Young 2005).

Welche Gefahren werden im globalen Sicherheitsdispositiv als relevante Sicherheitsrisiken wahrgenommen? Die Bandbreite der Bedrohungen ist groß. Erwähnt werden in der entsprechenden Literatur insbesondere: Terrorismus, internationale Kriminalität, politischer Radikalismus von links und rechts, soziale Bewegungen, NGOs, Internetkriminalität, Cyberterrorismus, Kriegsökonomien, *failed states*, Warlords und Schurkenstaaten. Auffällig ist, dass vor allem bedrohliche soziale Netzwerke (Arquilla/Ronfeldt 2001), unkontrollierbare Räume (Münkler 2002, 131-174) und normativ diskriminierte politische Akteure (Münkler 2003, 29-52) in den Blick des Sicherheitsdiskurses kommen. Dagegen ist die lose agglomerierte, unberechenbare und potentiell revolutionäre soziale Masse, die im 20. Jahrhundert lange Zeit die Sicherheitsphantasmen beherrscht hat, aus der Risikowahrnehmung verschwunden.

Kennzeichnend für das Sicherheitsdispositiv ist, dass nicht davon ausgegangen wird, dass die Risiken vollständig beseitigt werden könnten. Vielmehr werden sie als das Hintergrundrauschen der Zivilgesellschaft betrachtet. Der fundamentalistisch-islamistische Terror wird als eine Art politische Krankheit definiert. Terrorzellen gefährden demnach den Körper der Gesellschaft. Ihre »Metastasenbildung«, so der frühere deutsche Innenminister Otto Schily (*Der Spiegel* 28, 2005, 30), erschwere ihre Bekämpfung durch die Sicherheitsorgane der Immunabwehr. Dieser immunologische Sicherheitsdiskurs formuliert ein biopolitisches Kollektivbild, in dem ein globales zivilgesellschaftliches ›Wir‹ sich gegen Erreger und Krankheitsüberträger schützen muss. Aber wie auch Krankheit letztlich ein normaler Aspekt ›des Lebens‹ ist, heißt es auch über den islamistisch motivierten Terror in Europas Metropolen:

> »Das widerwärtige Phänomen wird in die Risikobilanz des Lebens in diesen offenen Systemen eingerechnet. Mit anderen Worten: Der Terror ist normal geworden. Normal für wen? Für die Davongekommenen. [...] Die einen fallen, für die anderen geht das Leben weiter.« (Randow 2005)

Der islamistische Terrorkrieg gegen den Westen wird damit in eine politische und mediale Normalisierungsstrategie eingebaut. Soziologisch ist das wenig verwunderlich, denn an das Terrorrisiko ›gewöhnt‹ sich die Gesellschaft in dem Maße, wie sie an Risikoroutine gewinnt (Ortmann 2003). Der ›Kriegszustand‹ gilt dann als Teil des gesellschaftlichen Alltags, d.h. der ›normalen Situation‹, die gerade vom Leben im Ausnahmezustand zu unterscheiden ist. Gestritten wird in Öffentlichkeit und Politik dabei über das ›richtige‹ Verhältnis zwischen hinnehmbaren Risikowahrscheinlichkeiten und vertretbaren Einschränkungen bürgerlicher Freiheiten. Solcher Streit ist ein charakteristischer Bestandteil des Sicherheitsdispositivs (Kunz 2005), macht aber zugleich deutlich, dass dieses im Dienst der Werte und Normen der bestehenden Zivilgesellschaften steht und ihren Rechtsstrukturen unterworfen bleibt. Normalisierung des Terrorrisikos heißt auch, dass eine »totale Mobilmachung« (Jünger 1934) nicht stattfindet.

DAS STRUKTURELLE LEGITIMATIONSPROBLEM DES SICHERHEITSKRIEGES

Trotz unterschiedlicher normativer Begründungslage und unterschiedlich überzeugender sicherheitspolitischer Argumente sind bislang alle Sicherheitskriege in der Öffentlichkeit sehr umstritten gewesen. Diese Dopplung von Legitimation und öffentlicher Kritik ist typisch für Sicherheitskriege. Sie ist nicht einfach die Folge widersprüchlicher moralischer und völkerrechtlicher Imperative, denn auch wenn völkerrechtliche Legalität eindeutig besteht, wie im Falle des Golfkrieges 1991, kommt es zu zum Teil heftigen öffentlichen Protesten. Zustimmung zum kriegerischen globalen Sicherheitsengagement versteht sich nicht von selbst; dieses kämpft vielmehr mit einem strukturellen Legitimationsproblem. Zu tun hat dies mit der spezifischen Reaktion ziviler Gesellschaften auf mediatisierte reale Gewalt.

Ins Wohnzimmer übertragene Bilder realer Gewaltkosten der eigenen Sicherheit passen nicht in den zivilen Normen- und Wertekanon. Sie erscheinen als eine Störung und ein Aufbrechen der Normalität. Sie sperren sich gegen die Bezeichenbarkeit und fungieren damit je als Ereignis einer Präsenz der Verletzung, die die symbolische Ordnung durchbricht (Mersch 2000). Solche Bilder provozieren die Deutungsmaschinen der Zivilgesellschaft. Darum produzieren sie Erschütterung, Mitleid, Empörung, d.h. Gefühle, die keine Ironie kennen. Tatsächliche Verletzungen ›durchschlagen‹ als Erfahrung somit immer wieder die gewohnten Sinnoberflächen der Medien.

Die Wirkung von Bildern der Gewalt und des Leidens ist dabei nicht etwa als eine ›natürliche‹ Folge der mediatisierten Gewalt anzusehen, sondern sie erklärt sich aus der Gesellschaft, in der diese Gewalt als Phänomen zu Tage tritt. Die verallgemeinerten ›postheroischen‹ Zivilkulturen, in die globale Sicherheitspolitik normativ eingebettet ist, verschließen die Chance einer kriegsgesellschaftlichen Interpretation kriegerischer Gewalt. Eine solche Deutung beherrschte etwa das national-revolutionäre Bild des Krieges während der Weimarer Republik und mündete in die Apologie des permanenten Ausnahmezustands und des totalen Krieges (Münkler 2007). Der Sicherheitszustand dagegen bleibt in die zivile Ordnung eingebunden. Da die in der Öffentlichkeit vertretene normative Legitimation von Sicherheitskriegen als erweiterte Polizeiaktionen jedoch das Leiden Unschuldiger im Prinzip ausschließt, solches Leiden aber unter faktischen Kriegsbedingungen nicht zu vermeiden ist, verletzt der sichtbar werdende Sicherheitskrieg zugleich auch die moralischen Empfindungen, die ihn legitimieren (Preuss 2003, 81).

Im Rahmen der um die Legitimation von Sicherheitskriegen bemühten Öffentlichkeitsarbeit wird Gewalt in den Medien eher abgeblendet, als ästhetisch benutzt. Dem »Kampf um die ›richtigen‹ Bilder« (Münkler 2002, 229) dienen eine ganze Reihe medialer und politischer Strategien (Paul 2004, 365-393, 450-456). Das Töten und Sterben soll als Nebensache der Kriegführung erscheinen. Alle medialen Abblendungs- und Gewöhnungsstrategien können Opferbilder aber nicht verhindern, weil sie von der Gegenseite wiederum als Waffe benutzt werden. Auf dem virtuellen Schlachtfeld der öffentlichen Meinung soll jener Sieg errungen werden, der im Felde aufgrund der asymmetrischen Kräfteverhältnisse nicht errungen werden kann. Um die öffentliche Zustimmung nicht zu verlieren, muss sich die militärische Sicherheitsoperation daher in bestimmten Grenzen den Normen und Erwartungen der zivilen Öffentlichkeit und ihres Publikums unterwerfen (McInnes 2002, 149).

Die westlichen Zivilgesellschaften kommen um die Erfahrung der Gewalt nicht herum, auch wenn sie sie im Wesentlichen als Medienereignis wahrnehmen. Auch in diesen Gesellschaften geht es um die Deutung der Gewalterfahrungen. Aber dabei wird der Krieg von der Diskursordnung des Ausnahmezustands getrennt. Gerade aufgrund rechtlicher und öffentlicher Kontrolle kann er zusehends als ein Mittel zur Generierung von Sicherheit gelten. Zwar gilt dieses Mittel als ›problematisch‹, aber seine Verwendung markiert keinen grundlegend veränderten Zustand der Gesellschaft mehr. Deren zivile Verfasstheit setzt sich auch im Kriegsfall einfach fort. Es kommt zu verstärkter öffentlicher Aufmerksamkeit und Kritik, zu Demonstrationen, Sondersendungen usw. Aber gerade dass diese Formen des öffentlichen Disputs bei Sicherheitskriegen normal sind und als Strukturmerkmal ihrer normativen Dimension gelten müssen, zeigt, dass Sicherheitskrieg und zivilgesellschaftliche Normalität einander einschließen. Der Krieg ist ein Mittel, diese Normalität abzusichern und zu erhalten. Er ist genuines Element des globalen Sicherheitsdispositivs, das für die zivile Ordnung konstitutiv ist. In diesem Sinne ist er normal geworden, ohne dass er die gesellschaftliche Kultur diskursiv oder habituell beherrschen würde.

LITERATUR

Agamben, Giorgio (2001): »Heimliche Komplizen. Über Sicherheit und Terror«, in: *Frankfurter Allgemeine Zeitung* vom 20.9.2001, S. 45.

Agnoli, Johannes: *Die Transformation der Demokratie und andere Schriften zur Kritik der Politik*, Freiburg 1990.

Arquilla, John/Ronfeldt, David (Hg.): *Networks and Netwars. The Future of Terror, Crime, and Militancy*, Santa Monica 2001.

Boldt, Hans (1972): »Ausnahmezustand. Necessitas publica, Belagerungszustand, Kriegszustand, Staatsnotstand, Staatsnotrecht«, in: Brunner, Otto/Conze, Werner/Kosellek, Reinhart (Hg.): *Geschichtliche Grundbegriffe. Historisches Lexikon zur politisch-sozialen Sprache in Deutschland*, Bd. 1, Stuttgart, S. 343-376.

Bush, George W. (2001): *Bush kündigt Beginn eines ›Kriegs gegen den Terror‹ an. Rede des Präsidenten vom 20.09.2001*, http://usa.usembassy.de/etexts/docs/ga1-092001d.htm.

Charta der Vereinten Nationen vom 26.6.1945 in der Fassung vom 20.12.1965 mit allen Änderungen, in: Unser 1992, 297-324.

Clauset, Aaron/Young, Maxwell (2005): »Scale Invariance in Global Terrorism«, in: arXiv:physics/0502014 v2 1, http://arxiv.org/pdf/physics/0502014

Daase, Christopher (1999): *Kleine Kriege – Große Wirkung. Wie unkonventionelle Kriegführung die internationalen Beziehungen verändert*, Baden-Baden.

Fassbender, Bardo (2004): »Die souveräne Gleichheit der Staaten – ein angefochtenes Grundprinzip des Völkerrechts«, in: *Aus Politik und Zeitgeschichte* B43 (2004), S. 7-13.

Fraenkel, Ernst (1991): *Deutschland und die westlichen Demokratien*, Frankfurt am Main.

Gray, Colin S. (2004): *The Sheriff. America's Defense of the New World Order*, Lexington.

Habermas, Jürgen (2000): »Bestialität und Humanität«, in: Reinhard Merkel (Hg.): *Der Kosovo-Krieg und das Völkerrecht*, Frankfurt am Main, S. 51-65.

Hardt, Michael/Negri, Antonio (2003): *Empire. Die neue Weltordnung*. Frankfurt am Main.

Hardt, Michael/Negri, Antonio (2004): *Multitude. Krieg und Demokratie im Empire*, Frankfurt am Main.

Hippler, Jochen (2003): »Unilateralismus der USA als Problem der internationalen Politik«, in: *Aus Politik und Zeitgeschichte* B31-32, S. 15-22.

Hobbes, Thomas (1966): *Leviathan oder Stoff, Form und Gewalt eines bürgerlichen und eines Kirchlichen Staates*, Neuwied.

Holert, Tom/Terkessidis, Mark (2002): *Entsichert. Krieg als Massenkultur im 21. Jahrhundert*, Köln.

Howard, Michael (2001): *Die Erfindung des Friedens. Über den Krieg und die Ordnung der Welt*. Lüneburg.

Hondrich, Karl Otto (2002): *Wieder Krieg?* Frankfurt am Main.

Jünger, Ernst (1934): »Die Totale Mobilmachung«, in: Ders.: *Blätter und Steine*, Hamburg, S. 122-153.

Kater, Thomas (2003): *Institution und Norm. Historisch-systematische Grundlagen der politischen Philosophie,* Habilitationsschrift vorgelegt an der Fakultät für Kulturwissenschaften der Universität Paderborn, Paderborn.

Kater, Thomas (2004): »Regionalität, Identität und Globalisierung: Wie lässt sich das Politische global denken?« In: *Jahrbuch für Pädagogik 2004. Globalisierung und Bildung*, Frankfurt am Main 2004.

Krause, Joachim/Irlenkaeuser, Jan/Schreer, Benjamin (2002): »Wohin gehen die USA? Die neue Nationale Sicherheitsstrategie der Bush-Administration«, in: *Aus Politik und Zeitgeschichte* B48 (2002), S. 40-48.

Kunz, Thomas (2005): *Der Sicherheitsdiskurs. Die innere Sicherheitspolitik und ihre Kritik*, Bielefeld.

McInnes, Colin (2002): *Spectator-Sport War. The West and Contemporary Conflict*, London.

Mersch, Dieter (2002): *Was sich zeigt. Materialität, Präsenz , Ereignis*, München.

Münkler, Herfried (2002): *Die neuen Kriege*, Reinbek.

Münkler, Herfried (2003): *Der neue Golfkrieg*, Reinbek.

Münkler, Herfried (2007): »Heroische und postheroische Gesellschaften«, in: *Merkur* 8/9 (2007), S.742-752.

National Security Strategy of the United States of America, The, Washington 2002, http://www.whitehouse.gov/nsc/nss.pdf.

Ortmann, Günther (2003): *Regel und Ausnahme. Paradoxien sozialer Ordnung*, Frankfurt am Main.

Paul, Gerhard (2004): *Bilder des Krieges – Krieg der Bilder. Die Visualisierung des modernen Krieges*, Paderborn.

Popitz, Heinrich (1992): *Phänomene der Macht*, Tübingen^2.

Preuß, Ulrich K. (1999): »Zwischen Legalität und Gerechtigkeit. Der Kosovo-Krieg, das Völkerrecht und die Moral«, in: *Blätter für deutsche und internationale Politik* 7 (1999), S. 816-828.

Preuß, Ulrich K. (2003): *Krieg, Verbrechen, Blasphemie. Gedanken aus dem alten Europa*, Berlin.

Randow, Gero von (2005): »Das Böse liegt so nah. Die Londoner haben auf den Terror vorbildlich reagiert. Die Politik muss es noch tun«, in: *Die Zeit* 29, 14.07.2005, S. 1.

Schmidt-Semisch, Henning (2002): *Kriminalität als Risiko. Schadensmanagement zwischen Strafrecht und Versicherung*, München.

Schmitt, Carl (1940) »Weiterentwicklung des totalen Staats in Deutschland« [1933], in: Ders.: *Positionen und Begriffe im Kampf mit Weimar-Genf-Versailles 1923-1939*, Hamburg, S. 185-190.

Schmitt, Carl (1963): *Der Begriff des Politischen. Text von 1932 mit einem Vorwort und drei Corollarien*, Berlin.

Senghaas, Dieter (2000): »Recht auf Nothilfe«, in: Reinhard Merkel (Hg.): *Der Kosovo-Krieg und das Völkerrecht*, Frankfurt am Main, S. 99-114.

Spreen, Dierk (2003): »Böses auf Erden? Versuch über den Diskurs der Gewalt«, in: *Plurale. Zeitschrift für Denkversionen* 3, S. 231-241.

Spreen, Dierk (2008): *Krieg und Gesellschaft. Die Konstitutionsfunktion des Krieges für moderne Gesellschaften*, Berlin.

Unser, Günther (1992): *Die UNO. Aufgaben und Strukturen der Vereinten Nationen*, München.

Satyagraha als Methode der Transformation neuer Formen von Krieg und Terror

Wolfgang Dietrich

Als George W. Bush nach den Anschlägen vom 11. September 2001 dem »Terror den Krieg erklärte«, mochte er im Sinne jenes Klientels, das ihn zum Präsidenten der Vereinigten Staaten von Amerika gemacht hatte, materiell folgerichtig handeln. Sieht man vom Sprachspiel dieses sehr begrenzten Frameworks ab, so ergibt sich aus der Verknüpfung dieser vier Wörter eine Reihe von Irritationen im normativen, im hermeneutischen wie im teleologischen Bereich. Es stellen sich die Fragen, ob es überhaupt möglich ist, dem Terror oder dem Terrorismus den Krieg zu erklären, wenn ja, was das bedeutet, welche Verknüpfungen die Begriffe Krieg und Terror überhaupt zulassen und welche friedenspolitischen Reaktionen sie jeweils ermöglichen, erlauben oder gar verlangen. Fragen, welche umso mehr nach einer Antwort verlangen, als George W. Bushs Ansage nach den Anschlägen von Madrid 2004 und London 2005 über die »Allianz der Willigen« hinaus auch im »alten Europa« so etwas wie ein politischer Leitsatz wurde.

1. KRIEG IST EINE NORM

Nach klassischem Völkerrecht stand den Staaten, und nur ihnen, das Recht zum Krieg, das *ius ad bellum*, zu. Der Eintritt des Kriegszustands beendete alle friedlichen Beziehungen zwischen den Kriegsparteien und gestattete Eingriffe in die vom Friedensvölkerrecht geschützten Güter und Rechte des Kriegsgegners, auch und vor allem mit Waffengewalt. In diesem Sinne waren alle Mittel und Methoden zulässig, die der Niederringung des Feindes dienten. Zudem hatte sich mit dem Kriegsrecht, dem *ius in bello*, eine Summe von Normen entwickelt, die unnötiges Leiden und Schäden sowie »perfide Kriegsführung« ausschließen sollten. All dies wurde kurz vor dem ersten Weltkrieg auf den Haager Friedenskonferenzen von 1899 und 1907 als Normenkatalog kodifiziert, der eher in eine ritterlich verklärte Vergangenheit wies und weniger als Antwort auf die Herausforderungen jener Formen organisierter Gewalt dienen konnte, welche die nächste Zukunft bescheren sollte.

Aus diesem Grund ist das zwanzigste Jahrhundert von einer schrittweisen Ausweitung des Verbotes von Gewaltanwendung im Völkerrecht gekennzeichnet. Die Satzung der Vereinten Nationen[1] schließlich verbietet in der Form einer universellen Norm die Anwendung und Androhung von Gewalt im internationalen Kontext, also nicht bloß formell und vorsätzlich geführten Krieg, sondern generell jede Art zwischenstaatlicher Gewalt, sofern es sich nicht um die erlaubte Selbstverteidigung eines Staates gegen einen gewaltsamen Angriff handelt oder um eine Gewaltaktion, die mit Zustimmung des einzig existierenden Sanktionsorgans, des Sicherheitsrates der Vereinten Nationen, erfolgt. Dadurch und durch eine Myriade an daran anschließende Detailregelungen über Resolutionen der Vereinten Nationen ist das *ius ad bellum* im internationalen Recht de facto abgeschafft und es überrascht folglich nicht, dass es seit dem Zweiten Weltkrieg zwischen Staaten keine formelle Kriegserklärung mehr gegeben hat.

An die Stelle des erklärten Krieges zwischen den Konfliktparteien trat in der zweiten Hälfte des zwanzigsten Jahrhunderts der so genannte »Kalte Krieg«, der sich einerseits dadurch auszeichnete, dass sich die beiden großen Machtblöcke bis zur Erschöpfung einen atomaren Rüstungswettlauf lieferten, der auf dem so genannten »Gleichgewicht des Schreckens« basierte, das beide Seiten anhielt, ihr technologisches Zerstörungspotential niemals auszuspielen, während die Ausübung direkter Gewalt in der Form so genannter Stellvertreterkriege an die Peripherien des Weltsystems ausgelagert wurde. Dort traten sie zumeist nicht in der Form klassischer zwischenstaatlicher Kriege auf, sondern als ideologisch und nationalistisch begründete Bürger- und Unabhängigkeitskriege, deren Parteien von den Zentren der Macht im Weltsystem zumindest unterstützt, oft aber sogar gegen die Interessen der gegnerischen Klientel überhaupt erst kreiert wurden. Auch wenn diese Praxis völkerrechtlich umstritten war, so kennzeichnete sie doch das internationale System für mehr als ein halbes Jahrhundert und erklärt, warum das *ius in bello* gerade zu einer Zeit besondere Beachtung fand als das *ius ad bellum* faktisch abgeschafft war. Das Humanitätsrecht knüpft an das tatsächliche Bestehen von Feindseligkeiten an und ist nicht an eine formelle Kriegserklärung gebunden. Diese Situation wurde nach dem Zweiten Weltkrieg zum Regelfall der organisierten Gewaltanwendung, weshalb diesem Rechtskörper auch entsprechend hohe Bedeutung zukommt.

Mit dem Ende des Kalten Kriegs veränderte sich die Lage noch einmal. Die ideologischen ausgerichteten Konzeptparteien, die zumeist auf der Basis von Guerillataktiken um die Macht in Staaten kämpften, die im Großen und Ganzen die staatsrechtlichen Voraussetzungen von einem klar umrissenen Staatsgebiet, einem Staatsvolk und organisierter Staatsgewalt entsprachen, versanken entweder in der Geschichte oder sie veränderten ihren Charakter grundlegend. Die Frage, ob diese von außen induzierten »Stellvertreterkriege« der fünfziger bis neunziger Jahre des zwanzigsten Jahrhunderts tatsächlich »Bürgerkriege« in jenem Sinn des Wortes waren, der aus der Zeit der nordatlantischen Staatsgründungprozesse stammt, dürfen wir hier ohne nähere Erläuterung bezweifeln.

Klar ist, dass sie alle durch mehr oder minder organisierte und identifizierbare Konfliktparteien definiert waren, an deren Spitze politische und militärische Repräsentanten standen, die für die jeweiligen Gewalttaten die Verantwortung übernahmen, taktische und strategische Ziele definierten und nach möglichst breiter internationaler Anerkennung strebten. Dies trifft sowohl für die Exponenten der jeweils formellen Staatsgewalt zu wie auch für die oppositionellen Guerillagruppen, die sich, wie etwa Fidel Castro auf Kuba oder die Sandinisten in Nikaragua in das internationale System integrierten, sobald sie auf militärische Art die Macht im Staat erreicht hatten.

Diese Logik brach im Laufe der achtziger Jahre durch das Auftauchen von Guerillagruppen wie *Sendero Luminoso* in Peru und in einzelnen Gebieten Afrikas und Asiens, wo sich immer mehr bewaffnete Gruppen um so genannte *warlords* scharten, die nicht mehr an der Errichtung eines »besseren« Staates interessiert waren, sondern nur noch an der Kontrolle gewisser geographischer Zonen und/oder bestimmter einträglicher Geschäftszweige wie dem Drogen- und Waffenhandel, dem Diamantenhandel, dem Mitschneiden an Ölgeschäften und sonstigen Rohstoffgewinnungen, am Frauenhandel und Ähnlichem. Die Grenzlinie zwischen organisiertem politischen Widerstand und organisiertem Verbrechen verschwamm immer mehr, wie etwa der Werdegang der kolumbianischen FARC zeigt, weil der politische Kampf ohne Unterstützung aus illegalen Quellen aussichtslos war, das organisierte Verbrechen immer mehr den Charakter paramilitärischer Kampfgruppen annahm, und die offizielle Staatsgewalt vielerorts so tief in die verbrecherischen Machenschaften verstrickt war, dass eine moralische Unterscheidung zwischen »guter« Staatsgewalt und »bösem« Widerstand nicht mehr glaubwürdig kommuniziert werden konnte.[2]

Den Schlusspunkt unter den modernen Guerillakampf nach der Logik des Kalten Krieges setzte dann wohl das Auftauchen der postmodernen Neo-*Zapatistas* in Mexiko, also einer Guerillagruppe, deren Bewaffnung stets possenhaft blieb, die niemals im militärischen Sinn Territorium kontrollierte, den Anspruch auf die Macht im Staat nicht erhob und nicht einmal behauptete, sie hätte ein probates Mittel, um Mexiko besser zu regieren als die jeweils aktuelle Regierung. Die Waffe der Neo-*Zapatistas* blieb das Wort, weltweit kommuniziert »aus den Tiefen der lakadonischen Wälder« über die »neuen Medien« Internet und E-Mail und der postmodernen Argumentation des »schwachen Denkens« (Vattimo 1983) folgend, auf welche der traditionelle Anti-Aufstandskampf mit seiner martialischen Machtorientierung keine Antwort weiß.

Wenn unter diesen Umständen der Befehlshaber der größten organisierten Gewaltmaschinerie der Welt jemandem, oder besser: etwas, nämlich dem Terror, den »Krieg erklärt«, so entsteht Irritation allein schon auf dieser Ebene. Wie soll diese Erklärung zu verstehen sein? Im Sinne des traditionellen Völkerrechts ist es schwer möglich, im Rahmen des modernen Völkerrechts der Vereinten Nationen erst recht nicht. Und postmodern zu akzeptieren, dass gerade jene Staatsgewalt, die sich als einzig verbliebene Supermacht ansieht, sich auf das rechtliche Niveau von *warlords* und organisiertem Verbrechen begibt, um auf dieser Ebene als gleicher unter gleichen zu kämpfen, fällt zumindest dem aufgeklärten, im zwanzigsten Jahrhundert sozialisierten Staatbürger schwer. Muss die Lektion für das einundzwanzigste erst erlernt werden?

2. TERRORISTEN SIND MENSCHEN

Terroristen sind bekämpfbar. Man benötigt dafür gut ausgebildete Kader in den Sicherheitsabteilungen von Polizei und Militär. Sind diese vorhanden, so kann das Spiel beginnen. Die Regeln entsprechen dabei denen eines Fußballspieles, bei dem es der verteidigenden Mannschaft untersagt ist, ein Tor zu schießen, bevor dies der angreifenden Mannschaft gelungen ist. Das heißt, die (Staats-)verteidiger dürfen maximal ausgleichen, aber nie in Führung gehen. Dies liegt schlichtweg daran, dass man Terroristen definitionsgemäß daran erkennt, dass sie Terrorakte begehen. Wer dies nicht getan hat, ist kein Terrorist und kann folglich auch nicht als solcher bekämpft werden. Nun mag es dann und wann gelingen, einen Terrorakt bereits im Planungsstadium aufzudecken und so zu unterbinden. Wir wollen die aktive Vorbereitung der Tat aber nach strafrechtlicher Gepflogenheit bereits als Teil des Terroraktes betrachten und sehen damit deutlich das Dilemma des Anti-Terrorkampfes unter demokratischen Bedingungen: Die Sicherheitskräfte sind im Kampf gegen Terroristen per definitionem immer einen Schritt im Hintertreffen. Der Terrorist sucht Ort und Zeitpunkt seines Schlages aus und wählt je nach den Lücken aus, die er im Verteidigungsring der Sicherheitskräfte ausmacht. Nimmt er keine wahr, schlägt er nicht zu und ist somit kein Terrorist.

Dabei hat sich gezeigt, dass die so genannten »weichen Ziele« auch unter den größten Sicherheitsvorkehrungen nicht verteidigt werden können. So ist etwa die Logistik für eine größere Hotelanlage so komplex, dass auch ein aufwendiger Verteidigungsring von einem geschulten Angreifer jederzeit durchbrochen werden kann. Der Bäcker, der die Frühstückssemmeln bringt, der Klempner, die Tänzerin im Nachtklub und jeder Tourist kann der potentielle Angreifer sein, der die gesamte Anlage in die Luft jagt. Anschläge wie die auf Bali, in Tunesien, der Türkei oder Ägypten sind so wenig zu verhindern, wie jene auf die Verkehrs- und Versorgungssysteme großer Städte wie New York, London oder Madrid. Was auch immer für Maßnahmen die Sicherheitskräfte ergreifen, der Terrorist ist der Experte in deren Umgehung. Zudem sind »weiche Ziele« aus der Absicht des Terroristen besonders lohnend. Er will durch seine Tat ja Aufmerksamkeit erreichen und Schrecken verbreiten. Das gelingt ihm über die Sprengung eines Touristenbusses in der Türkei weitaus leichter als durch ein Massaker an einem ganzen Dorf im östlichen Kongo, wo zwar auch Schrecken entsteht, der Adressat aber nur die regionale Bevölkerung ist. Richtet sich die Botschaft an die Zentren des Weltsystems, so müssen auch deren verletzbare Exponenten getroffen und damit deren Medien erreicht werden.

Sind die Terroristen, wie in der jüngeren Vergangenheit üblich geworden, zudem bereit, bei dem Anschlag ihr eigenes Leben zu opfern, so bleibt den Sicherheitskräften nicht einmal die Chance, die Partie durch das Ergreifen der Täter wieder auszugleichen. Es gibt dann keine Gerechtigkeit, sondern nur noch die Bestandsaufnahme des Schadens. Die ebenso beliebte wie stupide Schuss-Tor-Mentalität der hohen Politik im Kampf gegen den Terror mag somit zwar publikumswirksam sein, sie ist aber sicher keine ausreichende Taktik in einem wie auch immer begründeten Kampf gegen Terroristen.

3. TERRORISMUS IST EINE PERFIDE METHODE DES KAMPFES

Terrorismus ist bekämpfbar. Man benötigt dazu eine stringente Analyse, politischen Willen und eine geschickte Kommunikation. Wenn vor allem in den USA, aber zunehmend auch in Unionseuropa, der Terrorismus als Feindbild jene Position eingenommen hat, die einst Faschismus oder Kommunismus innehatten, so führt dies zu einer verhängnisvollen Verkennung des vermeintlichen Feindes. Faschismus und Kommunismus sind Weltbilder, die sich auf die Organisationsform von Staat und Gesellschaft beziehen, insofern also nichts anderes als Kapitalismus, Liberalismus oder Sozialismus, mit denen sie in einem ideologischen Wettstreit stehen (können). Wer also zum Beispiel den Faschismus bekämpfen will, kann militärisch Staaten angreifen, die sich nach faschistischer Art organisieren, oder er kann sich polizeilich gegen Gruppierungen im eigenen Land wenden, die sich zum Faschismus bekennen.

Der Terrorismus hingegen ist keine Ideologie sondern eine Methode des Kampfes, die in der Geschichte von Parteien aller möglichen Ausrichtungen angewendet wurde. Der Terror selbst ist nicht das Ziel der Gruppe, die ihn anwendet, sondern ein Mittel, welches in ihren Augen über ein vermeintlich höheres Ziel legitimiert wird. Will man also den Terrorismus in dem Sinne bekämpfen, dass Terroranschläge, die, wie wir vorher argumentiert haben, taktisch immer möglich sind, aufhören, dann muss man sich mit den Motiven jener Gruppen auseinander setzen, welche Terror als Mittel anwenden. An dieser Stelle wird der Kampf gegen den Terrorismus weitaus komplexer, als jener gegen die Terroristen. Sicherheitspolitische Argumente können hier kaum noch tragen.

In diesem Zusammenhang sei ein Verweis auf die moderne Geschichte des Terrors als taktisches Kampfmittel gestattet. Im Gegensatz zur landläufigen Meinung, er wäre eine Erfindung von Guerilla- und Partisanengruppen, taucht im modernen Europa die systematische Benutzung von *la terreur* als Herrschaftsinstrument erstmals in der Schlussphase der französischen Revolution auf (Waldmann 1998, 42). Dass es also der Staat selbst, just im Augenblick seiner modellhaften Zurichtung für die Zwecke der Moderne, war, der den Terror zu einem regelrechten Herrschaftsinstrument ausbaute, war für die weitere Entwicklung nicht unwichtig. Denn dadurch führten die Regierungen den potenziellen Rebellen in aller Welt vor Augen, wozu diese Methode zu gebrauchen war. Und die Anwendung von Terror als Herrschaftsmethode von Regimen forderte durch die gesamte Moderne hindurch weitaus mehr Menschenleben als der viel diskutierte aufständische Terrorismus. Man denke nur an die Regime Hitlers, Stalins, Pol Pots, Idi Amins, Saddam Husseins...

Im Gegensatz zum Regimeterror war Terrorismus für ideologisch inspirierte Aufstands- oder Befreiungsbewegungen ursprünglich kein besonders probates Mittel, denn klassische Guerilleros oder Partisanen kämpften um die Beherrschung eines bestimmten geographischen Raums. Daher waren sie regelmäßig auf die Kooperation der dort lebenden Bevölkerung angewiesen und mussten trachten, deren Sympathie zu gewinnen. Griffen sie zu terroristischen Methoden, so zielten diese, von wenigen Ausnahmen abgesehen, auf die Demoralisierung von Kampfeinheiten des Regimes oder eventueller Besatzungsarmeen ab und mussten sich daher gezielt gegen diese richten, wie etwa gegen die Deutschen Truppen am Balkan oder der US-Marines im Nikaragua Sandinos. In diesen Kontexten war die Verbreitung von Schrecken also eine Kampfmethode des logistisch Unterlegenen, welche ausschließlich die Truppen des Stärkeren treffen sollte. Da die irregulären Einheiten der Guerilla oder Partisanen für Gegenschläge zumeist nicht unmittelbar greifbar waren, richteten sich diese oft genug gegen die Zivilbevölkerung, in welcher die Guerilla nach dem Mao zugeschriebenem Wort »zu schwimmen trachtet wie der Fisch im Wasser«, weshalb der Terror gegen Zivilisten im klassischen Guerillakrieg überwiegend vom angegriffenen Regime ausging.

Im Gegensatz zur raumorientierten Strategie von Guerilla und Partisanengruppen zielt aufständischer Terrorismus gegen Zivilisten auf das Denken der Menschen. Diese Art von Terror fand zuerst Eingang in den gewalttätigen Anarchismus in der Interpretation Bakunins oder Netschajews, einer Richtung, der nur episodenhafte politische Bedeutung zukam (Waldmann 1998, 44-49). Die Politikwissenschaft qualifiziert diese Art des Terrors weder als kriegerische Herausforderung noch als einfache Kriminalität, sondern als einen eigenen Typus von Bedrohung der Staatsgewalt, der die bestehenden politischen Machtverhältnisse grundsätzlich in Frage stellen wollte. Dieser Herausforderung konnte nach herkömmlicher Meinung nur eingeschränkt mit militärischen oder polizeilichen Maßnahmen begegnet werden. Da der Angriff von Terrorzellen wie der RAF, den Roten Brigaden, der Action Directe, der ETA bis hin zur IRA vor allem auf das Denken der Bürger abzielte, mussten die Gegenmaßnahmen der Regimes auch dort, also im kommunikativen Bereich ihren Schwerpunkt haben.

4. TERROR IST EINE GEWALTTÄTIGE FORM DER KOMMUNIKATION

Wie es scheint, ist im Laufe der letzten Jahre an dieser althergebrachten Logik etwas gebrochen. Das mag daran liegen, dass der Krieg alten Zuschnitts, wie oben gezeigt, aus dem internationalen Szenario praktisch verschwunden ist, und auch der Guerillakampf als raumorientierte Strategie an Bedeutung verliert. Ja, selbst der territoriale Nationalstaat, der noch vor fünfzig Jahren eine politologische Selbstverständlichkeit war, hat im Zuge dieser Entwicklungen viel von seiner Strahlkraft eingebüßt, wie die andauernden Diskussionen um *failed* oder *collapsed states* einerseits und immer mächtiger werdende suprastaatliche Einrichtungen andererseits belegt.

Dessen ungeachtet ist die Anwendung organisierter physischer Gewalt keineswegs aus der Welt verschwunden. Sie erscheint nun aber in neuen, unscharfen Formationen, in welchen der eigentliche Gewaltakt immer weniger strategischen Zweck erfüllt und immer mehr auf kommunikative Ziele gerichtet ist. Gewalt wird somit zunehmend ihres kriegerischen Endzwecks entkleidet und in eine Kommunikationsform des internationalen Systems umgewandelt.

Wer dem Terror in diesem Kontext mit einem »Krieg« gegen ihn selbst begegnen will, der akzeptiert vorweg die Sprachregelung des Terroristen. Das heißt, wer im Angesicht eines Terroranschlages

»unerbittliches Zurückschlagen« oder ähnliches proklamiert, ergibt sich in die Sprach-, Denk- und Handlungslogik des Angreifers. Tut dies ein Regime, so ist dieser »Krieg« nichts anderes als Regimeterror. Terroristen wollen die politische Kommunikation auf die Ebene der direkten, physischen Gewalt festlegen, um den angegriffenen Staat in seiner gewalthaften Natur bloßzustellen. Wer ihnen mit der Proklamation eines »Krieges« antwortet, ergibt sich just in diese Regeln ihres Spiels.

Was vordergründig nach folgerichtiger Härte im Angesicht der Attacke aussehen mag, erfüllt einerseits einen aus den Tiefen der christlichen Kultur kommenden Reflex, wie gleich zu zeigen ist, andererseits kommunikativ die Wünsche des Terroristen. Der Terror, wie auch der »Krieg« gegen ihn, zielen auf die Angstbereitschaft der Bevölkerung ab. Die Botschaft lautet, dass die Menschen einerseits Angst haben sollen und müssen, und dass andererseits Regimegewalt legitim ist. Jede sicherheitspolitische Maßnahme, welche nach einem Terroranschlag die physische oder politische Bewegungsfreiheit der Bevölkerung eines Staates einschränkt, ist ein Erfolg für den Terror Ausübenden, wobei egal ist, ob nun tatsächlich die Angst der politischen Klasse die Triebfeder für die Sicherheitsmaßnahme ist oder ob diese die aus der veröffentlichten Meinung resultierende Stimmung der Angst in der Öffentlichkeit für ihr politisches Handeln nutzt. In beiden Fällen hat der Terrorismus gewonnen.

Am Beispiel der USA nach dem 11. September 2001 kann deutlich gezeigt werden, dass die Stimmung der Angst der Regierung Bush weitaus mehr genützt als geschadet, ja die dann tatsächlich umgesetzte Politik überhaupt erst ermöglicht hat (Feuerstein 2005). »Nutzen« bezieht sich hier allerdings auf Maßnahmen, welche die politischen Eliten gegen die eigene Bevölkerung und deren heiligste Werte, wie etwa die Menschenrechte, richten, nicht auf Erfolge in einem vermeintlichen »Krieg gegen den Terrorismus«.

Im Gegenteil, um einen Krieg führen zu können, musste das Abstraktum »Terrorismus« nach althergebrachter Art wieder durch konkrete Ziele, also Länder wie Afghanistan oder Irak und deren Regierungen ersetzt werden. Die nachfolgenden Akte organisierter physischer

Gewalt waren völkerrechtlich gesprochen zwar keine Kriege, wurden von den Betroffenen aber zweifelsfrei als solche erlebt. Zwei Regierungen wurden gestürzt, eine nicht genau definierbare, aber jedenfalls sehr große Zahl von Menschen getötet und die Logik des Terrors durch die Beantwortung der gewalttätigen Provokation auf gleicher Ebene gestärkt.

Der »Terrorismus« ist, um das nochmals festzuhalten, kein Staat, keine Staatsideologie und niemandes politisches Ziel, sondern eine perfide, kommunikative Methode des politischen Kampfes. Daher ist es auch nicht möglich, ihn durch das Ausmerzen terroristischer Organisationen zu besiegen. Wer glaubt, durch die Ermordung Osama bin Ladens oder die Zerschlagung der Al Qaida den Terror überwinden zu können, irrt sich bereits im taktischen Bereich. Im Gegensatz zur modernen, raumorientierten Guerilla sind postmoderne, terroristische Zellen nicht hierarchisch organisierte Kampfeinheiten sondern Rhizome, also auto-reproduktive, klandestine, untereinander wohl zusammenhängende und interagierende Einheiten ähnlicher Interessenslagen und Auffassungen, aber nicht strukturierte Organisationen, deren Zentrale man entscheidend treffen könnte.

5. *SATYAGRAHA* IST EINE *FLEXIBLE RESPONSE* GEWALTFREIER KOMMUNIKATION

War der Terrorismus einst eine »perfide«, gegen das humanitäre Völkerrecht verstoßende Methode im Krieg, so ist er, nachdem der klassische Krieg im internationalen System ebenso obsolet geworden ist wie der territorial orientierte Befreiungskampf, an deren Stelle getreten, als eine dislozierte Form organisierter physischer Gewalt mit beträchtlichen Unschärfen bezüglich des politischen und militärischen Organisationsprofils der Angreifer wie auch eines zunehmenden Legitimationsproblems der angegriffenen Institutionen gegenüber ihrer eigenen Klientel. In jedem Fall zielt Terror aber auf das Denken der Menschen und manipuliert dieses über das Moment der Angst.

Konzentrieren wir uns daher auf die kommunikative Ebene und jene Terrorakte, die seit dem 11. September 2001 in einem offenkundigen Spannungsfeld zwischen »islamischer Welt« und »dem Westen« geschehen sind und zumeist »internationaler Terrorismus« genannt werden. Ein Erfolg dieser Anschläge aus der Sicht der Täter ist jedenfalls, dass dieses Spannungsfeld in der veröffentlichten Meinung wieder als primäre Konfliktlinie des internationalen Systems gelesen wird. Dabei ist diese keineswegs neu. Sie ist zumindest so alt wie die Kreuzzüge. 1146 rief der später heilig gesprochene Bernhard von Clairvaux in der berühmten Predigt von Vézeley mit folgenden Worten zum zweiten Kreuzzug auf.

> "Ein Ritter Christi tötet mit gutem Gewissen. Er tötet nicht Menschen, er tötet das Böse. Noch ruhiger stirbt er. Wenn er stirbt, nützt er sich selber, wenn er tötet, nützt er Christus."[3]

Dieser Leitsatz bestimmte die beiderseitige Kommunikation zwischen den äußerst ähnlich konstruierten Frameworks »Islam« und »Christliches Abendland« durch Jahrhunderte und taucht bis heute nahezu unverändert in den Sprachspielen beider Seiten auf. Die moderne Trivialübersetzung des berühmten Lukaszitates aus der Bibel schreibt die Denkstruktur des Heiligen Bernhard salbungsvoll fort:

> »Ehre sei Gott in der Höhe und Friede den Menschen auf Erden, die guten Willens sind.«[4]

In dieser sinnentstellenden, aber populären Übersetzungsversion des letzten Halbsatzes ist der Friede für die rechtgläubigen Menschen »guten Willens« reserviert und das Schicksal der »Ungläubigen« in Anbetracht einer Jahrhunderte alten Geschichte des Schreckens zwischen den Kulturen unschwer auszumalen. Als Papst Johannes XXIII in der Enzyklika »Pacem in Terris« 1963 den Frieden auf Erden definierte, tradierte er gleich im ersten Absatz dieses Rundschreibens in verbal weniger martialischer, aber inhaltlich ebenso radikaler Art Bernhards Denkweise weiter:

> »Der Friede auf Erden, nach dem alle Menschen zu allen Zeiten sehnlichst verlangten, kann nur dann begründet und gesichert werden, wenn die von Gott gesetzte Ordnung gewissenhaft beachtet wird.«[5]

Eine ganze Riege prominenter Autoren hat im Laufe der neunziger Jahre diesen päpstlichen Gedanken in säkularer Weise als geopolitisches Konzept weitergesponnen.[6] Dabei folgten sie alle mehr oder weniger dem US Politologen Samuel Huntington, der in seinem berüchtigten Aufsatz über den *Clash of Civilizations* (Huntington 1993) weniger ein analytisches Ergebnis vorlegte als eine aggressive Programmschrift für die Außenpolitik der USA in der post-sowjetischen Welt. Das heißt, die Rekonstruktion des Feindbildes Islam auf der Seite des Westens, der ein gewalttätiges fundamentalistisches Minderheitenprogramm zum islamischen *mainstream* erklärte, ging dem 11. September 2001 weit voraus. Dies ist deshalb bedeutend, weil der Terrorismus, wenn er auf das Denken der Menschen zielt, eine kommunikative Basis benötigt. Der Thron des neuen Antichristen musste in der veröffentlichten Meinung erst errichtet werden, ehe Osama bin Laden ihn dankbar besteigen konnte.

Nun kann argumentiert werden, dass es den Terror, auch den islamistischen, schon lange vor Huntington und seinen Epigonen gab. Das ist sachlich richtig. Dabei muss aber unterschieden werden, ob es sich um terroristische Methoden guerilla-ähnlicher Gruppierungen handelt oder um jenen dislozierten »internationalen« Terrorismus der neuesten Art. Der Täterkreis, die Taktik und die Adressaten unterscheiden sich in diesen Fällen grundlegend. Der klassische Selbstmordattentäter, der aus dem palästinensischen Flüchtlingselend stammt und sich selbst und andere in Jerusalem oder Tel Aviv in die Luft sprengt, um den Staat Israel zu bekämpfen, ist sozial und politisch nicht ident mit dem Täterkreis des 11. September 2001 und vergleichbarer Anschläge, auch wenn sich beide Tätergruppen auf den Koran und auf das Unrecht berufen, welches dem palästinensischen Volk angetan wird.

Das internationale Täterprofil zeichnet durchwegs Angehörige der gebildeten Mittel- und Oberschichten, welche in der Lage sind, sich in einem modernen Umfeld zu bewegen und zu verständigen. Sehr oft sind sie, ihre Eltern und Großeltern bereits in modernen Milieus aufgewachsen. Sie, viel mehr als die Ärmsten in den Slums, verfügen über die Information, die Dechiffriermethode der einschlägigen Codes sowie die Abstraktions- und Reflexionsfähigkeit, um die Behandlung der »islamischen Welt« durch »den Westen« zu verstehen und entsprechend zu bewerten. Und bei ihnen entsteht jenes oftmals eher abstrakte als individuelle Gefühl der tiefgreifenden Beleidigung des Systems, dem sie sich zugehörig fühlen. Aus dieser tief empfundenen Beleidigung entstehen Hass und letztendlich Gewaltbereitschaft, die im Extremfall durch terroristische Akte kommuniziert wird.

Die Palästinafrage mag in diesem Zusammenhang der offensichtlichste Streitpunkt sein, wahrscheinlich ist sie aber nicht der entscheidende, denn es geht nicht nur um die physische Gewalt, die israelische SoldatInnen palästinensischen Menschen zufügen, nicht nur um die strukturelle Ungerechtigkeit bei der Verteilung von Chancen und Gütern, sondern vor allem um die kulturelle Gewalt, die dem Islam als Weltanschauung durch seine fortgesetzte Geringschätzung im modernen Westen zugefügt wird. Einige publizistische Referenzpunkte dafür wurden oben zitiert, die Ermordung des holländischen Regisseurs und Provokateurs Theo van Gogh durch Mohammed Bouyeri, Amsterdamer Kind marokkanischer Einwanderer nach Holland,[7] illustriert das Dilemma auf das Schrillste und der Alltag kennt ungezählte Beispiele mehr. Das Rekrutierfeld der internationalen islamistischen TerroristInnen wie Mohammed Atta, Zacharias Mussawi und Kamel Daoudi liegt nicht in Ägypten oder Marokko, sondern in westlichen Großstädten, wo sie "erweckt" wurden. Es sind jene Kreise, die über diese Geringschätzung Bescheid wissen und die entsprechenden Codes verstehen.

Will man daher dieser Herausforderung auf der kommunikativen Ebene begegnen, so erfordert dies eine *flexible response*, die anderes meint als die längst überholte NATO Verteidigungsstrategie des Kalten Kriegs. Damals ging es um die Frage eines möglichen atomaren Erstschlags der NATO angesichts der Überlegenheit konventioneller

Waffensysteme des Warschauer Paktes. Das taktische Prinzip der *flexible response* zielte auf eine »vorbedachte Eskalation« im Sinne räumlicher Ausweitung des Konflikts und des Einsatzes »unkonventioneller«, also nuklearer Waffensysteme im Falle eines Angriffs des Warschauer Pakts mit konventionellen Waffensystemen.[8]

Auch der Terrorismus agiert mit den konventionellen Methoden physischer Gewalt und ist, wie schon gezeigt, im taktischen Bereich auf der Ebene der Sicherheit nicht schlagbar. Im Kontext eines postmodernen, auf das Denken der Menschen zielenden Terrorangriffs aber, also im Angesicht des Einsatzes konventioneller Mittel physischer Gewalt für kommunikative Zwecke meint *flexible response* die »vorbedachte Eskalation« im Sinne thematischer Ausweitung des Konfliktes durch unkonventionelle Aktionen auf kommunikativer Ebene. Das heißt, die Energie des bestehenden Konfliktes kann genützt werden, um die bestehenden Konfliktthemen im Hegelschen Sinne *aufzuheben*, also anerkennend zu bewahren, dabei zu neutralisieren und auf ein höheres Niveau sozialer Interaktion zu bringen. Gemeint ist damit, dass Codes zu setzen sind, welche im Konfliktfeld über den Charakter von mehr oder minder drohenden Appellen zur Friedfertigkeit an den Streitpartner hinausgehen und diese Appelle durch entsprechende Zeichen und Taten auf der Ebene der Selbstoffenbarung, der interkulturellen Beziehungsebene und der Sachebene glaubwürdig machen.[9]

Flexible response meint hier also eine disproportionale Reaktion, welche auf militärisches Zurückschlagen verzichtet. Ghandi optierte einst angesichts der Brutalität der Britischen Besatzungsmacht in Indien für einen gewaltfreien Widerstand, den er *Satyagraha* nannte, um das Gefühl des physischen Ausgeliefertseins seiner Landsleute gegenüber der Besatzungsmacht in eine geistig-sittliche Superiorität umzuwandeln. *Satyagraha* versuchte nicht, durch die Mobilisierung überlegener Kräfteverhältnisse und entsprechender Aggressionsdrohungen Entscheidungen zu erzwingen, sondern die Transformation eines Konfliktes herbei zu führen, in dem man selbst zum Opfer bereit ist, um die Kooperationsbereitschaft beim Andersdenkenden zu wecken und Verständigung zu ermöglichen. *Satyagraha* bedeutet also nicht passiven Widerstand des Schwachen, sondern überlegene Stärke, wie sie nur aus sehr bewusster Selbstkontrolle der Akteure erwachsen kann, die auch und gerade ihre öffentlichen Äußerungen mit einschließt. (Richards 1992) Die Anerkennung des anderen verlangt auch nach der Bereitschaft zur selbstkritischen Überprüfung eventuell beleidigender Formen des eigenen Verhaltens.

Umgesetzt auf den gänzlich veränderten Kontext der aktuellen Herausforderung des Terrorismus scheint es wenig zielführend, wenn nun auch das aufgeklärte »christliche Abendland« in der Tradition Bernhard von Clairvauxs auf seine kulturelle Überlegenheit gegenüber dem Islam als Religion besteht. Hilfreicher wäre wohl eine Haltung geistig-sittlicher Superiorität gegenüber dem Terror als Methode.

Die *flexible response* als aktualisierte Form der *Satyagraha* muss also, allen terroristischen Bedrohungsszenarien zum Trotz, mit einer gründlichen Analyse der eigenen Position gegenüber jenen sozialen Gruppen beginnen, welche das potenzielle Rekrutierfeld für Terroristen abgeben. Es wäre sodann auf der Beziehungsebene zu prüfen, ob diesem kritischen Potenzial nicht schon von vornherein durch Exklusion und Präpotenz begegnet, deren eigene Ressentiments also eventuell kommunikativ verstärkt werden. Auf der Sachebene wäre zu prüfen, ob nicht tatsächliche Verhältnisse struktureller Gewalt die Kommunikation erheblich belasten. Die Ausweitung des Konflikts im Sinne einer *flexible response* in diesem Sinne würde zu Anerkennung und Bearbeitung von Problemfeldern führen, die weit abseits militärischen Zurückschlagens liegen. Das Spektrum umfasst dabei jedenfalls den sozialen Alltag der zweiten und dritten Generation moslemischer Einwanderer in westliche Staaten, die Arbeitswelten und den Schulalltag, wobei in all diesen Fällen weniger Hilfe und mehr soziale Anerkennung angesagt wäre. Wo administrative, bürokratische, soziale und kulturelle Mehrheiten auf die einseitige »Integration« der anders denkenden, fühlenden und glaubenden Wenigerheiten pochen, ohne diesen den einen oder anderen Schritt entgegen zu gehen, werden die fatalen Verhaltensmuster der Tradition Bernhards in modifizierter Weise wiederholt und somit auch alte Konfliktlagen lediglich aktualisiert, nicht transformiert. Außen- und Sicherheitspolitik kann derartigen Schritten von da aus sinngemäß folgen.

Vor allen anderen werden aber wohl einige Grundsatzfragen auf der (Selbst-)Offenbarungsebene zu beantworten sein. Bedeutet das hysterische Geschrei um »Sicherheit« nun tatsächlich, dass die angeblich aufgeklärten und emanzipierten Gesellschaften des Westens bereit sind, ihre mühsam erkämpften Freiheitsrechte gegen ein paar diffuse Sicherheitsversprechen und ein wenig technologischen Schabernack an die Machthaber von immer schon zu retournieren? Wenn wir von der Selbstoffenbarung dieser Gesellschaften reden, dann interessieren nicht die Wortspenden um Legitimität ringender Politikerkasten, sondern die psychische und kulturelle Verfasstheit der entsprechenden Zivilgesellschaften. Die *Not in my name*-Demonstrationen von Millionen in New York, London und Madrid anlässlich des normativ unmöglichen Krieges gegen den Irak mögen in diesem Zusammenhang eindrucksvoll gewesen sein. Es reicht allerdings bei weitem nicht aus, ja könnte als erbärmliches Zeichen des Aufgebens verstanden werden, ließ es die Zivilgesellschaft dabei bewenden, der hohen Politik zu signalisieren, dass diesmal die Gewalt nicht in ihrem Namen ausgeübt werde. Das Potenzial zur *flexible response* auf die Provokation des Terrors kann überhaupt nur in einer in diesem Sinne aktiven Zivilgesellschaft liegen, welche die Schuss-Tor-Mentalität der institutionalisierten Experten im Krieg gegen den Terror geistig-sittlich zu verwinden vermag und ihn mit einer interkulturellen *Satyagraha* aufhebt.

Kommunikative Friedensarbeit bedeutet, die Aufmerksamkeit der veröffentlichten Meinung weg von der angst- und terrorgetriebenen Sicherheitsdebatte und hin zu dieser aktualisierten und durchaus auch existenten Form der *Satyagraha* zu lenken.

ANMERKUNGEN

[1] Artikel 2 (4) der Satzung der Vereinten Nationen vom 26. 6. 1945

[2] Bis hierher stimme ich überein mit Kaldor (1999) überein.

[3] http://www.heiligenlexikon.de/start.html?BiographienB/Bernhard_von_Clairvaux.htm [10.8.2007]

[4] Lukas 2.14. falsch, aber populär übersetzt seit dem 19. Jahrhundert. Siehe dazu näher Dietrich (1998).

[5] http://198.62.75.1/www1/overkott/pacem.htm [10.8.2007]

[6] Christian Flatz (1999) hat Arbeiten von Johan Galtung, Bassam Tibi, Klaus Küng und natürlich Samuel Huntington auf diesen Aspekt hin untersucht. Ihm danke ich diesen Hinweis.
Darüber hinaus müssten noch etliche weitere Arbeiten ähnlicher Art zitiert werden, etwa die breitenwirksamen Bücher des Populärjournalisten Peter Scholl-Latour, aus deren langen Reihe »Das Schwert des Islam – Revolution im Namen Allahs« (München 1990) in diesem Zusammenhang exemplarisch genannt sei.

[7] http://www.zeit.de/2005/30/bouyeri [20. 8. 2007]

[8] NATO-Strategie der flexiblen Reaktion (Dokument MC 14/3, Endfassung vom 16.01.1968), S.8ff.

[9] Ich folge hier dem kommunikationspsychologischen Modell von Schulz von Thun (1981, 1989, 1998)

LITERATUR

Dietrich, Wolfgang (1998): Plädoyer für die vielen Frieden; in: Dietrich, Wolfgang Hg.: Is Small Beautiful? (= Schlaininger Schriften zur Friedens- und Konfliktforschung/1). Wien.

Feuerstein. Andreas (2005): Human Rights and the War on Terrorism. The Bush Administration´s Treatment of Alleged Enemy Combatants and the United States Judiciary´s Reaction There Upon. Stuttgart.

Flatz, Christian (1999): Kultur als neues Weltordnungsmodell oder die Kontingenz der Kulturen. Hamburg.

Huntington, Samuel (1993): The Clash of Civilizations?; Foreign Affairs 72 (3); S. 22-49.

Kaldor, Mary (1999): New and Old Wars; Organised Violence in a Global Era. London: Polity Press

Richards, Glyn (1992): The Philosophy of Gandhi. London.

Schulz von Thun, Friedemann (1981, 1989, 1998): Miteinander reden; Bd. 1-3. Reinbek.

Vattimo, Gianni (1983): Dialettica, differenza, pensiero debole; in: Vattimo, Gianni/ Pier Aldo Rovatti Hg.: Il pensiero debole; Mailand, 12-28

Waldmann, Peter (1998): Terrorismus – Provokation der Macht. München.

»Man wird es Terrorismus nennen«[1]

Von der Politik des Terrors zum Krieg gegen den Terror

Doris Wallnöfer

EINLEITUNG

Die Auflösung des Ostblocks, das Ende des Kalten Krieges und seines Diskurses der *Balance of Terror*, des *Gleichgewichts des Schreckens* ließen nicht nur neue Formen des Krieges, sondern auch des Terrorismus entstehen. Während sich Analysen in den neunziger Jahren vorwiegend auf die Veränderungen in der Kriegführung konzentrierten, verzögerte sich zunächst die Beschäftigung mit dem Phänomen des Terrorismus, um dann aber genauso schlagartig wie das Ereignis 9/11 selbst einzusetzen. Der aktuelle Diskurs des Terrorismus – mitunter ein terroristischer Diskurs – erinnert in vielerlei Hinsicht an den Kalten Krieg. Erneut entsteht eine Art bipolares System, welches sich jedoch nicht mehr über den Gegensatz Ost/West definiert, sondern wohl am ehesten mit »The West and the Rest« im Sinne Stuart Halls auf den Punkt gebracht werden kann. Erneut werden Ersatzkriege geführt, diesmal jedoch nicht aus dem einfachen Grund wie zur Zeit der Abschreckung, als der Krieg mit dem Feind, der die Bombe besaß, das Ende der Welt bedeutet hätte, sondern weil der »wirkliche« Feind heute nicht mehr greif- und auffindbar oder nicht mehr am Leben ist.

Abgesehen von der allgemeinen Verurteilung und Ablehnung des Terrorismus und dem Versuch, Terrorismus als asymmetrische Form der Kriegführung oder Kommunikationsstrategie zu begreifen, bleibt der Diskurs und die Bestimmung dessen, was Terrorismus heute im Gegensatz zu früheren Formen des Terrorismus sei, recht diffus – gerade auch was seine Beziehung zu Krieg und Politik betrifft. Zwar ist ständig die Rede von einem radikalen Bruch, den 9/11 darstellt, *nichts wird mehr so sein wie bisher*, aber auch hier bleiben die meisten Erklärungen sehr vage, und der attestierte Einschnitt bleibt vielfach unklar. Den *neuen Terrorismus* zu definieren, ist auch hier nicht vordergründiges Ziel, sondern es geht darum, einen Blick auf die rund 200-jährige Geschichte des Terrorismus zu werfen, auf seine Genese, Weiterentwicklung und Tendenzen, auf seine Verstrickungen mit beziehungsweise Abgrenzungen zu den Diskurssystemen Krieg, Politik und Staat, da sich die jeweiligen Definitionen und Wirkungsweisen von Terrorismus in diesem Beziehungsgeflecht bewegen. In anderen Worten: die Geschichte des Terrors in die des Krieges einzubetten, ist die Grundidee dieses Artikels.

DIE POLITIK DES TERRORS

Terrorismus als organisierte und strategische Ausübung von Gewalt ist ein modernes Phänomen, welches sich im Spannungsfeld von Französischer Revolution, der Formation der europäischen Nationalstaaten und der Weiterentwicklung des Sprengstoffs entwickelt. In ihrer politischen Bedeutung leiten sich die Begriffe Terror und Terrorismus von der *terreur* der Französischen Revolution ab und finden als solche ab 1795, wenn auch vorerst recht zögerlich, Eingang in den deutschen Sprachgebrauch. Dabei halten sich Distanzierung vom und Bekenntnis zum Terror in etwa die Waage. (vgl. Walther 1990, 351 ff.) Die Einbürgerung des lateinischen Wortes *terror* erfolgt zwar bereits im 13. und 14. Jahrhundert in diverse Volkssprachen und wird von nun an zur Beschreibung psychologischer und ästhetischer Phänomene sowie im juristischen und politischen Kontext verwendet, der moderne Terrorbegriff ist jedoch ein Ergebnis der Französischen Revolution und bedeutet direkte Gewaltanwendung im Interesse des Staates. Terror bezeichnet dabei keine ursprüngliche Gewalt, sondern steht für die Zuspitzung bereits vorhandener. Während *terreur* bis 1792 fast ausnahmslos im negativen Sinn verwendet wird, erfolgt in den Jahren 1793/94 die Positivierung des Begriffs durch die Jakobiner – wobei sich diese zwar zur *terreur* bekennen, aber nicht selbst als *terroristes* bezeichnen. Denn mit dem 1794 in den Diskurs eingeführten *terroriste* benennt man zunächst vor allem den politischen Feind und zwar quer durch alle politischen

Lager. (vgl. Walther 1990, 325 ff.) Der erste deutsche lexikalische Eintrag zum Subjekt des Terrors stammt aus dem Jahre 1796: »Terroriste: Schreckensmann. Eine sehr passende Benennung für die Jakobiner, die fast in ganz Frankreich Schrecken verbreiteten.« (Gödicke 1796, zit. n: Walther 1990, 371)

Zunächst ist es also die *politique de la terreur*, die im Zuge der Französischen Revolution Gestalt annimmt. Hinrichtungen und Inhaftierungen von konterrevolutionär eingestuften Personen sind Teil einer Reihe von Sondermaßnahmen und Ausnahmegesetzen, mit deren Hilfe der revolutionäre Staat das undemokratische und korrupte System abschaffen will. In den Augen Robespierres, dem »Blutrichter« der Französischen Revolution war Terror in diesem Sinne »nichts anderes als Gerechtigkeit, sofortige, unnachsichtige und unbeugsame Gerechtigkeit« (zit. nach Hoffman 1999, 16), wie er es in seiner Rede in der französischen Nationalversammlung im Jahre 1792 auf den Punkt brachte. Terror wird also durchaus als edles und tugendhaftes Mittel im Dienste der Revolution, als Herrschaftsmittel definiert, als eine nicht gegen, sondern auf den Staat gerichtete Kraft. Um in Anlehnung an Hannah Arendt genauer zu unterscheiden, müsste man hier wohl nicht nur von einer auf den Staat gerichteten Kraft, sondern von einer auf den Staat gerichteten *Gewalt* sprechen, denn wie die Philosophin in ihrem Buch *Über die Revolution* zeigt, wurden die zwei zentralen politischen Kategorien Macht und Gewalt während der Französischen Revolution nicht nur ständig miteinander verwechselt, sondern das Phänomen echter Macht und Machtbildung war bis dahin überhaupt unbekannt, auch wenn ständig davon die Rede war, dass die Macht beim Volke liege. »Gerade Macht hatte in Frankreich niemand. Der König und die Bürokratie des absoluten Staatsapparats hatten Gewalt über das Volk, und diese Gewalt sollte nun durch die Revolution auf das Volk übertragen werden.« (Arendt 1994, 233) Der Terror im Kontext der Französischen Revolution überrascht Hannah Arendt also keinesfalls – im Gegenteil: durch ihre klar umrissenen Kategorien von Macht und Gewalt liefert sie ein brauchbares Instrumentarium zur Interpretation der Ereignisse. Die absolute Steigerung der Gewalt im Laufe der Französischen Revolution erscheint aus dieser Perspektive zwar nicht zwingend, jedoch durchaus im Bereich der Möglichkeiten. Während das Gros der GeschichtsschreiberInnen den Terror fast ausnahmslos mit dem 5. September 1793, mit der jakobinischen Wohlfahrtsdiktatur beginnen und mit der Köpfung Robespierres enden lassen, setzt Patrice Gueniffey den Terror bereits 1789 an. Somit begreift er den Terror nicht als Abweichung, sondern als Teil der Revolution. (vgl. Gueniffey 2000).[2]

Im Laufe des 19. Jahrhunderts kommt es zu einer Veränderung in der Konstellation des Terrors: Nicht mehr der Staat, sondern gesellschaftliche Gruppen übernehmen die Rolle des terroristischen Subjekts, meist jedoch ohne Ab- und Aussicht, sich selbst als Staatsgewalt zu setzen. Das 19. Jahrhundert »wimmelte förmlich von Denkmodellen und konkreten Handlungsanweisungen, die terroristische Aktivitäten in die Reichweite einer praktizierbaren Strategie rückten. In ganz Europa entstanden Geheimgesellschaften, Zirkel und Gruppen, die unter anarchistischen, sozialistischen, in Russland bis zum Nihilismus reichenden Vorzeichen darüber diskutierten, wie man den Staat durch bewaffnete Angriffe in die Knie zwingen und zerstören kann.« (Waldmann 2005, 50 f.) Dabei tritt die Aktion selbst zugunsten der Wirkung der terroristischen Tat auf Dritte zunehmend in den Hintergrund. Es geht vor allem darum, eine möglichst große Öffentlichkeit zu erreichen. Mit seinem Aufruf zur Gewalt sollte Carlo Pisacane, ein zentraler Protagonist des Risorgimento, des nationalen Befreiungskampfes in Italien, in die Geschichtsschreibung eingehen und etliche politisch motivierte AttentäterInnen beriefen sich fortan auf seine Überzeugung, dass Ideen Taten entspringen und nicht umgekehrt. Wohl von Pisacane inspiriert, hoben schließlich Sergej Netschajew und Michael Bakunin mit ihrem Slogan *Propaganda der Tat* den zu dieser Zeit in anarchistischen und sozialistischen Kontexten heiß diskutierten Widerspruch zwischen Propaganda und Tat auf. Bakunins Forderung »Wir wollen, dass jetzt nur die Tat das Wort führe, wir wollen nicht, dass sich der Geist im eitlen Geschwätz vernichte« (Netschajew 1984, 23) beeinflusste nachhaltig das Agieren politisch aktiver, vorwiegend links orientierter Gruppen. So zum Beispiel etliche AnarchistInnen, die durch ihre eher unkoordinierte und bereits supranationale Vorgehensweise irritierten sowie antikoloniale Bewegungen, die gegen Ende desselben Jahrhunderts den Terrorismus für ihre politischen Ziele zu nutzen versuchten.

Im Zuge des von Vera Sassulitsch verübten Attentats auf den Stadthauptmann von Petersburg, General Trepow, im Jahre 1878 erfolgte erstmals der Versuch, Terror explizit zum Leitbegriff einer politischen Gruppe zu erheben. Strategisch eingesetzter Terror wird hier zum ersten Mal von einer sozialen Bewegung, namentlich der Narodnaja Volja, was so viel wie Volkswille bedeutet, positiv besetzt und nicht mehr als Feindbezeichnung verwendet. (vgl. Walther 1990, 388 f.) Das »Beispiel Sassulitsch« ist deshalb auch so interessant, weil es drei wesentliche Komponenten des Terrorismus des 19. Jahrhunderts beinhaltet. Erstens, die für den klassischen Terrorismus gängige Kombination von politischer Forderung und terroristischer Aktion: Während Vera Sassulitsch dem General Trepow eine Bittschrift überreicht, feuert sie eine Kugel aus ihrem Revolver ab und verletzt den General schwer. Zweitens, die positive Besetzung der Figur des Terroristen, die durch die sehr untypische, nicht erfolgte Verurteilung der Attentäterin verstärkt wird: Sie wird von den Geschworenen freigesprochen und entkommt in die Schweiz. Das machte sie für eine ganze Generation von sozialrevolutionären Gruppen zum Vorbild. Drittens, zeigt dieses Attentat, dass die Figur des Terroristen – im Gegensatz zur Figur des Soldaten – auch mühelos von einer Frau besetzt werden kann. Die Frage, ob die nicht erfolgte Verurteilung auf das Geschlecht der Attentäterin zurückzuführen ist, muss deshalb im Bereich der Spekulation bleiben.

Die Erfindung des Nitroglyzerins Mitte des 19. Jahrhunderts, des Dynamits wenig später durch Alfred Nobel und schließlich des TNT, beschert dem Terrorismus einen regelrechten Boom, auch wenn sich der Einsatz von Sprengstoff vorerst für die AttentäterInnen selbst als weitaus gefährlicher als für das gewählte Opfer herausstellen sollte. So gelingen viele Anschläge erst nach mehreren Anläufen und nicht wenige AttentäterInnen verletzen oder töten sich dabei unabsichtlich selbst. Das ändert jedoch nichts daran, dass die Zahl der Anschläge rapide ansteigt: Allein im Jahre 1892 registriert man in Amerika rund

500 und in Westeuropa über 1000 Dynamitanschläge – dabei richten sich die meisten Anschläge jedoch nicht gegen Personen, sondern gegen Banktresoren (vgl. Krätz 2005). 1914 leitet schließlich eine terroristische Aktion, die Ermordung von Erzherzog Franz Ferdinand und seiner Frau Sophie in Sarajewo, den Ersten Weltkrieg ein.

Was sich also für die Zeitspanne zwischen der Französischen Revolution und dem Beginn des 20. Jahrhunderts feststellen lässt, und das ist entscheidend, ist eine Anbindung des Terrorismus an den Staat, die etwa parallel zur Verstaatlichung des Krieges vollzogen wird und bis Anfang des 20. Jahrhunderts halten sollte. Dabei spielt es keine Rolle, ob das Ziel des Terrorismus die Zerschlagung des Staates, die Loslösung von ihm, oder die Etablierung einer neuen politischen Ordnung ist. Geprägt wird der Terrorismus durch seine Konzentration auf den Staat, all seine Aktionen spielen sich auf seinem Territorium ab und richten seine Botschaften und Forderungen an ihn und die gesamte Bevölkerung. Der Staat bleibt Hauptadressat, der zur Kommunikation und zum Handeln aufgerufen wird. Wenn man so will, befindet sich der Terrorismus also an der Grenze zum Politischen, da er noch auf die politischen Elemente, auf die Kommunikation, den Tausch, auf das Handeln und zuweilen auch auf den Vertrag setzt. In diesem Sinne ist Terrorismus von der Französischen Revolution bis zum Ersten Weltkrieg nichts anderes als eine Strategie, die durch Anwendung von Gewalt versucht, politische Botschaften zu verbreiten und im besten der Fälle, politische Ziele umzusetzen. Somit unterscheidet sich Terrorismus kaum von der Strategie eines Krieges, nur dass sich im letzteren reguläre Armeen gegenüberstehen und gleichwertige Feinde in Form von Staaten gegeneinander antreten. Wenn also der Krieg im klassischen Sinne (mehr oder weniger bis zum Ersten Weltkrieg) die Fortführung der Politik mit anderen Mitteln darstellt, könnte man dann vielleicht behaupten, dass analog dazu der Terrorismus (seit Anfang des 19. Jahrhundert bis zum Ersten Weltkrieg) nichts anderes als die Fortsetzung des Privaten mit anderen Mitteln ist? Dabei sollte man sich bei dieser Definition von den politischen Zielen der TerroristInnen nicht in die Irre führen lassen, denn was anderes ist der Terrorist als ein »privater Soldat«,[3] ein nicht staatlich beauftragter und nicht legitimierter

Kämpfer, der zumindest formal mit dem Söldner des Mittelalters vergleichbar ist?

DAS ZUSAMMENFALLEN VON KRIEG UND TERROR

Sowohl für den Krieg als auch für den Terrorismus markiert der Erste Weltkrieg eine Zäsur. Der Krieg dehnt sich zunehmend auf den gesamten Raum aus. Das Neue am Ersten Weltkrieg war, dass auch der Himmel fortan besetzbar wurde. Für den Ausgang des Zweiten Weltkrieges war diese Besetzung entscheidend: »Die Alliierten besaßen den Himmel, die Nazis die Erde und das Kino.« (Virilio 1996, 20)[4] Nach der klassischen Land- und Seefront wird nun also die Luftfront eröffnet, und mit ihr die Bedrohung auf den gesamten Raum ausgedehnt. Dabei ist die Luftfront in zweierlei Hinsicht gefährlich. Einerseits droht Gefahr aus der Luft (militärische Luftwaffe) und andererseits ist es die Luft selbst, die als Waffe (Gaskrieg) eingesetzt wird. »Der ›totale Krieg‹, der sich durch alte Partikel und neue Indizien ankündigte, würde unweigerlich die Züge eines Umweltkrieges annehmen: in diesem würde die Atmosphäre selbst zum Kriegsschauplatz werden, mehr noch: die Luft geriete zu einer Waffengattung und zu einem Schlachtfeld eigener Art.« (Sloterdijk 2002, 101)

In einem bis dahin unerreichten Ausmaß wird die Zivilbevölkerung im Ersten und erst recht im Zweiten Weltkrieg zur Front, zur sogenannten Heimatfront, die eine begriffliche Neuschöpfung des Ersten Weltkriegs ist. Diese Transgression des Krieges lässt eine vollkommen neue Situation entstehen, in dem Kriegs- und Terrorerfahrung sowohl für SoldatInnen als auch ZivilistInnen zusammenfallen. Die Kriegshandlung stagniert: wo einst Mann gegen Mann kämpfte, tritt nun die Materialschlacht, ein Krieg auf Distanz, während das Gros der Soldaten wochen- und monatelang eingegraben bleiben. Wo einst Frontbewegungen das Kriegsgeschehen bestimmten, tritt nun der Stellungskrieg. Die Parole von Verdun *Hier kommt keiner durch* erhält nun eine etwas andere Bedeutung und hätte wohl lauten müssen »Hier läuft tatsächlich nichts mehr«, wie Paul Virilio schreibt.

(Virilio 1994, 25). Und hier, so kann man mit Virilio weiterschreiben, läuft tatsächlich kein Krieg mehr, zumindest kein Krieg im politischen Sinne. Denn das Clausewitzsche und staatliche Vorhaben, den Krieg einzugrenzen, scheitert an einer technischen Kriegführung, die nahezu alle Friktionen überwindet und zu einem totalen Krieg wird, der einer terroristischen Aktion gleichkommt. Hannah Arendt stellt in diesem Zusammenhang fest, »dass die totale Kriegsführung praktisch mit dem Ersten Weltkrieg begann, insofern damals bereits die Unterscheidung zwischen Militär und Zivilbevölkerung nicht mehr respektiert wurde, und zwar nur aus technischen, nicht aus ideologischen Gründen.« (Arendt 1994, 14) Dem Zweitem Weltkrieg fehlen erst recht sämtliche Merkmale eines klassischen Krieges. Im Zweiten Weltkrieg wird der Krieg endgültig zum totalen und in der Logik Sieg oder Niederlage geführt – dazwischen gibt es nichts mehr. Totale Kriegführung bedeutet einen Krieg ohne Grenzen zu führen, das heißt, die totale Vernichtung des äußeren als auch inneren Feindes wird geplant – und bei Bedarf wird auch die eigene in Kauf genommen. Während bei Clausewitz im völligen Kontrast dazu, der Krieg nicht mit der Vernichtung des Gegners, sondern damit beendet wird, dass dem Feind der Wille des Siegers aufgedrängt wird. (vgl. Clausewitz 1996, 13 f.)

Dieser komplett veränderte Umgang mit dem Feind, der sich im Laufe von zwei Weltkriegen entwickelte, ist eine Folgeerscheinung der Verflachung von Krieg zu Terror. Einerseits wird jede/r zum potentiellen Feind und Opfer, zum »subjektiv unschuldigen, objektiven Feind« (Arendt 1994, 127) – also unabhängig von Religion, Hautfarbe oder einer bestimmten Handlung – und damit fällt auch die ganze politiktragende Freund-Feind-Konstruktion in sich zusammen, die im Grunde nichts anderes darstellte als ein Kräfteverhältnis zwischen gleichwertigen und souveränen Partnern (Staaten), welches je nach Konstellation entweder Frieden oder Krieg bedeutete. Andererseits verschwindet der Feind auf dem Schlachtfeld auch optisch. So berichten viele ehemalige Soldaten der beiden großen Kriege, dass sie den Feind nur mehr sehr selten zu Gesicht bekamen, da im Grunde das Material, das Feuer, den Krieg führte und nicht so sehr der Soldat. Kriegführen bedeutet nun »Abschlachten auf Distanz«, die Mittel dominieren über die Zwecke. An die Stelle eines Feindes tritt nun ein sachlich-anonymes »Das«, welches wie ein Gespenst Angst und Schrecken verbreitet. In einer Schilderung der Kriegsereignisse heißt es dann auch: »Das flankiert sich. Das treibt sich einander zu. Das schreit heiser und feuert stehend freihändig in der Überspannung des Jagdfiebers. Das lacht einander grimmig zu, bevor es die Handgranate abzieht.« (Beumelburg 1929, zit.n.: Kaufmann 1996, 174).

Nachdem der Feind objektiv, abstrakt und unsichtbar geworden ist, wird die Kampfzone konsequenterweise auf »den Rest« ausgeweitet, und dieser Rest umfasst ohne Ausnahme das ganze Lebensumfeld eines Menschen – weder private noch zivile Räume bleiben verschont.

»Man wird das 20. Jahrhundert als das Zeitalter in Erinnerung behalten, dessen entscheidender Gedanke darin bestand, nicht mehr auf den Körper eines Feindes, sondern auf dessen Umwelt zu zielen. Dies ist der Grundgedanke des Terrors im expliziteren Sinn.« (Sloterdijk 2002, 12). Mit dieser Entwicklung, die unverkennbar im Zusammenhang mit der Technisierung des Krieges steht, wird Krieg zu Terror, womit sich der politische Imperativ eines Clausewitz' endgültig in Luft auflöst. Das Leitmotiv des Terrors, die Bekämpfung des Feindes durch die Zerstörung seiner Umwelt, die »Erforschung der Umwelt unter dem Blickwinkel ihrer Zerstörbarkeit« (Sloterdijk 2002, 26) ist sämtlichen terroristischen Aktionen des 20. Jahrhunderts eingeschrieben, wenn auch in unterschiedlicher Intensität. Auch die Entscheidung für den Abwurf der Atombomben auf Hiroshima und Nagasaki basiert auf dieser Techno-Logik. Diese konkrete, technikbedingte Transformation des Krieges in Terror vollzieht sich vor dem Hintergrund einer allgemeinen Unverhältnismäßigkeit von Krieg und Terror. Denn wirft man einen zweiten Blick auf die Zeit zwischen der Französischen Revolution und dem ausklingenden 20. Jahrhundert, stellt man überraschenderweise fest, dass es um ein vielfaches mehr Terror als Kriege gab. Genau genommen ist der Krieg, wie Alexander Kluge feststellt, ein *seltener Fall*. Der klassische zwischenstaatliche Krieg bildet unter all den Privatkriegen, Karambolagen, Unfällen, Revolutionen, Aufständen und terroristischen Anschlägen sowie allen möglichen Begleiterscheinungen des Krieges, die Ausnahme. Denn »nach der klassischen Formulierung von Clausewitz gehört zum Krieg, dass Gewalt geübt wird *dort, wo etwas zu entscheiden war*.« (Kluge/Negt 1993, 227) Dieses *wo etwas zu entscheiden war*, verweist auf den politischen Begriff des Krieges, der voraussetzt, dass ein *Konflikt* zwischen mehr oder weniger gleichwertigen Partnern militärisch ausgetragen wird, nachdem er politisch nicht lösbar war. Der Krieg ist hier ein Handel, ein Tauschgeschäft, ganz so wie die Politik. Somit umfasst der Kriegsbegriff die Möglichkeit *etwas zu tauschen* und die Möglichkeit *etwas zu entscheiden*. Denn im Kriege geht es nicht darum, den Feind zu vernichten, sondern darum, ihm den Willen des Gewinners aufzuzwingen, wie Clausewitz nicht müde wird zu betonen. Nur wenn der Feind am Leben bleibt – die Einbettung des Kriegskonzepts in das der Biomacht ist offensichtlich – kann ein Friedensvertrag ausgehandelt werden. Diesem aus heutiger Sicht vielleicht einzigartigem Versuch, den Krieg politisch einzurahmen, wird wenig später durch die Technisierung des Krieges ein gewaltiger Strich durch die Rechnung gemacht. Krieg auf dem aktuellen Stand der Technik wird spätestens Mitte des 20. Jahrhunderts ein Ding der Unmöglichkeit.

DIE INTERNATIONALISIERUNG / GLOBALISIERUNG DES TERRORISMUS

Über zwei Weltkriege ist also der Begriff des Krieges zu seinem Ende gekommen. Das was von ihm übrig geblieben ist, ist der Kalte Krieg, das Gleichgewicht des Schreckens und terroristische Gruppen, die zunehmend international agieren. Wenn man den Begriff des Krieges nach zwei Weltkriegen also überhaupt noch verwenden kann, dann vielleicht nur in der Definition von Terror als Fortsetzung der Idee des Krieges mit anderen Mitteln.

In der zweiten Hälfte des 20. Jahrhunderts existieren weiterhin national ausgerichtete Terrorgruppen, denen es in erster Linie um territoriale Ansprüche geht. Obwohl sich einige Formen des Terrorismus noch klassisch gegen den Staat richten, wird diese staatliche Fixierung tendenziell immer schwächer, um schließlich fast ganz abzubrechen. Spätestens mit Ende des Kalten Krieges werden national operierende Terrorgruppen, so zum Beispiel die ETA oder der IRA, zunehmend unbedeutend. Diese Entwicklung steht unweigerlich im Zusammenhang mit einem veränderten Konzept von Staatlichkeit, das sich im Laufe der zweiten Hälfte des 20. Jahrhunderts durchsetzt, und sich mit Stichworten wie »schwacher«, oder »schlanker« Staat umschreiben lässt oder mit dem Übergang der Disziplinar- zur Kontrollgesellschaft. Der Staat, das zeigt sich also auch in der Entwicklung des Terrorismus, ist nicht mehr der Feind schlechthin, sondern das was Michel Foucault 1976 noch für die politische Analyse einfordern musste, war in der Tat längst Realität geworden, man hatte dem *Staat den Kopf abgeschlagen*. Der Terrorismus wurde, wie viele andere Phänomene auch, zu einem internationalen und alsbald globalen Problem. Will man sich zeitlich festlegen, so kann man vielleicht sagen, dass die Internationalisierung des Terrorismus 1968 mit der Entführung eines israelischen Flugzeugs durch die PFLP (Popular Front for the Liberation of Palestine) begann. Zunächst bedient sich der internationale Terrorismus noch der klassischen Elemente: Bekennerschreiben, politische Forderungen, ideologische Ausrichtung, Entführungen, Geiselnahme, Verhandlungen. Hier findet trotz angedrohter oder ausgeübter Gewalt noch eine Art politische Kommunikation mit dem Gegner statt, auch wenn sich diese zunehmend aussichts- und ergebnislos gestaltet, da sich der Staat nicht mehr erpressen lässt. So lassen italienische Politiker Aldo Moro fallen, genauso wie Deutschland Hanns-Martin Schleyer.

In der Entwicklung hin zu einem internationalen Terrorismus spielt die PLO eine zentrale Rolle. Aktionen der PLO und die dadurch forcierten Medienberichte über die Lage im Nahen Osten waren neben den Themen Klassenkampf und Aufarbeitung der Geschichte des Nationalsozialismus und Faschismus maßgeblich an der Entstehung eines neuen politischen Bewusstseins unter der Nachkriegsgeneration beteiligt. So ist auch die Formierung der RAF in diesem internationalen Kontext zu sehen. 1970 reiste die erste Delegation deutscher TerroristInnen in ein palästinensisches Trainingslager und ließ sich im antiimperialistischen Kampf ausbilden. Diese deutsch-palästinensischen Verflechtungen sind bis heute nicht ausreichend erforscht, und die Geschichte der RAF wird zum Großteil immer noch als »deutsches Problem« thematisiert. Wolfgang Kraushaar stellt in diesem Kontext entscheidende Fragen: »Welche Rolle spielten die Palästinenser bereits in dieser Anfangsphase? Auffällig ist jedenfalls, dass keine der bewaffneten Gruppierungen mit ihren Aktionen begonnen hat, ohne zuvor eine militärische Ausbildung im Nahen Osten absolviert zu haben. Auch der Weg der RAF-Begründer führte zuerst in den Libanon. [...] Welche Verabredungen, ja Kooperationsmodelle damals in den Ausbildungslagern geschlossen wurden, ist bislang im Dunkeln geblieben.« (Kraushaar 2004) Auch wenn diese Fragen weiterhin unbeantwortet bleiben sollten, kann man für den Terrorismus der Nachkriegszeit festhalten, dass sich das Band zwischen dem Terrorismus und dem Nationalstaat zunehmend lockert.

Das Attentat auf das World Trade Center von New York im Jahre 1993 leitete schließlich eine neue Ära des Terrorismus, die des globalen Terrorismus ein. Paul Virilio deutet den Anschlag – mittels eines mit Sprengstoff beladenen Lieferwagens versuchten die Täter das WTC zu sprengen – als strategisches Ereignis, das der ganzen Welt die Veränderung der militärischen Ordnung am Ende des 20. Jahrhunderts vor Augen führt: Das Zeitalter des *Gleichgewichts des Schreckens* wird nun vom *Ungleichgewicht des Schreckens* abgelöst. (vgl. Virilio 1998, 41 ff.) Im Jahre 1993 wurde diese grundlegende Veränderung zwar bei weitem nicht von der ganzen Welt wahrgenommen – der sich dem Thema Krieg widmende Mainstream ignorierte Virilios transdisziplinäre Kriegsstudien – erst 9/11 schließlich zwang alle zum Hinsehen.

GLOBALER SELBSTMORDTERRORISMUS

> »Die Blutflecken, die auf dem dunkler werdenden Platz trockneten, hier in New York City Beweis für die Macht einer zunehmenden Wut auf der anderen Seite des Erdballs: einer Gruppenwut, geboren aus einer langen Ungerechtigkeit.« (Rushdie 2002, 288)

Während die Zahl klassischer terroristischer Anschläge rückläufig ist und diese auch immer weniger Resultate und Aufmerksamkeit erzielen, ist die Zahl der Selbstmordanschläge in den letzten Jahren, besonders seit 9/11, stark gestiegen. Im Jahre 2005 kam es fast täglich zu einem Selbstmordanschlag weltweit, wenngleich die Anschläge im Irak,[5] – Selbstmordattentate finden dort seit 2003 statt – und in Afghanistan am stärksten ins Gewicht fallen. (vgl. Scientific American, 2006, 12) Die neue Kampfmethode wurde 1982 während des libanesischen Bürgerkrieges von schiitischen Gruppen, aus denen später die Hisbollah hervorging, entwickelt. Bereits die ersten Selbstmordanschläge Anfang der 1980er Jahre demonstrierten die großen Wirkung dieser neuen Kampfmethode – beispielsweise 1983 in Beirut, als bei zwei Anschlägen 241 Marines, die einer multinationalen Friedenstruppe im Rahmen einer UNO-Mission angehörten, getötet wurden. (vgl. Saghi 2006, 78)

Diese neue Form des Terrorismus, die Ausübung von Terror mittels eines Selbstmordanschlags markiert das Ende des politischen Terrorismus. Wieso? Weil ein Selbstmordattentat nichts mehr mit einem begrenzten terroristischen Anschlag zu tun hat. Bei einem Selbstmordanschlag wird eine apokalyptische Dimension eingeführt, die laut Virilio auch einen atomaren Terroranschlag nicht ausklammern würde. (vgl. Virilio 2001b, 5) Für das Ende des politischen Terrorismus spricht auch die Tatsache, dass es auf politischer, militärischer und symbolischer Ebene nichts mehr zu tauschen gibt. Die Botschaft der SelbstmordattentäterInnen lautet: *ich verhandle nicht mit dir, ich entziehe mich deiner Macht, indem ich mich selbst töte.* Das Gegenüber kann auf diese Tat nicht angemessen antworten, es sei denn, es begeht auch Selbstmord, wie Baudrillard das symbolische Tauschverhältnis auf machttheoretischer Ebene analysiert. Es bleibt bei vorwiegend militärischen Ersatzhandlungen, die auf plakative und unsinnige Formeln wie *War on Terror* oder *Iraqi Freedom* gebracht werden. Das Selbstmordattentat unterbindet somit den Tausch in der symbolischen Ökonomie. Denn ein System, welches auf die Ordnung der Biomacht setzt, hat einem Selbstmord nichts entgegenzusetzen. »Auf ein System, dessen Übermacht an Macht selbst eine unlösbare Herausforderung darstellt, antworten die Terroristen mit einem definitiven Akt, der ebenfalls unmöglich nicht mehr Gegenstand eines Tauschs sein kann.« (Baudrillard 2002, 15) So wie der Krieg wurde auch der begrenzte Terrorismus geführt und der Tod riskiert im Namen einer Person bzw. Gruppe. Es musste jedoch immer noch ein Rest von Leben aufrecht erhalten bleiben, der es symbolisch erlaubte, den Nutzen des Risikos und des Krieges zu kapitalisieren. (vgl. Derrida 2000, 115) Auf diesen Rest verzichtet der Selbstmordterrorismus. Wenn einige TerrorismusforscherInnen angesichts dieser verworrenen Situation weiterhin behaupten, der aktuelle Terrorismus sei eine Art der (asymmetrischen) Kommunikation, so kann man sich darüber nur wundern. SelbstmordattentäterInnen verweigern geradezu die Kommunikation. Die *sleepers in metropolis* bezwecken das Gegenteil von Kommunikation, sie setzen auf pure Gewalt, die auf Worte, Erklärungen und Forderungen verzichtet – denn die Gewalt selbst ist, wie bereits Hannah Arendt beobachtete, stumm. (vgl. Arendt 1994,19 f). Auf die Verweigerung von politischer Kommunikation verweist auch die Tatsache, dass die Mehrzahl der SelbstmordterroristInnen keine Bekennerbriefe oder Nachrichten hinterlassen, auf die man reagieren könnte. Der/die Täterin verschwindet mit und hinter der Tat, es handelt sich um einen Terrorismus ohne AutorIn.

Selbst die wenigen Terroristen, die »wirklich« in Erscheinung treten, wie zum Beispiel Osama Bin Laden, der seit dem 11. September 2001 rund 15 Videobotschaften verfasst hat, funktionieren nicht vordergründig als reale, sondern als virtuelle Figuren, die ab und an ihre Botschaften mittels Video an die Menschheit richten, weshalb Boris Groys auch zum Schluss kommt: »Bin Laden ist im Grunde Videokünstler.« (Groys 2003) Dabei sind die Botschaften der Terroristen in erster Linie medienwirksam gestaltet und kaum mit politischen Inhalten versetzt – während der Terrorismus der 1970er Jahre den Terrorismus als Mittel nutzte, um mit dem Gegner Kontakt aufzunehmen und seine politischen Ideen zu verbreiten. So ist die Basis von Bin Laden und seinem terroristischen Netzwerk »nicht eine bestimmte Strategie, die man mühsam in ihren Verästelungen verfolgen könnte, sondern ein spezielles Verhältnis zu den Medien, das ihr in gewisser Weise ihre Vorgehensweise, ihre Ziele und ihre Reichweite aufzwingt.« (Saghi 2006, 45) Zur Definition einer Tat gehört für Al-Qaida dementsprechend, dass sie auf einer medialen Oberfläche stattfinden muss. Die damals wohl ziemlich harmlos klingende Antwort Bin Ladens auf die Frage, welche Pläne er für die Zukunft habe, lautete »Davon werden Sie, so Gott will, in den Medien sehen.« (CNN-Interview mit Bin Laden aus dem Jahre 1997, zit.n.: Saghi 2006, 81) Man kann also behaupten, dass Selbstmordterrorismus auf die Tat und ihre mediale Verbreitung reduziert bleibt – mit Propaganda der Tat oder Ideologie hat das nichts mehr zu tun, da den Taten keine politischen Handlungsanweisungen oder Programme entspringen. So wie Anfang des 20. Jahrhunderts Krieg und Kino, in der zweiten Hälfte desselben Krieg und Fernsehen eine Symbiose bildeten, ist es heute eine zwischen Terrorismus und *Echtzeit-Berichterstattung*, in der die Nicht-Botschaft (Selbstmord) und ihre mediale Verbreitung zusammenfallen, ganz in dem Sinne von *the medium is the message*. In anderen Worten: Das perfekte Selbstmordattentat ist jenes, welches live übertragen wird – alles weitere erledigen die Medien. 9/11 war in diesem Sinne »perfekt«, es war der erste live übertragene Massenmord der Geschichte.

Da der globale Terrorismus keine Gebietsansprüche und keine politischen Forderungen stellt, tut man sich wohl auch mit der Motivsuche so schwer. Dazu zwei abschließende Hypothesen: Erstens, die Religion spielt für den globalen Selbstmordterrorismus eine untergeordnete Rolle. Erst nach einer bereits erfolgten Radikalisierung werden Handlungsweisen religiös gerechtfertigt, in einen religiösen Kontext und Diskurs, beispielsweise in den des Märtyrertums, gebettet. Die religiöse Besetzung terroristischer Taten dient in erster Linie als Interpretationshilfe und wirkt sinnstiftend (vgl. Larzillière 2006). Interessant in diesem Zusammenhang sind Hans Magnus Enzensbergers Überlegungen, zu den, wie er sie nennt, *radikalen Verlierern*. Radikale VerliererInnen, zu denen er auch SelbstmordattentäterInnen zählt, kennen keine Konfliktlösung, keinen Kompromiss und je aussichtsloser ihr Vorhaben, desto fanatischer verfolgen sie es. (vgl. Enzensberger 2006, 21). Dabei stellen sie keine verhandelbaren Forderungen und sind somit eine unpolitische Bewegung. Das einzige Ziel der Selbstmordanschläge besteht darin, möglichst viele andere auch zu VerliererInnen zu machen. Es geht ihnen, wie derzeit im Irak, darum, den Selbstmord eines ganzen Landes, zu organisieren. Der

Islamismus erscheint aus dieser Perspektive nicht als Ursache der Selbstmordanschläge, sondern als Mittel zur Mobilisierung radikaler Verlierer. (ebd. 25 ff.) Dafür spricht auch die Tatsache, dass sowohl Selbstmordattentäter als auch ihre Auftraggeber vorwiegend aus nicht strenggläubigen, aus multikulturellen und/oder entwurzelten Familien stammen. Dass sich die globalen Selbstmordterroristen vorwiegend aus der zweiten und dritten Generation muslimischer Einwanderer zusammensetzen, zeigt, die Erfahrung der Migration spielt eine weitaus größere Bedeutung als bisher angenommen. Der Psychologe Ariel Merari aus Tel Aviv spricht in diesem Zusammenhang vom »Nachgeborenenphänomen« (vgl. Merari 2006). Außer diesem gemeinsamen Nenner Migrationserfahrung, gibt es weder ein eindeutiges soziologisches noch psychologisches Profil für Selbstmordattentäter (vgl. Gehringer 2006). Zweitens, Motor des globalen Terrorismus scheint also nicht so sehr die Religion, sondern eine andere Komponente, die des Hasses (vlg. Glucksmann 2005), des Zorns (vgl. Sloterdjek 2006) oder der Wut (vgl. Rushdie 2002), zu sein. Die Frage *warum hassen sie uns*, wie sie Bush öffentlich stellte, führt jedoch in die Irre, da es sich in erster Linie um einen Hass des Selbstmordattentäters auf sich selbst handelt. »Im Antimodernismus der arabischen Welt heute verbergen sich ganz offenkundig Selbsthass und ein Gefühl der Demütigung der politischen Klasse angesichts der eigenen epochalen Rückständigkeit mitsamt einer bestürzend mittelalterlichen Rechtspflege.« (Naumann 2006, 1) Genauso führt auch der Begriff islamistischer Terror auf die falsche Fährte, da die ersten Opfer des islamistischen Terrors die MuslimInnen und der Islam selbst sind. Die langfristigen Folgen wird in erster Linie der Westen, vor allem Europa mit seinen rund 15 Millionen MuslimInnen zu tragen haben. (vgl. Glucksmann 2006; vgl. Enzensberger 2006, 49). Der Selbsthass resultiert, vereinfacht gesagt, aus dem »West and the Rest«-Problem, aus dem Nicht-Subjektstatus, aus einer realen und symbolischen Ohnmacht, die vor allem männlichen Migranten zu schaffen macht. Erst dieser fundamentale Selbsthass lässt ein Angebot von Islamisten, andere für das eigene Versagen zu bestrafen, als Lösung erscheinen. An diesem Punkt wird der Selbsthass in Hass auf den Anderen umgewandelt – das Andere bleibt jedoch auch hier zum

Großteil sehr abstrakt. Zu einem ähnlichen Ergebnis kommt auch Jochen Bittner, der die Ursachen der Motivation potentieller Terroristen auch in einem Gefühl der Demütigung, die der technisch und wirtschaftlich überlegene Westen verursacht, sieht. (Bittner 2006, 6) Durch das Attentat erleben sie »die ultimative Verwandlung von Ohnmacht, ob am eigenen Leib erfahren oder eingebildet, in einem letzten Moment der Allmacht.« (Reuter 2005)

Die Selbstmordattentate, die seit Ende des Kalten Krieges in urbanen Räumen stattfinden, zeigen dass Terrorismus genauso wie Krieg als Begriffe ausgedient haben. Die Begriffe tragen außer den üblichen Assoziationen *Gewalt, Krieg, Tote, ach wie schrecklich* nichts zum Verständnis konkreter Konfliktsituationen bei. Krieg und Terrorismus zirkulieren, wenn man so will, nur noch als politisch-mediale Modebegriffe, obwohl oder gerade weil es sich hierbei um, wie Derrida schreibt, »todgeweihte Begriffe« (Derrida 2003, 3), handelt. Vielleicht sollte man in Zukunft den Begriff *organisierter Unfall* verwenden, da der *organisierte Unfall* an die Stelle der Schlacht getreten ist, wie Virilio die Entwicklung auf den Punkt bringt. »Ein Attentat ist ein organisierter Unfall. Vor allem, wenn es anonym ist. Der Unterschied zwischen einem Unfall und einem Attentat wird gleich Null.« (Virilio 2001a) Aus dem *Seltenen Fall* des Krieges ist also ein *Unfall* geworden. Analog zum Terrorismus als Unfall vollzog sich eine Entwicklung vom Soldaten zum »bewaffneten Sozialarbeiter« (Bröckling 1997, 326 f.) beziehungsweise zum »privaten Sicherheitsmann« auf der einen und vom Terroristen zum Selbstmordterroristen beziehungsweise Topterroristen alla Bin Laden auf der anderen Seite. Die Geschichte wiederholt sich anscheinend doch, wenn auch unter anderen Vorzeichen. Der Krieg hat sich um seine eigene Achse gedreht – vom privaten zum staatlichen zum privaten Unternehmen.

ANMERKUNGEN

1 »Man wird es Terrorismus nennen. Man wird ihm einen tönenden Spitznamen geben. Nun wohl, uns ist es gleichgültig. Wir scheren uns nicht um ihre Meinung.« (Netschajew 1984, 25 f.)

[2] Bezeichnend in diesem Zusammenhang ist auch, dass die Französische Revolution zwar als bürgerliche, aber nur selten auch als militärische Revolution beschrieben wird. Diese Ausblendung ist angesichts der Tatsache, dass die Revolution ohne das Militär nicht stattgefunden hätte, merkwürdig. (vgl. Virilio/Lotringer 1984)

[3] Der Begriff »Private«, mit dem in den USA und in Kanada der niedrigste Rang eines Soldaten im Militär bezeichnet wird und auch in Großbritannien Verwendung findet, leitet sich laut wikipedia von der Bezeichnung »private soldier« ab: »The term (private, Anm. DW) dates from the Middle Ages where privates were known as ›private soldiers‹ who were either hired, conscripted, or feudalized into service by a nobleman forming an army.« (http://en.wikipedia.org/wiki/Private_soldier) Im Angloamerikanischen hat sich also der »private Soldat«, wie er zur Zeit der Condottieri im Mittelalter anzutreffen war, erhalten.

[4] Virilio stellt in seinem Buch *Bunkerarchäologie* eine interessante These auf, wonach Hitler erst relativ spät die Verschiebung von einer Macht, die sich auf den Boden richtete, zu einer Macht, die aus der Luft kam, nachvollzog, was sich vor allem in der »Einbunkerungs- und Bodenideologie« Nazideutschlands zeige. (vgl. Virilio 1992)

[5] Seit Beginn des Krieges im März 2003 bis Mai 2005 kamen durchschnittlich zwei amerikanische Soldaten pro Tag ums Leben, die meisten von ihnen durch Anschläge. (NZZ, vom 15.06.2006. http://www.nzz.ch/2006/06/15/ al/newzzEOHJZTIM-12.html). Über 9.000 Menschen, größtenteils ZivilistInnen sind zwischen Juli 2003 und Juni 2005 alleine durch Bombenanschläge mit Fahrzeugen umgebracht worden (vgl. Davis 2006). Auf der Seite von »iraqbodycount.net« zählt man irakische Opfer seit März 2003. Allerdings gehen nur die in Medien erwähnten Toten in diese Statistik ein. (http://www.iraqbodycount.net/).

LITERATUR

Arendt, Hannah (1994): Über die Revolution, München.

Baudrillard, Jean (2002): Der Geist des Terrorismus, Wien.

Bittner, Jochen (2006): Al-Qaida, in: Copy Nr. 28, Wien, S. 4-9.

Bröckling, Ulrich (1997): Disziplin. Soziologie und Geschichte militärischer Gehorsamsproduktion, München,

Clausewitz, Carl von (1996): Vom Kriege, Reinbek bei Hamburg.

Davis, Mike (2006): Autobomben. Die Waffe für den kleinen Mann, in: Lettre International, Nr. 73, 25-32.

Derrida, Jacques (2003): Schurkenstaaten, Sorgenstaaten, in: Le Monde Diplomatique, 01, S. 3.

Derrida, Jacques (2000): Apokalypse, Wien.

Enzensberger, Hans Magnus (2006): Schreckens Männer. Versuch über den radikalen Verlierer, Frankfurt am Main

Gehringer, Thomas (2006): Ich der Selbstmordattentäter, in: Der Tagesspiegel, 29.08.2006.

Glucksmann, André (2005): Interview zu den Ausschreitungen in Frankreich, 3sat, 10.11.2005, Nachlese unter http://www.3sat.de/kulturzeit/specials/85408/index.html [17.08.2007]

Groys, Boris (2003): Bin Laden ist im Grunde Videokünstler, Im Gespräch mit Michèle Binswanger und Susanne von Ledebur, Frankfurter Rundschau 25.4.2003

Gueniffey, Patrice (2000): La politique de la Terreur. Essai sur la violence révolutionnaire 1789-1794, Paris.

Hoffman, Bruce (1999): Terrorismus – der unerklärte Krieg. Neue Gefahren politischer Gewalt. Frankfurt am Main.

Iraq Body Count: http://www.iraqbodycount.net/ [17.08.2007]

Kaufmann, Stefan (1996): Kommunikationstechnik und Kriegführung 1815-1945: Stufen telemedialer Rüstung, München.

Kepel, Gilles/Milelli, Jean-Pierre (2006): Al-Qaida. Texte des Terrors, München/Zürich.

Kluge, Alexander/Negt, Oskar (1993): Maßverhältnisse des Politischen, 15 Vorschläge zum Unterscheidungsvermögen, Frankfurt am Main.

Kraushaar, Wolfgang (2004): Zwischen Popkultur, Politik und Zeitgeschichte. Von der Schwierigkeit, die RAF zu historisieren, in: Zeithistorische Forschungen/Studies in Contemporary History, Online-Ausgabe, 1 (2004), H. 2, http://www.zeithistorische-forschungen.de/16126041-Kraushaar-2-2004 [17.08.2007]

Krätz, Otto (2005): Die Welt hat einen Knall. Schwarzpulver, TNT und ihre Verwandten – kleine Geschichte des Sprengstoffs, in: NZZ Folio, 1/2005

Larzillière, Penélope (2006): In einer Gesprächsrunde zum Thema Selbstmordattentäter auf Arte-TV am 29.08.2006, Nachlese und Audiomitschnitt unter http://www.arte.tv/de/geschichte-gesellschaft/11.september/1296120.html [17.08.2007]

Merari, Ariel (2006): In einer Gesprächsrunde zum Thema Selbstmordattentäter auf Arte-TV am 29.08.2006, Nachlese und Audiomitschnitt unter http://www.arte.tv/de/geschichte-gesellschaft/11.september/1296120.htm [17.08.2007]

Naumann, Michael (2006): Aus Schaden dümmer, in: Die Zeit, Nr. 37, S. 1.

Netschajew, Serge (1984): Worte an die Jugend, in: Bakunin, Michael, Netschajew, Serge Worte an die Jugend. Prinzipien der Revolution, Berlin

Rushdie, Salman (2002): Wut. Roman, Berlin.

o.A., (2006): Im Irak sind bisher 2.500 US-Soldaten umgekommen, NZZ Online, vom 15.06.2006 http://www.nzz.ch/2006/06/15/al/newzzEOHJZTIM-12.html [12.06.2007]

Reuter, Christoph, (2005): Tödliche Allmacht. Sind Selbstmordattentäter einfach Fanatiker?, in: NZZ Folio, 1/2005.

Saghi, Omar (2006): Osama Bin Laden, Volkstribun im Medienzeitalter, in: Kepel, Gilles/Milelli, Jean-Pierre (2006): Al-Qaida. Texte des Terrors, München/Zürich, S. 25-54.

Scientific American: Januar 2006: Fast Facts: Suicide Bombers, S. 12.

Sloterdijk, Peter (2002): Luftbeben. An den Quellen des Terrors, Frankfurt am Main

Sloterdijk, Peter (2006): Zorn und Zeit. Politisch-psychologischer Versuch, Frankfurt am Main.

Virilio, Paul/ Lotringer, Sylvère (1984): Der reine Krieg, Berlin.

Virilio, Paul (1992): Bunker-Archäologie, München/Wien.

Virilio, Paul (1994): Krieg und Kino. Logistik der Wahrnehmung, Frankfurt am Main.

Virilio, Paul (1996): Dialektische Lektionen. Vier Gespräche mit Marianne Brausch, Ostfildern-Ruit.

Virilio, Paul (1998): Ereignislandschaft, München/Wien.

Virilio, Paul, (2001a): Die meiste Angst macht mir Bush, Interview, in: taz, 22.10.2001, S. 3.

Virilio, Paul (2001b): Vom Terror zur Apokalypse? Der erste Krieg der Globalisierung und der Krach der Netzstrategie, in: Lettre International 54/2001, S. 5 – 7.

Waldmann, Peter (2005): Terrorismus. Provokation der Macht, Hamburg.

Walther, Rudolf (1990): Terror, Terrorismus in: Brunner, Otto/Conze, Werner/Koselleck, Reinhart (Hg.), Historisches Lexikon zur politisch-sozialen Sprache in Deutschland, Band 6, Stuttgart, S. 323 – 444.

Wikipedia: http://en.wikipedia.org/wiki/Private_soldier [12.06.2007]

Geschwächte Staaten, schwächelnde Männlichkeit und neue Kriege

Eva Kreisky

Staatszerfall und neue Kriege als Codes unilateraler Weltpolitik haben derzeit Konjunktur. Debatten um (National-)Staatszerfall und um neue Kriege als Globalisierungs- und Weltordnungskriege sind – mit raren Ausnahmen – fest in Männerhand. Radikale Umbauten von Staatlichkeit sowie Kriege, ob alte oder neue, ob nahe oder ferne, ob große oder kleine, setzen stets Politik mit anderen Mitteln fort. Sie verändern zivile Lebenswelten, verschärfen Geschlechterhierarchien, verengen und verkürzen Optionen gesellschaftlicher Gestaltungsmacht. Mithin verändern sie auch Handlungsräume feministischer Politik.

In den 1970er und 1980er Jahren schien es unbedenklich, Kriege ebenso wie Friedenspolitik als »staatliche« Verantwortung zu verorten und sie überdies – zugegeben eher schematisch – nach Geschlecht zu sortieren: die Schuld pauschal »den Männern« zuzuschieben und »die Frauen« von Verantwortung freizusprechen. Schon damals war dies eine überaus fragwürdige Methodik der Geschlechteranalyse. Nunmehr aber driften wir in immer unübersichtlichere Verhältnisse ab, in denen »Täter« und »Opfer« immer seltener entlang der Trennlinie Geschlecht zu identifizieren sind. Alte Zuordnungen greifen also nicht mehr, neue Lesarten haben wir aber noch nicht entwickelt. Was ich in diesem Beitrag zur Diskussion stelle, sind vorläufige Überlegungen, ob und wie momentane Verfallsformen des Staatlichen und aktuelle Muster des Kriegerischen sich in »terms of gender« beschreiben lassen, bzw. ob und mit welchen konkreten Anzeichen einer Re-Maskulinisierung zu rechnen ist.

MÄNNLICHKEIT ALS IDEE UND STRUKTUR. KONZEPTUELLE ANMERKUNGEN

Eine Fokussierung auf Männer und Männlichkeiten ist kaum zu vermeiden, zumal männliche Akteure empirisch häufiger und offenkundiger im Zentrum aktiven Kriegsgeschehens (wie auch des gesellschaftlichen Settings organisierter Gewalt) stehen. Auch alle global einflussreichen sicherheitspolitischen Organisationen sind »wohlbemannt« und tendieren daher zu männlich-parteiischer Formulierung und Implementation von Sicherheitsinteressen, zu maskulinistischer Ethik wie zu männerbündischer Organisationskultur[1]. Militärische Akteure sind am diskursiven Aushandeln von Männlichkeiten – wie ihres »Kontrastbegriffs Weiblichkeit« (Connell 1999) – auffallend stark beteiligt.

Konstruktionen von Männlichkeiten entstehen aus komplexem Zusammenwirken »kultureller Konstruktionen, sozioökonomischer Entwicklungen, sozialisatorischer Prozesse, Interessenlagen und Machtpositionen« (Seifert 1996, 87). Geschlechterkonstruktionen haben die Entstehung des Militärs als Institution sozialer wie geschlechtlicher Inklusion und Exklusion flankiert, wie umgekehrt die militärische Organisationsweise solche Geschlechterregime präferierte, die Männlichkeit mit militärischen Werten verknüpfen ließen, um das jeweils erforderliche gesellschaftliche Gewaltniveau zu hegen oder weiter zu stimulieren.

Ein »ewig Männliches« gibt es ebenso wenig wie »die« Männlichkeit schlechthin. Männlichkeit ist weder unveränderlich noch homogen. In der Betrachtung des Männlichen zeichnen sich überdies unterschiedliche analytische Ebenen ab. Daher ist zu unterscheiden zwischen

- einzelnen Männern oder Männern als sozialer Gruppe,
- sozialen und politischen Konstrukten multipler Männlichkeiten,
- gesellschaftlichen Kreationen hegemonialer Männlichkeit,
- Männerbündischem als struktureller Verdichtung von Männlichkeit und institutioneller Standardform von Politik, Staat, Wirtschaft und Krieg und
- Maskulinismus als Ideologisierung übersteigerter Männlichkeitswerte, Symbolisierung des männlich-hegemonialen Geschlechts

wie als männlich zentrierte Sicht gesellschaftlicher Verhältnisse (Jeffords 1989; Connell 1999).

Diese Ebenen korrespondieren mit Mikro-, Meso- und Makro-Perspektiven des Männlichen, auf individuelle Männer, auf institutionalisierte Männlichkeit oder auf Männlichkeit als System. Die Verknüpfung dieser Dimensionen wird in sozialen Realitäten insofern erkennbar, als individuelle Männer sich an hegemonialen Männlichkeitsmustern ausrichten und manche sich extra stärken, indem sie sich mit anderen Männern verbünden. In Folge des Ausschlusses von Frauen und der Marginalisierung ihrer Erfahrungs- und Lebenswelten können männliche Lebenszusammenhänge als privilegierte erkannt, gesellschaftlich praktiziert und verteidigt werden. Aus der Synthese all dieser Momente wird Männlichkeit zur gesellschaftlichen Herrschaftsstruktur verdichtet.

STAAT, MILITÄR UND KRIEG: EIN SELBSTREFERENZIELLER ZIRKEL STARKER MÄNNLICHKEIT

Kriegs- und Militärkritik ohne Staats- und Männlichkeitskritik bleiben unzulänglich. Nichts vermag dieses Desiderat deutlicher zu machen als viele der antimilitaristischen Diskurse und Interventionen, die fast immer geschlechtslos daherkommen: Sie kritisieren zwar Militär und Krieg, dämonisieren den kapitalistischen, wie sie meinen »kriegstreibenden« Staat, aber lassen patriarchale Männlichkeitskonstruktionen und hegemonialen Maskulinismus unbedacht. Daher sind die in politischen wie wissenschaftlichen Diskursen von einander meist isolierten gesellschaftlichen Aspekte in geschlechtersensiblen Staats- und Kriegsanalysen systematisch aufeinander zu beziehen. Diese Aspekte sind:

- der zunehmend prekäre Status quo von Nationalstaatlichkeit,
- die immer unübersichtlicheren Versionen anomischer Kriege, asymmetrischer und privatisierter Gewalt sowie
- die sozialen Konstruktionsweisen von Männlichkeit (inklusive des Gegenbildes Weiblichkeit).

Im Verhältnis zu Individuen erscheinen (National-)Staaten per se (über)mächtig. Die Tatsache ihrer »Bemanntheit« unterstreicht noch diese selbstverständlich anmutende Phrase männlicher Stärke. Reichweite, Intensität, aber auch Billigung der beanspruchten (und realisierbaren) Sanktionsgewalt prägen alle Richtmaße zur Bewertung von Staaten. Ein mehr oder minder verhüllter Paternalismus, sei er nun nationalistisch, sozial oder geschlechtlich motiviert, forciert zudem emotionale Bindungen an Staatlichkeit. Der immer wieder zu vernehmende Ruf nach einem »starken Mann« symbolisiert das intensive Bedürfnis nach Entlastung, aber auch politische Sehnsüchte nach einem autoritären, also besonders »stark« erscheinenden Staat, von dem allein Schutz für Schwache erwartet wird. Soziokulturell arrangierte Mannstärke und ihre politisch-institutionelle Verstetigung sollen uneingeschränktes Vertrauen in den zwar harten, aber gerechten männlichen bzw. staatlichen Patron nähren. Die Metapher vom (männlichen) Gebieter und Schutzherrn ist in alle gesellschaftlichen Herrschaftsverhältnisse eingewoben. Männlichkeit und Staatlichkeit werden vordergründig als patriarchale Schutzmächte für sozial Schwache (Frauen, Kinder, Kranke, Alte usw.) konstruiert und gerechtfertigt (Young 2003).

Kein Zufall, wenn Staat und Männlichkeit als eines gedacht und praktiziert werden: der Staat als definitiv »männerbündisch« und Männlichkeit als allein staatstragend, »staatsmännisch« eben. Beide gelten als Agenten der Stärke, die sich durch Macht und Gewalt über Menschen definiert. Wo aber Stärke akzentuiert wird, ist stets auch ihr Gegenbild präsent, zumal sich Stärke vor allem durch Abgrenzung von Schwäche definiert: In dieses Bild fügt sich, dass die dem – männlich geformten wie maskulin überhöhten – Staat Unterworfenen unweigerlich als weich und schwach gelten. Was aber als weich und schwach imaginiert wird, wird in einer männlich-patriarchalen Gesellschafts- und Werteordnung stets auch effeminiert. Kriege artikulieren sich durch eine »starke«, überaus phallische Zeichensprache, während Diplomatie oder Friedensoptionen in der politischen Rhetorik der Starken zu bloßen Gesten der Schwäche abgewertet werden (Jeffords 1989; Jansen 1995, 7).

Weil europäische Staaten überwiegend aus kriegerischen Auseinandersetzungen hervorgingen (Tilly 1993, 67ff.), waren es anfänglich Militärs und Machtstrategen, die neuzeitliche Staatlichkeit aus sozialen Praktiken und Geschlechterwissen, dem männlichen Erfahrungswissen von Kriegen, erstehen ließen. Selbst staatliche Kontrolle von Kriminalität war ursprünglich eine vom Kriegsdienst abgeleitete Männerdomäne, und sie ist in jedem Fall, egal ob von Männern oder Frauen ausgeübt, eine hoch mit Männlichkeit aufgeladene Tätigkeit.

Auch Krieg ist also eine – wenngleich besonders hohe humane wie soziale Kosten fordernde – Form politischen Diskurses und sozialer Praxis. Er ist ebenso Folge patriarchalen Geschlechterarrangements wie er auch an dessen Nachjustierung und Kontinuität beteiligt ist. Krieg, Militär, Staat und Männlichkeit waren lange Zeit untrennbar. Allein Männer galten als kriegsfähig. Selbst Staatsbürgerrechte wurden an Wehrfähigkeit geknüpft: Staat und Krieg fungierten über lange Perioden als männlich definierte und zugleich Männlichkeit definierende Institutionen (Isaksson 1988, 3). In der Vergangenheit waren es vor allem Militär und Kriege, die Männlichkeiten entscheidend (re-)konstruierten. Heute sind es aber vorzugsweise Lebenswelten jenseits von Militär, Polizei oder Bürokratie, die je nach sozialer Lage Männlichkeiten speziell zurichten, so etwa Berufssphären wie wirtschaftliches Management, Börsen und Banken, New Economy oder Freizeitsphären wie Motorisierung, Sport oder Body Building. Aber auch Jugendgangs, mafiose Milieus und kriminelle Banden sind am Vorgang der Modellierung von Männlichkeiten beteiligt.

Männlichkeitsformationen des Krieges vermögen auch unter »nichtkriegerischen« Verhältnissen wirksam zu bleiben. Und Kriege inszenieren sich nicht nur als Kriege der Männlichkeit, sondern auch als Kriege zwischen Männlichkeiten (archaisch vs. modern, soldatisch vs. weibisch, patriotisch vs. verräterisch usw.). Männlichkeitskonstruktionen haben Traditionalismen eingekapselt, zur selben Zeit spiegeln sie auch verschiedene Grade an Modernisierung. Männlichkeiten in Abgrenzung und unter Ausschluss des Weiblichen kennen aber auch vielfältige Einschlüsse von Weiblichkeit. Gegenwärtige

Geschlechterregime sind mehr als je zuvor durch multiple, asynchron geschichtete Männlichkeiten signiert.

MÄNNLICHKEIT UND STAATLICHKEIT IN AGONIE?

An kriegerischer Männlichkeit ausgerichtete Konfigurationen der Geschlechterordnung haben prä-moderne wie moderne gesellschaftliche Verhältnisse und ihre politisch-institutionellen Verdichtungen geformt. Wird aber Männlichkeit nur so lange auch als »stark« kodiert, wie das (national)staatliche Stützgewebe intakt zu bleiben vermag? Was aber, wenn nun diese alt gediente Festung der Männlichkeit brüchig wird, wankt oder überhaupt zusammenbricht, wenn also (bisher behauptete) Stärke unversehens zu (neoliberal intendierter) Schwäche mutiert? Zieht sich »starke« Männlichkeit auf weniger formell regulierte, »neue« Schlachtfelder zurück oder ist gar ein mächtiger Schub an Re-Maskulinisierung der Weltgesellschaft im Gange?

In der vergangenen Dekade wankte das bipolare weltgesellschaftliche Gefüge, was durch Implosion des Staatssozialismus sowie durch neoliberal geleitete ökonomische Globalisierung ausgelöst wurde. Die ideologische Rechtfertigung dieser Fragmentierungen bildet das neoliberale, dezidiert anti-etatistische und strategisch ökonomisierende Politikprojekt. Um diesen Problemknoten drehen sich auch aktuelle Auseinandersetzungen um Staatszerfall und neue Kriege. Diese inzwischen höchst unübersichtliche Debatte lässt sich nach drei Argumentationssträngen sortieren (Schlichte 2004a, 3ff.):

- Im Sinne eines »pessimistischen Kulturalismus« wird auf zunehmende Anomie, Kriminalisierung und Gesetzlosigkeit fokussiert;
- der Blickwinkel eines »utilitaristischen Ökonomismus« bezieht sich dagegen stärker auf die Ökonomie der Kriege (Stichworte: Enteignung, Plünderung und persönliche Akkumulation gesellschaftlicher Reichtumsquellen);
- das Argument von der »Entstaatlichung der Gewalt« betont wiederum den »zunehmend nicht-staatlichen Charakter der ›neuen‹

Kriege«, die Kreation oder auch nur Duldung neuer »gewaltoffener Räume« (Lock 2004).

Alle drei Dimensionen sprechen Symptome staatlichen Verfalls und eruptiver Gewalt an. Alle drei verweisen jedoch indirekt auf Weiterbestand, Verstärkung oder Re-Etablierung exklusiver männlich-hegemonialer Lebenswelten, für die maskuline Wertsetzungen zentral sind.

Staaten sind nicht mehr, was sie (möglicherweise) einmal waren; auch auf privilegierende Ausnahmestellung männlicher Stärke kann nicht länger gepocht werden; selbst die »starken Männer« der Schwerindustriearbeit werden nicht mehr »nachgefragt«; Globalisierung polarisiert, sie stärkt einige wenige Männlichkeiten, um viele andere gewaltig zu schwächen (»prekarisierte Männlichkeit«). Prekarisierung bezeichnet die gesellschaftliche Neigung zu Ausgrenzungen und Deklassierungen neuer Art. Nicht mehr Verkleinerung, sondern, im Gegenteil, Ausweitung gesellschaftlicher Härte- und Unsicherheitszonen steht auf der neoliberalen Agenda (Misik 2005, A 3). Prekarisierung bestimmt aber nicht etwa nur gesellschaftliche und regionale Randzonen oder soziale Randfiguren, sondern macht sich selbst wieder in Kernzonen spätmoderner Gesellschaften breit (Bourdieu 1998).

Desgleichen erfährt auch die Institution des Krieges tief greifenden Form- und Bedeutungswandel:

- Krieg ist zunehmend wieder auch ohne Staaten, jenseits konventioneller Staatlichkeit möglich, als privatisierte Form von Gewalt;
- seine Finanzierung erfolgt erneut unabhängig vom (Steuer-)Staat, Krieg erhält sich aus eigenständigem Erwerb, Ausplündern und Morden auf Rechnung ist wieder angesagt;
- auch neue Kampfmittel sind charakteristisch;
- wie ehedem (vor der westfälischen Staatsidee) werden Kriegshandlungen und kriminelle Akte ununterscheidbar;
- die neuen Kriege bedürfen nicht einmal mehr »harter Männlichkeit«, reguläre Armeen integrieren allmählich auch Frauen und

selbst (gewaltbereite oder auch nur irgendwie gefügig gemachte) Kindersoldaten sind überaus kriegsgeschäftsrelevant.

SCHWÄCHELNDE MÄNNLICHKEIT: DAS SOZIALE FUNDAMENT DER NEUEN KRIEGE

Mit dem Hinweis auf neue Kriege verbinden viele primär technologische Innovationen der Kriegsführung, den Einsatz punktgenauer High-Tech-Waffen, die den Konnex zwischen Kriegshandlungen und Kriegsfolgen "unsichtbar« machen. Hingegen argumentiert Mary Kaldor (2000), dass gegenwärtige Veränderungen der Kriege weniger in Erneuerungen von Techniken als vielmehr in gesellschaftlich-destruktiven Entwicklungen und in der Verschärfung sozialer Bedingungen zu suchen seien. Hier wäre unbedingt zu ergänzen: auch der geschlechtlichen Verhältnisse. Strukturelle »Zusammenhänge zwischen Gewaltpraktiken und ökonomischen Vorgängen« müssen daher ausdrücklich in die analytische Perspektive eingeschlossen werden (Schlichte 2004b, 185; Altvater/Mahnkopf 2002, 22)[2].

Mary Kaldor (2000, 7, 10) identifiziert diese sich ändernde »soziale Basis« als Hinweis auf einen »neuen Typus« organisierter Gewalt: Als Beleg führt sie ökonomisch geschwächte junge Männer und sozial entwurzelte Kinder in Afghanistan, in Bosnien oder in Ruanda an, die auf Grund ihrer elenden sozial-ökonomischen Verhältnisse zu Gewalttätigkeiten neigen, einfach zu rekrutieren und vor allem kostengünstig mit Klein- und Leichtwaffen auszurüsten sind (Kaldor 2000, 148ff.).

An den sozialen Dimensionen neuer Kriege wird also auch die besondere Bedeutung von Geschlecht evident: als Kontinuität und Verstärkung weiblicher Unterdrückung und Armut, aber auch als Prekarisierung und Neu-Verarmung von Männern. Armut und Arbeitslosigkeit führen kriminellen Banden und paramilitärischen Formationen scharenweise junge Männer zu, denen in peripheren oder kriegerischen Regionen kaum noch Aussichten auf nicht-gewalttätige, nicht-kriminelle Karrieren offen stehen. Außerhalb der kriegerischen oder kriminellen Szene gibt es kaum noch »heroische« Vorbilder, denen es nachzueifern lohnt. Privatisierte Gewalt, informalisierte und illegalisierte Arbeit, schmutziges Geld erscheinen zunehmend als die »regulären« Erwerbssphären.

Nicht mehr allein Länder der Dritten Welt oder postsozialistische Gesellschaften und auch nicht vorwiegend Frauen, sondern selbst westliche Industriegesellschaften und Männer werden immer stärker auf informelle Terrains der Ökonomie verwiesen. Sozialstaatlich immer schlechter abgefederte Gewalt ökonomischer Globalisierung erzwingt neue sozial-ökonomische Strukturen, die sich zumeist aus der Not des Überlebens generieren (z.B. Subsistenz aus informeller Arbeit, kooperative Überlebens- und Notgemeinschaften, aber auch Einkommen aus den neuen privatwirtschaftlichen Gewaltunternehmen oder aus überhaupt kriminellen Sphären der Ökonomie). Modernisierungen treffen gegenwärtig keineswegs nur Frauen in negativer Weise (z.B. durch Vernichtung vornehmlich weiblicher Arbeitsplätze, durch Ausschluss von Frauen aus dem regulären Erwerbsarbeitsmarkt, durch ihre Abdrängung in informelle Sektoren der Ökonomie, durch Ausweitung von Frauenhandel und Prostitution usw.), Modernisierungen bewirken auch »radikale Entwertung der vormals ausschließlich Männern zugeschriebenen Rollen im Produktionsprozess« (Lock 2001, 8).

Von der sozialen Abwärtsspirale werden nun vermehrt auch Männer wieder erfasst. Der Eintritt in »Normalbiographien« (reguläre Erwerbsarbeit, Integration in familiäre Lebenssphären, Teilhabe an zumindest bescheidenen Konsummöglichkeiten, aktive Teilnahme an politischer Gestaltung gesellschaftlicher Lebenswelten usw.) erscheint zahlreichen jungen Männern – in weltgesellschaftlichen Randzonen, aber verstärkt auch wieder in (zumindest für das Gros der Männer) sozial einigermaßen kohärenten Kernzonen (Castel 2000, zit.n. Altvater/Mahnkopf 2002, 26) – zunehmend unerreichbar. »Gewohnte Subjektpositionen« (Familienversorger, politisch Verantwortlicher, Unternehmer, Erwerbstätiger usw.) verlieren an Bedeutung oder sind für junge Männer »nicht mehr zugänglich« (Seifert 2003, 12). Alternative soziale Entwürfe sind jedoch kaum in Sicht. Bleiben als reale Perspektiven im globalen Kapitalismus häufig nur informelle oder gar illegale Sphären des Wirtschaftens, um Leben notdürftig zu fristen. Informelle Arbeit (Schwarzarbeit, Subsistenzarbeit, prekäre Arbeit, Scheinselbständigkeit, Arbeit in kriminellen Sektoren der Ökonomie usw.) bedeutet aber Unsicherheit in Permanenz, also Re-Individualisierung ökonomischer wie sozialer Risken. So ist es wenig verwunderlich, wenn in der Ära neoliberaler Globalisierung auch organisierte Gewalt und selbst Kriege zu männlichen »(Über)Lebenswelten« mutieren (Lock 2004, 41). Die »verlorene Position im Produktionsprozess« wird »durch Teilnahme an der gesellschaftlichen Gewaltproduktion« ersetzt (Lock 2001, 8).

Auch der neue Typ männlicher Gewaltakteure ist als »selbstbestimmte Reaktion« auf aussichtslose Lebenssituationen zu deuten (Lock 2002, 2), handeln diese jungen Männer doch aus (Über-) Lebenswillen. Besonders familienlose und sozial entwurzelte Kinder[3] oder ausgegrenzte junge Männer werden von Gewalt- und Kriegsunternehmern als Gewaltakteure (im Rahmen illegaler Ökonomien wie für Klein- und Bandenkriege) instrumentalisiert. Gewaltmilieus werden »schleichend zu ihrer Lebenswelt« (Lock 2004). Sie disponieren für Brutalisierung auch in privaten Lebenszusammenhängen – etwa als Gewalt gegen Frauen und Kinder.

Zunehmende Gewaltbereitschaft männlicher Jugendlicher ist keineswegs nur in peripheren Bürgerkriegsländern der südlichen Hemisphäre angesagt. Sie findet sich ebenso in zentralen Agglomerationen der Welt, in sozial benachteiligten Randdistrikten der Großstädte westlicher Industriegesellschaften, wie auch in ökonomisch und sozial verfallenden Industriezonen der ehemaligen Sowjetunion und eben auch in Armutsgürteln der Megastädte der Dritten Welt (Lock 2001, 7). Auch in erzwungener Diaspora oder in Flüchtlingslagern kumuliert sich in Folge oktroyierter Untätigkeit, stetiger Einkommenslosigkeit und entwürdigender Lebensverhältnisse ein hohes Maß an »sozialer Frustration«, weshalb sich diese sozialen Orte als besonders »günstige Rekrutierungsfelder« erweisen: Völlig bar alternativer Lebenschancen schließen sich gerade diese jungen Männer bereitwillig Rebellenfraktionen, Söldnertruppen oder kriminellen Banden an (Schlichte 2004b, 190). Der globale Zwang zu Migration verschärft die weltweit ohnehin prekären Soziallagen. »Das Verlassen des Landes, einziges Ventil in dieser Lage, kommt in den meisten Fällen dem Verlassen der Legalität gleich« (Mappes-Niediek 2005, 220). Viele der Migranten (und Migrantinnen) haben keinen legalen Aufenthaltsstatus. Genau das »macht sie für die Anwerbung durch Kriminelle besonders anfällig« (ebd., 212). Viele westliche Länder meinen, sich gegen aus dem Osten oder Süden immigrierende organisierte Kriminalität schützen zu können. Dabei konservieren sie global soziale und ökonomische Bedingungen für organisierte Kriminalität oder schaffen sie geradezu erst.

Ungehemmte Wucht neoliberal intendierter Globalisierung lässt der Mehrheit der Jugendlichen immer weniger reguläre Erwerbschancen, geschweige denn geachtete gesellschaftliche Rollen. Und der »Zutritt zur medial allgegenwärtigen Welt des Massenkonsums« scheint ihnen beinahe nur »durch regelverletzendes Verhalten und radikale Normbrüche« realisierbar (Lock 2002, 2). Ob in Ländern der Dritten Welt oder in sozial geschwächten Randzonen westlicher Industriegesellschaften, die »Verfügung über Gewaltmittel, z.B. ein automatisches Gewehr«, übt, besonders auf männliche Jugendliche, außerordentliche Anziehungskraft aus, suggeriert sie doch ein Gefühl von Stärke. Gewalt und Brutalität werden »öffentlich zelebriert«, weil sie oft die einzigen Mittel sind, »sich Respekt zu verschaffen« (Harnischfeger 2001, 33).

Diese zunehmend unsicherer werdenden männlichen Lebenswelten werden durch »gewaltgestützte Hierarchien« geprägt (Lock 2001, 7). Um »heroische« Anführer scharen sich zuverlässige (in der Hauptsache männliche) Gefolgschaften. Die Rekrutierung dieser Gefolgschaften erfolgt auf Antrieb besonderer Schutzbedürfnisse, massiver Existenzängste, direkten Zwangs und offener Gewalt. Letztlich aber ist es nur banale Hoffnung auf besseres Leben, die das (in der Hauptsache männliche) Fußvolk neuer Kriege wie organisierter Gewalt schafft und auch bei der Stange hält (Schlichte 2004a, 6). Eigentums- und Gewaltkriminalität oder Verankerung in illegaler Ökonomie (Drogen- und Menschenhandel, Schlepperei, Zuhälterei usw.) bilden das soziale Feld, aber auch das ökonomische Fundament lokaler wie transnationaler Bandenkriege. Männliche Identität in diesem Milieu konstruiert sich vorwiegend über Gewalthandlungen (Lock 2001, 7f.). Immer häufiger haben sozial marginalisierte Kinder und Jugendliche in gewaltgeordneten Lebenswelten zu bestehen. Daher bestimmen sie ihre Selbstwertgefühle im Kontext dieses »gewaltoffenen« männerbündischen Normensystems.

Die im Zuge neuer Bereicherungs- und Ressourcenkriege nach »unternehmerischen« Kalkülen rekrutierten gewaltbereiten Kinder und Jugendlichen haben besondere Verwertungsinteressen einzulösen: Ihre relativ niedrigen Rekrutierungs- und Ausrüstungskosten minimieren für Gewaltunternehmer/Warlords das Ausfallsrisiko. Kinder und junge Männer leben in der Randlage globalisierter Ökonomien meist nur noch für die kurze Lust des Augenblicks. Längerfristige Existenzperspektiven sind kaum noch planbar. Das eigene Leben zählt ohnehin nichts. Daher nützt ihre elende soziale Lage primär den Gewaltunternehmern, steigert doch ihre totale Hoffnungslosigkeit auch ihre Gewaltbereitschaft, damit aber freilich primär den Mehrwert für die Kriegsherrn. Gewiss sind es nicht nur männliche Jugendliche, die auf neuen »Gewaltmärkten« ausgebeutet werden. Zunehmend werden auch Kindersoldatinnen rekrutiert, die Extra-Profit, nämlich sexuellen Mehrwert, »einspielen« sollen.

STAATSBILDUNG UND STAATSZERFALL: ANFANGS- UND ENDPUNKTE EINER VERFALLSGESCHICHTE

Gleichlaufend zu diesem sozio-ökonomischen Verfall von Männlichkeit vollzieht sich weltweit ein radikaler Paradigmenwandel staatlicher Politik: »Im Namen von Deregulierung und Flexibilisierung werden Institutionen, die Ungewissheiten begrenzen sollten, abgebaut« (Altvater/Mahnkopf 2002, 26). Diese neoliberal entrierte und konservativ politisch forcierte Staatsschwäche gefährdet selbstverständlich auch den ohnehin fragilen Status »innerer« Sicherheit. Schwäche von Staaten stellt sich niemals zufällig ein, sie passiert nicht, sie wird vorsätzlich erzeugt.

Die aktuelle Weltkarte weist keine staatenlosen Terrains mehr aus, die Welt und ihre Gesellschaften scheinen endgültig »verstaatlicht« zu sein (Brock 2000, 292; Böge 2004, 46). Dies impliziert freilich nicht auch lückenlose »Durchstaatung«, also staatliche Durchdringung nationalstaatlicher Territorien. Staatsfreie Zonen, non-governmental areas oder no-go-areas in Städten, periphere Regionen, parastaatliche Ordnungen usw. lassen Nationalstaaten und ihre Kontrollgewalt bereits im Augenblick ihrer historischen Durchsetzung wie »Auslaufmodelle« erscheinen (Breuer 1998, 10f.; Böge 2004, 19).

Das Chaos der Welt zu ordnen, bedeutete in Vergangenheit wie Gegenwart stets, »einen Staat zu errichten«, einen »souveränen« Staat, der erfolgreich auch das Monopol auf physische Gewalt für sich beanspruchen kann. Einen solchen Staat zu bilden, »erforderte in der Regel die Unterdrückung der staatlichen Ambitionen vieler kleinerer Kollektive« (Bauman 1997, 318). Nur souveräne Staaten sollten legitimiert sein, Gewalt auszuüben. Nichtstaatlichen oder substaatlichen Akteuren hingegen wurde das Recht zur Gewalt streitig gemacht.

In modernen nationalstaatlichen Strukturen finden sich aber immer auch Momente traditionaler vorstaatlicher Formen konserviert. Also ist selbst moderne Nationalstaatlichkeit nur als hybride Form zu werten (Böge 2004, 12). Umso mehr gilt diese historische Überschichtung für Staaten der Dritten Welt, die durch »ein auffälliges Nebeneinander etwa von Industriekapitalismus und Nomadismus, von mythischen und zweckrationalen Denkmustern, von uneingeschränkter personaler Loyalität und abstrakter juristischer Form« bestimmt sind (ebd.). Als normatives (nicht aber unbedingt auch empirisches) Maß für politische Normalität gilt weltweit das westliche, insbesondere das europäische Staatsmodell, der »westfälische Staat« der Neuzeit, eingerichtet als »Monopolist« kriegerischer Gewalt.

Demnach gilt (National-)Staatlichkeit als regulierendes, zähmendes, mithin »zivilisierendes« Moment weltgesellschaftlicher »Wildnis«. Durch »Zurückdrängung der Gewalt« (Breuer 1998, 9) wurde der

Übergang von Chaos zu Ordnung zu managen versucht (Bauman 1997, 317). Davon abweichende politische Herrschaftsordnungen, »Nichtstaatlichkeit und die vielgestaltigen Formen des Rechts und der sozialen Kontrolle *jenseits des Staates*« (Trotha 2000, 263) scheinen kaum (noch) vorstellbar.

Der Logik neoliberaler Doktrinen folgend wird gegenwärtig aber dieses Modell des »westfälischen« Staates stückweise zurück gefahren, indem auch Gewalt entstaatlicht und abermals kommerzialisiert wird: Somit bilden sich lukrative Märkte privater Sicherheits- und/oder Kriegsdienstleistungen. Sicherheit wird zu exklusiver Ware transformiert, die in Hinkunft wohl nur noch über den Markt zu beschaffen sein wird, weshalb sie großen Teilen der Bevölkerung immer seltener als öffentliches Gut zur Verfügung bleibt. Der Zugang zu ehemals öffentlichen Gütern und Dienstleistungen gestaltet sich zunehmend »plutokratisch«, er steht immer häufiger nur noch jenen offen, die über »monetäre Kaufkraft« verfügen (Altvater/Mahnkopf 2002, 22). Synchron generiert das Politikprojekt der Restauration marktwirtschaftlicher Strukturen »gewaltoffene Räume«, die nicht mehr durch staatliches Gewaltmonopol eingeschränkt werden (Ehrke 2002, 143).

Idealtypische Durchsetzung moderner Staatlichkeit hatte auch eine Transformation gewalttätiger bzw. kriegerischer Männlichkeit zur Voraussetzung. Zur »Verstaatlichung des Krieges« hatte Zivilisierung von Kriegshandeln gehört. »Utopie« des »Westens« war es und ist es, »staatliche Herrschaft« weltweit nach europäischen Vorbildern zu strukturieren (von Trotha 1999, 223). Kolonialismus und Imperialismus boten geeignete Vehikel, um die »im europäischen historischen Kontext entstandene Staatsidee [...] auf außereuropäische politische Gebilde [zu] übertrage[n]« (Waldmann 2002, 10). Das System der (National-)Staaten hat sich erst in Folge der Entkolonialisierung als auch universelle Form behauptet. Allerdings bleibt festzuhalten, dass »zwei Drittel bis drei Viertel dieser außereuropäischen Staaten nach europäischen Maßstäben erhebliche Defizite an moderner Staatlichkeit aufzuweisen haben« (Reinhard 1999, VII). Damit wurden zugleich Voraussetzungen geschaffen, die unmerklich die »Spiralen staatlichen Zerfalls« in Gang setzten (Lock 2001, 5). Wo das Mindestmaß staatlichen Gewaltmonopols nicht (mehr) realisiert werden kann, bilden sich gesellschaftliche Zonen, in denen selbst Bandenkriminalität wieder unbehindert um sich greifen kann, bis schließlich überhaupt gewaltoffene soziale Räume die Oberhand haben und die Differenz zwischen politischen Akteuren und organisierter Kriminalität sich aufzulösen beginnt.

Diese nur schwer zu begreifende Gemengelage scheint aber selbst für westliche Staaten lohnend, zumal ohne gröbere Legitimationsprobleme für einen vermeintlichen sicherheitspolitischen Ausnahmezustand hochgerüstet werden kann: Symptome staatlicher Fragmentierung oder gar des Versagens von Staatlichkeit werden mit religiösideologischen und/oder ethnisch-kulturellen Klischees gemixt und zu einem für die westliche Weltordnung eindringlichen Gefahrenbild stilisiert. Auf den Faktor Angst kann getrost polizeilich-militärische (Un-)Sicherheitspolitik aufgesetzt werden. Das Beschwören eines unabwendbaren »Zusammenstoßes der Kulturen« (Huntington 1997) erscheint vielen – unbewusst oder bewusst – nicht abwegig. Diese Ansicht »natürlicher« Feindschaft zwischen Kulturen ist es auch, die aktuellen Phänomenen negativ moralisierende Konnotationen zuschreiben lässt: »Schurkenstaaten« (»rogue states«)[4], homogenisiert und verdichtet zu einer »Achse des Bösen«[5], wären es, die dem sich als demokratisch untadelig präsentierenden »Westen« impertinent entgegenwirken. Das Emblem »Schurkenstaat« ist zur Metapher eines ganzen Bündels »neuer« Bedrohungen geworden (Schrader o.J., 202). Staaten werden von den USA – nicht unbedingt auch von der gesamten westlichen Staatenwelt – als »Schurkenstaaten« klassifiziert, wenn und weil sie Pflichten und Verantwortung gegenüber der Weltgemeinschaft verletzen, Regeln des Völkerrechts missachten und durch ihre innenpolitischen Praktiken wichtige Rechtsstaatsprinzipien verhöhnen. Freilich sind es vor allem (welt-)politische Nützlichkeitserwägungen und Willkürlichkeiten, die zuschreibende Differenzierungen zwischen »den Guten« und »den Bösen« der Weltgesellschaft regulieren.

Mit der Losung von den »Schurkenstaaten« wird ein Syndrom kenntlich gemacht, das vor allem den "Supermächten" dieser Welt, den USA, der NATO, der EU, gelegen kommt, lenkt es doch zugleich von strukturellen Ursachen gesellschaftlicher Ungleichheit und Armut, von unendlichen Investitionen in Rüstung, von vielfältigen Erscheinungsformen der Korruption, von transnationalen kriminellen Netzwerken und von machtpolitischen Interessenskonstellationen ab. »Der Westen« dagegen wird zum Herrschaftsraum unbegrenzten Individualismus idealisiert, der bestmögliche Demokratie verkörpert. In der besonderen Situation der konträren und feindlichen Gesellschaftssysteme des Kalten Krieges zählte auch noch Erhaltung und Weiterentwicklung von Sozialstaatlichkeit zum »westlichen« Wertekanon. Mit der Implosion des »östlichen« Staatssozialismus scheint diese für lange Strecken des 20. Jahrhunderts zentrale soziale und demokratiepolitische Legitimationsnotwendigkeit jedoch wieder obsolet. Das neoliberale Politikprojekt löscht nun primär sozialstaatliche Grundrechte von der politischen Agenda. Die repressiven Branchen von Staatlichkeit, Polizei und Militär, dagegen werden aufgewertet und aufgerüstet.

Das radikale Ausblenden von Sozialstaatlichkeit demaskiert State- und Nationbuilding, wie es zurzeit propagiert und etwa im Kosovo, in Afghanistan oder im Irak praktiziert wird, als ein massiv re-maskulinisierendes Politikprojekt. Die zumeist kriegszerstörten Regionen, in denen State- und Nationbuilding von außen, von den USA oder der NATO, verordnet wird, sind gezeichnet durch ein besonderes Maß an Frauenunterdrückung, durch von Minen verstümmelte Kinder, durch das Elend flüchtender Frauen mit Kindern wie durch verzweifelte KindersoldatInnen. Von ihnen ist im Vorgang des State- und Nationbuilding freilich niemals die Rede. Die Dringlichkeiten folgen anderen Interessenkonfigurationen, wie sich auch Akteure und Begünstigte als vor allem männliche Eliten herausstellen. Wieder einmal erscheinen Frauen, Kinder und Jugendliche als vergessene soziale Gruppen, über die hinwegregiert und hinweggekriegt wird.

DER BESONDERE PROBLEMKNOTEN: STAATSSCHWÄCHE, SCHURKENSTAATEN UND NEUE KRIEGE ALS SYMPTOME GLOBALER RE-MASKULINISIERUNG

Vor allem zwei Abweichungen von vermeintlicher Staatsnormalität erregen derzeit aktuelle Politik- und Staatsdiskurse: zum einen das Wort von der »Staatsschwäche« und vom »Staatszerfall«, zum anderen der Slogan von »Schurkenstaaten«. Innerhalb dieser Bandbreite oszilliert auch westliche Toleranz für defizitäre Staats- und Demokratiepraktiken. Wie aussagekräftig, wie ideologisch und maskulinistisch unterfüttert sind die Etiketten? Welche Konsequenzen hat Re-Maskulinisierung für (national-)gesellschaftliche und (welt-)politische Entwürfe und Entwicklungen?

Schwäche und Schurken scheinen im Common sense stets auch geschlechtlich konnotiert: Schwäche korreliert mit Weiblichem schlechthin, vielleicht noch mit Alten, Kranken oder Kindern; während Schurken »gewöhnlich als Maskulinum« (Derrida 2003, 98) gedacht werden. »Die Schurken sind Männer, es sind immer männliche Wesen, unseresgleichen, und fast immer Frauenhelden, um nicht zu sagen Macker, Machos, Aufreißer« (ebd., 99).

Bezogen auf politische Regime lassen sich Zuschreibungen und Bilder ausmachen, die interessanterweise auch gängigen Wertskalen hierarchisierenden Geschlechterdenkens entsprechen:

- Das »gesunde« Mittelmaß des *»vernünftigen« Staates* (Gewalt konzentrierend, durch Recht gezähmt, die Macht »brüderlich« teilend, zufällig europäisch-westlicher Provenienz usw.) korrespondiert mit dem hegemonialen gesellschaftlichen Verständnis »normaler« Männlichkeit. Diese nimmt zwar »zivilisierende« Beschränkungen des Männlichkeitskonzeptes hin, kokettiert aber dennoch mehr oder minder ungeniert auch noch mit ihrer vermeintlich »natürlichen« Wildheit.
- *»Schurkenstaaten«* wird dagegen »Hypermännlichkeit« attestiert. Sie sind die »Wilden«, die »Gesetzlosen« der Weltordnung, zumal sie Verrat üben an westlichem »Fraternalismus«, indem sie die Alli-

anz der »zivilisierten« Staaten verlassen. Sie ordnen sich allein dadurch zur »Gegenmacht«, dass sie die Hegemonialmacht/mächte provozieren. Auf Grund ihrer Unverfrorenheit werden sie – gewissermaßen im Gegenzug – zur »Achse des Bösen« stilisiert. »Indem er sich eine Gegensouveränität anmaßt, stellt sich der schurkische ›Großverbrecher‹ mit dem souveränen Staat auf gleiche Augenhöhe; er wird zum Gegenstaat, um mit der Souveränität des legalen oder angeblich legitimen Staates, der das Monopol und die Hegemonie innehat, zu wetteifern« (Derrida 2003, 100). Dies getraut sich eben nur ein »Über-Mann«, der dadurch aber auch zur »Bestie« geraten kann. Aber wohlgemerkt: »Schurke ist immer der andere« (ebd., 95). Und »[w]er von einem Schurken spricht, ruft nach der Ordnungsmacht« (ebd., 94).

- *»Staatsschwäche«* dagegen tendiert zum prototypisch Un-Männlichen, zum Weiblichen als absolutem Gegenbegriff des Männlichen. Ein geschwächter Staat vermag sich (gleich Frauen) noch nicht oder nicht mehr aus eigener Kraft zu verteidigen, er ist oder wird unmündig und bedarf einer (lokalen und/oder globalen) »Schutzmacht« – so wie eben Frauen patriarchaler Schutzmächte (in personell-familiärer Beziehung: Väter, Brüder oder Ehemänner; in gesellschaftsstruktureller Hinsicht: Wohlfahrtsstaaten) bedürfen. Emanzipiert sich die Frau aber, wird sie zur »Herrin« ihres Lebens, dann handelt sie »wie ein Mann« (ebd., 98).

Beide Abweichungen von vermeintlich staatlicher »Normalität« gelten zugleich als entscheidende Ursachen neuer Kriege, deren zentrales Merkmal der (lokal- wie welt-)politische Vorgang der Entstaatlichung/Privatisierung von Gewalt bildet. Damit aber wird entfesselte Gewalt in weiten Regionen der Welt wieder alltäglich, was zugleich auch tendenziell gewalttätige Männlichkeiten ihrer rechtsstaatlichen Zähmung oder auch nur Maskierung entledigt.

Alle drei Formationen von Staatlichkeit, »schwächelnde«, kollabierte oder auch »schurkische« Staaten, sind nur schwer an einigermaßen haltbaren empirischen Merkmalen festzumachen. Ihre Bestimmungen werden vielmehr normativ fixiert: pejorativ, idealisierend oder denunziatorisch. Wenn aber das »europäisch-westliche« Staatsideal nicht erreichbar scheint oder punktuell Verwirklichtes verloren geht, wird in der »westlichen« Hemisphäre ein Gefahrenszenario beschworen. Staatszerfall erweist sich meist weniger als analytische Kategorie denn als sicherheitspolitischer Kampfbegriff (Begriffsarbeit regierungsnaher Think Tanks). Legitimiert zerfallende Staatlichkeit und Dezentralisierung von Gewalt (zumindest in den USA) doch radikale Steigerung von Militärausgaben. Das aber garantiert den Weiterbestand der maskulinistischen Geschlechterregime – selbst unter veränderten Bedingungen.

EINE NEOLIBERALE RENAISSANCE VON BANDENKRIEGEN?

»Bandenkrieg« steht hier als Metapher, die gleichfalls zur Benennung aktueller Veränderungen von Kriegen und organisierter Gewalt verwendet wird. »Bandenkriege« bilden das (diffuse) Gegenbild zu »Staatenkriegen«, zugleich sind sie aber auch Phänotyp einer sich neoliberal globalisierenden Welt. In jedem Fall aber ist ihnen anomische Männlichkeit eingeschrieben. Bandenkriege, aber auch terroristische Gewaltakte, zeigen nachhaltige Re-Transformationen von Männlichkeiten an. Die Zuspitzung kriegerischer Konflikte bedingt immer Einengungen möglicher Diskurse, damit freilich aber auch Engführungen disponibler Subjektpositionen (Seifert 2003, 5), sodass »kaum identitäre Ausweichpositionen« zur Verfügung bleiben (ebd., 12).

Konventionelle Kriege strebten primär nach effektiver Kontrolle von Territorien und/oder Infrastrukturen. Neue Kriege/Bandenkriege/terroristische Gewaltakte korrelieren auch mit der neoliberalen Tendenz zur Entgrenzung und Entterritorialisierung von Ökonomie und Politik. Richten sie sich doch vermehrt gegen Symbole politischer oder wirtschaftlicher Macht wie auch gegen verletzbare Funktionssysteme.

Die Koinzidenz von Ausweitung (also Universalisierung) und Zurückdrängung der (National-)Staaten scheint tatsächlich Gewalt neuen Typs zu generieren. Das Adjektiv »neu« unterscheidet diese

Kriege von konventionellem Kriegsverständnis und der Begriff »Krieg« betont den politischen Charakter dieser neuen Gewaltform (Kaldor 2000, 7f.). Diese neuen Kriege werden bestimmt durch Auflösung der Demarkationen zwischen Krieg, organisiertem Verbrechen und massiven Menschenrechtsverletzungen (ebd., 8).

Obgleich neue Kriege lokal beschränkt scheinen, sind sie meist doch in ein kaum entwirrbares transnationales Geflecht eingebunden, so dass sich niemals scharf »zwischen innen und außen, zwischen Aggression (dem Angriff eines anderen Staates) und Repression (Gewaltanwendung innerhalb eines Landes) oder auch nur zwischen lokal und global« trennen lässt (ebd.). Neue Kriege sind gekennzeichnet von neuartigen Formen unmittelbarer globaler Teilnahme an Kriegsgeschehen durch internationale Reporter, Söldnertruppen, Militärberater, Freiwillige aus der Diaspora und inter- wie transnationale Akteure, wie etwa NGOs, EU, OSZE, UNO und ihre Unterorganisationen (ebd., 11ff., 135ff., 151ff.). So verschwimmen zunehmend auch Grenzen zwischen global, den »Angehörigen der globalen Klasse, die über Englischkenntnisse verfügen, Zugang zu Fax, E-Mail und Satellitenfernsehen haben, mit Dollar, D-Mark oder Kreditkarten ausgestattet sind und reisen können, wohin sie wollen«, und lokal, nämlich jenen, »die von globalen Prozessen ausgeschlossen sind«. Die Lebenswelten Letzterer sind dadurch charakterisiert, dass sie »von dem leben, was sie verkaufen oder eintauschen können oder an humanitärer Unterstützung erhalten«. Ihre »Bewegungsfähigkeit [ist] durch Straßensperren, Visa und hohe Reisekosten begrenzt [...] und [sie sind] von Belagerungen, erzwungenen Hungersnöten, Landminen und ähnlichem bedroht« (ebd., 12). Wie die Trennlinie des Geschlechts zwischen der globalen und der lokalen Klasse verläuft, lässt wohl kaum staunen.

Die neue Form der Kriege entsteht als Folge der »Aushöhlung der Autonomie« der (National-)Staaten sowie auf Grund strukturierter oder unstrukturierter Auflösung staatlichen Gewaltmonopols:

- Das nationalstaatliche Gewaltmonopol wird einerseits »von oben« geschwächt, von den »Weltherren« durch »Transnationalisierung des Militärs«, die dazu führen soll, dass Staaten einander – aus

Furcht vor dem großen Zerstörungspotential ihrer Armeen – nicht mehr angreifen. Dieser Prozess wird durch »globale militärische Integration« (Verteidigungsbündnisse, Internationalisierung der Rüstungsindustrie, Kontrolle des Waffenhandels, supranationale Institutionen usw.) und Ausbau internationaler Normen verstärkt (ebd., 12f.).

- Andererseits wird das Gewaltmonopol des Staates aber auch »von unten« durch verschiedene Formen der Privatisierung von Gewalt (transnationale PMCs/Private military companies, lokale Warlords, mafiose Banden usw.), durch organisierte Kriminalität und Korruption unterhöhlt (ebd., 13).

Da neue Kriege hybride Formen organisierter Gewalt darstellen, werden auch Grenzen zwischen Erwerbsleben und offener Gewaltanwendung fließend: "In den neuen Kriegen wird die Gewalt für diejenigen, die im Besitz von Waffen und bereit sind, diese einzusetzen, zur Erwerbsquelle: zum Mittel der Subsistenzsicherung, häufig aber auch darüber hinausgehend der Bereicherung" (Münkler 2001, 1). Militärische Gewalt wird nun – wie zahlreiche andere Lebensbereiche in der politischen Ära des Neoliberalismus – privatisiert und kommerzialisiert. Dieser Vorgang erinnert an frühkapitalistische Ausbeutungs- und Akkumulationsmuster:

- *Warlords, Kriegs- und Gewaltunternehmer* tauchen nun wieder auf, die Privatarmeen (oder auch nur militante Banden) finanzieren und befehligen[6]. Diese Warlords nutzen die Entstehung »gewaltoffener Räume«. Sie setzen militärische Ziele mit exzessiver Gewalt durch, eignen sich lokale Ressourcen und Rohstoffe an und zweckentfremden Hilfslieferungen internationaler Organisationen. Die Ökonomie ihrer Banden beruht auf Plünderung und Handel mit geraubten oder illegalen Gütern (Jean/Rufin 1999).
- *Ökonomische Desperados* und *soziokulturell entwurzelte Männer und Jugendliche* bilden die vorwiegend männlichen Gefolgschaften der Warlords, die teils Merkmale regulärer Armeen, teils Charakteristika von Banden aufweisen. Sie sind entweder in lokalen Formationen marodierender gewalttätiger (Jugend- und Kinder-)Ban-

den oder in der kapitalistischen Form transnationaler, profitorientierter Gewaltunternehmen organisiert.

- *Profitorientierte Gewaltunternehmen* (PMC, PSC): Die Zahl der Söldner, der "Lohnarbeiter" des Krieges, nimmt drastisch zu. Söldnerfirmen operieren international, sichern Produktionsenklaven großer Unternehmen, übernehmen vorbereitende Kriegsaufgaben oder auch weniger »geliebte« Parts von Kriegsoperationen (häufig zwecks Umgehung völker- und kriegsrechtlicher Normen). Privatisierung und Kommerzialisierung staatlicher Gewalt nützen zum einen der Flucht aus staatlichen Budgets (Transformation der Personal- in Sachausgaben), zum anderen aber auch der Flucht aus der Rechtsstaatlichkeit (Entzug aus der demokratischen Kontrollgewalt, vgl. Outsourcing im Irak am Beispiel von Abu Ghraib).
- Die neuen Gewaltunternehmen bedienen sich auch wieder des Ausbeutungsmusters frühindustrieller »Kinderarbeit«: *Kindersoldaten*, laut Schätzung der UNO 300.000 in Schwarzafrika und Südostasien, werden als billiges »Menschenmaterial« zwecks profitabler Kriegsführung eingesetzt.

Als zentrale gesellschaftliche und politische Entstehungsbedingungen der sozialen Herrschaftsstruktur der Warlords gelten:

- *(Männliche) Klientelnetzwerke*, wie sie große Teile postkolonialer Volkswirtschaften charakterisieren und stete "Kriminalisierung" der Staaten bewirken (Bayart/Ellis/Hibou 1999, 8ff.): »Kriminelle« Tendenzen charakterisierten koloniale Regime ebenso wie viele der postkolonialen Staaten (Renten- und Raubökonomien, Patronagesysteme usw.).
- *Die Gewöhnung an Gewalt*, ihre Veralltäglichung, wozu die lange gewalttätige Geschichte in den jeweiligen Gesellschaften geführt hat: Gewalt erscheint immer mehr als legitimer Bestandteil politischer Strategien. Für männliche Jugendliche etwa in Somalia oder in Liberia war Beschäftigung in Milizen die einzige Chance, eine Position zu erringen, die sozialen Status und begrenztes Einkommen versprach. Krieg wurde zu einem "way of life", zum »Kalaschnikow-Lebensstil«, eine automatische Waffe zu einem gewöhnlichen Mittel des Lebensunterhalts. Durch Veralltäglichung von

Gewalt wird eine Dynamik ausgelöst, die begrenzende Normen der Gewaltanwendung, wie sie traditionell in jeder Gesellschaft bestehen, außer Kraft setzt.

- *Ökonomische Globalisierung*: Lokale materielle Bereicherung und Sicherung politischer Macht stehen nunmehr verstärkt auch im Kontext zunehmender Inter- und Transnationalisierung. Neue soziale Phänomene wie lokales Wachstum von Bandenkriminalität und weltweite Ausbreitung organisierter Kriminalität sind evident. Die globale Tendenz zu Staatsschwächung und zu Enträumlichung ökonomischer Kalküle kommt freilich gewalttätigen Politiken, organisierter Kriminalität und bewaffneten Konflikten entgegen. Für die Ausdehnung »gewaltoffener Räume« zeichnen sich nämlich auch Existenz globaler Märkte und externer Interessengruppen verantwortlich. Zudem sind die Banden der Warlords darauf angewiesen, Rohstoffe gegen Waffen auf illegalen oder halblegalen Märkten zu tauschen. Auch sie bedürfen der von staatlichen Kontrollen "befreiten" Märkte.

Durch Entwicklungen dieser Art wird erst die Regulierungsbedeutung des neuzeitlichen Staates in Europa erschließbar, nämlich seine Tendenz

- zu demokratischer Steuerung sozialer Verhältnisse,
- zu Separierung von Gewaltanwendung und Erwerbsleben (durch steuerfinanzierte Armeen, die sich gerade nicht zu "amortisieren" haben),
- und zur Intervention in maskulinisierte, hierarchisierte und auch gewalttätige Geschlechterherrschaft.

Was durch moderne Staatlichkeit, mit Hilfe des »westfälischen« Staatsmodells, behoben hätte werden sollen, findet nunmehr aber wieder breiten sozialen Raum und gehörige politische Akzeptanz. Mary Kaldor (2000, 13) thematisiert dies auch als »Umkehrung« der Geschichte des modernen Staates: Die neuen Kriege stellen eine Inversion jener Prozesse dar, durch die moderne Staaten ursprünglich gebildet wurden. Neue Kriege restaurieren genau jene sozialen und geschlechtlichen Verhältnisse, die in der frühen Neuzeit durch Enteignung privater Gewaltformen und ihre Bündelung zum staatlichen Gewaltmonopol gerade überwunden werden sollten.

ANMERKUNGEN

[1] Weltweit sind 97 Prozent der Militärs und 99,9 Prozent der Kombattanten Männer. Auch einschlägige sicherheitspolitische Expertengremien sind männlich dominiert, so waren 97,5 Prozent der Teilnehmer an der Münchener Konferenz für Sicherheitspolitik (2002), dem Weltforum der Sicherheitsexperten, Männer (Prugl 2002, 3).

[2] Die sich nach neoliberalen Dogmen globalisierende Gegenwart gilt bereits heute als die Ära der Jugend-Massenarbeitslosigkeit. In vielen Ländern gehört mehr als die Hälfte der Jugendlichen zu den von regulärem Erwerb Ausgeschlossenen: Weltweit erhoffen derzeit 1,2 Milliarden Jugendliche Gelegenheit zu legaler Erwerbstätigkeit (United Nations Population Fund 2003, zit.n. Lock 2004, 43). Freilich bleiben unzähligen von ihnen nur Schleichwege und Schlupflöcher in informelle oder gar kriminelle Sektoren der Wirtschaft. Die informelle Ökonomie ist der am stärksten expandierende Sektor. Nach Schätzungen der Internationalen Arbeitsorganisation (ILO) leben weltweit 4 Milliarden Menschen von informaler Arbeit (Lock 2004, 49). In Lateinamerika ziehen 60 Prozent der erwerbsfähigen Bevölkerung ihre Subsistenz aus informeller Arbeit. In Russland und anderen Nachfolgestaaten der Sowjetunion sind es mehr als 50 Prozent (Altvater/Mahnkopf 2002, 13). Folge davon ist weitere strukturelle Schwächung der Staaten, zumal rückläufige Steuereinnahmen auch Minderung öffentlicher Dienstleistungen bedeuten, so eben auch Preisgabe innerer Sicherheit, womit der staatsschwächende Zirkel geschlossen wird.

[3] In der Hauptsache sind es Knaben, die zu Kindersoldaten gemacht oder zu jugendlichen Gewalttätern herangezogen werden. Auch Mädchen werden rekrutiert, um zu töten, aber auch um für das leibliche Wohl des Kommandanten zu sorgen. Mädchen werden zudem sexuell ausgebeutet, strikt nach männerbündischen Hierarchieregeln vergewaltigt, zunächst vom Kommandanten, dann von seinen Männern.

[4] Das Label des geächteten Staats/Schurkenstaats zur Kennzeichnung »abnormalen« internationalen Verhaltens von Staaten kam unter der Regierung Reagan auf, wurde dann von der Regierung Clinton weiter radikalisiert und ist seit dem 11. September 2001 in aller Munde. »A rogue State is whoever the United States say it is« (Robert S. Litwak 2000, Direktor der Abteilung »International Studies« am »Woodrow Wilson Center«, zuvor Direktor der »nonproliferation and export controls« im »National Security Council«, zit.n. Giesen 2004, 101). Zentrale Proponenten US-amerikanischer Außenpolitik etikettieren also »Nationen, die eine chronische Unfähigkeit an den Tag legen, sich auf die Welt draußen einzustellen« als Schurkenstaaten (so etwa der Nationale Sicherheitsberater von Präsident Clinton, Anthony Lake 1994, zit.n. Mann 2003, 243). »Schurkisch« ist demnach, wer Massenvernichtungswaffen herstellt, transnationalem Terrorismus beisteht und Menschenrechte verletzt. Schurkenstaaten sind meist »kleine, arme und nicht sehr mächtige Staaten aus dem globalen Süden. Die meisten sind zudem muslimisch« (Mann 2003, 243). Keine Schurken, obwohl einige der erwähnten Merkmale durchaus zutreffen, sondern »Verbündete« sind dagegen Israel

und Pakistan. Auch »große Staaten« (wie China, Russland, aber auch Indonesien) geraten kaum unter den Verdacht der »Schurkerei« (ebd., 243f.).

[5] Neuerdings werden dafür Schreckbilder des Totalitarismus strapaziert, etwa der Slogan von den »Vorposten der Tyrannei« (die bisherige Sicherheitsberaterin von Präsident George W. Bush und nunmehrige Außenministerin Condoleezza Rice anlässlich ihrer Anhörung im außenpolitischen Ausschuss des US-Senat am 19.1.2005), der eine neue Sechsergruppe von Staaten (Birma, Iran, Kuba, Nordkorea, Simbabwe, Weißrussland) zum »legitimen« Angriff freigibt. Die Assoziation des gewählten Bildes zum »Vorhof der Hölle« ist sicher nicht von ungefähr.

[6] Wie in der italienischen Renaissance die Kondottiere, die Krieg als Geschäft, auf eigene Rechnung und nach Grundsätzen der Gewinnmaximierung, betrieben. Sie unterhielten eigene Truppen, die sie an den meistbietenden Tyrannen vermieteten. Das rationalisierte den Krieg und machte ihn zu einem finanziellen Unternehmen.

LITERATUR

Altvater, Elmar/Mahnkopf, Birgit (2002): Globalisierung der Unsicherheit. Arbeit im Schatttcn, Schmutziges Geld und informelle Politik, Münster.

Bauman, Zygmunt (1997): Schwache Staaten. Globalisierung und die Spaltung der Weltgesellschaft, in: Ulrich Beck (Hg.), Kinder der Freiheit, Frankfurt/M, 315-332.

Bayart, Jean-François/Ellis, Stephen/Hibou, Béatrice (1999): The Criminalization of the State in Africa, Oxford-Bloomington.

Böge, Volker (2004): Neue Kriege und traditionelle Konfliktbearbeitung, INEF Report, Institut für Entwicklung und Frieden der Universität Duisburg-Essen, H. 74.

Bourdieu, Pierre (1998): Der Neoliberalismus. Eine Utopie grenzenloser Ausbeutung wird Realität, in: ders., Gegenfeuer. Wortmeldungen im Dienste des Widerstands gegen die neoliberale Invasion, Konstanz, 109-118.

Breuer, Stefan (1998): Der Staat. Entstehung Typen Organisationsstadien, Reinbek bei Hamburg.

Brock, Lothar (2000): Modernisierung und Entgrenzung. Zwei Perspektiven der Weltgesellschaft, in: Klaus Schlichte/Jens Siegelberg (Hg.), Strukturwandel internationaler Beziehungen. Zum Verhältnis von Staat und internationalem System seit dem Westfälischen Frieden, Wiesbaden, 281-303.

Brock, Lothar (2004): Alt und neu, Krieg und Gewalt: Heuristische und normative Aspekte kategorialer Unterscheidungen, in: Sabine Kurtenbach/Peter Lock (Hg.), Kriege als (Über) Lebenswelten. Schattenglobalisierung, Kriegsökonomien und Inseln der Zivilität, Bonn, 11-19.

Connell, Robert W. (1999): Der gemachte Mann. Konstruktion und Krise von Männlichkeiten, Opladen.

Derrida, Jacques (2003): Schurken. Zwei Essays über die Vernunft, Frankfurt/M.

Ehrke, Michael (2002): Zur politischen Ökonomie post-nationalstaatlicher Konflikte, in: Internationale Politik und Gesellschaft 3, 135-163.

Giesen, Klaus-Gerd (2004): Zur Ideologie des Schurkenstaates: Rawls versus Derrida, in: Klaus-Gerd Giesen (Hg.), Ideologien in der Weltpolitik, Wiesbaden, 101-115.

Harnischfeger, Johannes (2001): Die Bakassi-Boys in Nigeria. Vom Aufstieg der Milizen und dem Niedergang des Staates, in: KAS-AI 12/01, 13-46.

Huntington, Samuel P. (1997): Der Kampf der Kulturen. Die Neugestaltung der Weltpolitik im 21. Jahrhundert, 5. Aufl., München.

Isaksson, Eva (1988): Women and the Military System, New York.

Jansen, Mechthild (1995): Friedenspolitik von Frauen – nur eine Illusion? Über den Zusammenhang von Krieg und Patriarchat, Manuskript des Vortrags an der FernUniversität-Gesamthochschule Hagen, 6. März.

Jean, Francois, Rufin, Christophe (1999) (Hg.) : Ökonomie der Bürgerkriege, Hamburg

Jeffords, Susan (1989): The Remasculinization of America. Gender and the Vietnam War, Bloomington-Indianapolis.

Kaldor, Mary (2000): Alte und neue Kriege. Organisierte Gewalt im Zeitalter der Globalisierung, Frankfurt/M.

Lock, Peter (2001): Kleinwaffen – eine Herausforderung für den Weltfrieden, Policy Paper Nr. 17, Stiftung Entwicklung und Frieden, Mai 2001. http://www.learn-line.nrw.de/angebote/umweltgesundheit/medio/global/fried_dat/ Kleinwaffen.pdf

Lock, Peter (2002): Zur politischen Ökonomie der Nachfrageseite in bewaffneten Konflikten. Gewaltunternehmer als zentrale Akteure, in: amnesty international (Hg.), Geschäfte mit dem Tod – Rüstungstransfers und Menschenrechte, Münster (http://www.peter-lock.de/txt/amnestie2.html).

Lock, Peter (2004): Gewalt als Regulation: Zur Logik der Schattenglobalisierung, in: Sabine Kurtenbach/Peter Lock (Hg.), Kriege als (Über) Lebenswelten. Schattenglobalisierung, Kriegsökonomien und Inseln der Zivilität, Bonn, 40-61.

Mann, Michael (2003): Die ohnmächtige Supermacht. Warum die USA die Welt nicht regieren können, Frankfurt/M.

Mappes-Niediek, Norbert (2005): Schwache Staaten und ökonomische Entwicklung. Organisierte Kriminalität und Korruption auf dem Balkan. Lage, Ursachen und Perspektive, in: Joachim Becker/Gerald Hödl/Peter Steyrer (Hg.), Krieg an den Rändern. Von Sarajevo bis Kuito, Wien, 208-223.

Misik, Robert (2005): Ausweitung der Unsicherheitszone. Über Sinn und Nebensinn des aufstrebenden Vokabels Prekarisierung, in: Der Standard, 25. November 2005, A 3.

Münkler, Herfried (2001): Sind wir im Krieg? Über Terrorismus, Partisanen und die neuen Formen des Krieges, in: Politische Vierteljahresschrift 4, 581-589.

Prugl, Elisabeth (2002): European Security and Defense: Beyond Militarist Masculinity, INIIS Colloquium, Universität Bremen, April 22.

Reinhard, Wolfgang (Hg.) (1999): Verstaatlichung der Welt? Europäische Staatsmodelle und außereuropäische Machtprozesse, München.

Ruf, Werner (2003): Politische Ökonomie der Gewalt. Staatszerfall und Privatisierung von Gewalt und Krieg, in: ders. (Hg.), Politische Ökonomie der Gewalt. Staatszerfall und Privatisierung von Gewalt und Krieg, Opladen, 9-47.

Schlichte, Klaus (2004a): Neue Kriege oder alte Thesen? Wirklichkeit und Repräsentation kriegerischer Gewalt in der Politikwissenschaft, Vortrag auf der Tagung

»Neue Kriegstheorien – eine Zwischenbilanz«, DVPW-Sektion Politische Theorien und Ideengeschichte in Kooperation mit der Hessischen Stiftung Friedens- und Konfliktforschung, Frankfurt/M., 25. bis 27. März.

Schlichte, Klaus (2004b): Krieg und bewaffneter Konflikt als sozialer Raum, in: Sabine Kurtenbach/Peter Lock (Hg.), Kriege als (Über) Lebenswelten. Schattenglobalisierung, Kriegsökonomien und Inseln der Zivilität, Bonn, 184-199.

Schrader, Lutz (o.J.): Unilateralismus versus Global Governance: Die so genannten Schurkenstaaten als Problem der internationalen Sicherheitspolitik, in: www.uni-muenster.de/PeaCon/global-texte/g-w/n/SchraderSchurken.pdf, 201-230.

Seifert, Ruth (1996): Militär – Kultur – Identität. Individualisierung, Geschlechterverhältnisse und die soziale Konstruktion des Soldaten, Bremen.

Seifert, Ruth (2003): Plädoyer für eine Subjekt- und Genderperspektive in der Friedens- und Konfliktforschung, in: AFB-Texte, Nr. 2, Januar, 1-18, http://www.priub.org/afb_texte/afbtext2003-2.pdf, (20. 2. 2004).

Tilly, Charles (1993): Coercion, Capital, and European States. Ad 990-1992, Oxford.

Trotha, Trutz von (1999): Über den Erfolg und die Brüchigkeit der Utopie staatlicher Herrschaft. Herrschaftssoziologische Beobachtungen über den kolonialen und nachkolonialen Staat in Westafrika, in: Wolfgang Reinhard (Hg.), Verstaatlichung der Welt? Europäische Staatsmodelle und außereuropäische Machtprozesse, München, 223-251.

Trotha, Trutz von (2000): Die Zukunft liegt in Afrika. Vom Verfall des Staates, von der Vorherrschaft der konzentrischen Ordnung und vom Aufstieg der Parastaatlichkeit, in: Leviathan, Jg. 28, H.2, 253-279.

Waldmann, Peter (2002): Der anomische Staat. Über Recht, öffentliche Sicherheit und Alltag in Lateinamerika, Opladen.

Young, Iris Marion (2003): The Logic of Masculinist Protection: Reflections on the Current Security State, in: Signs. Journal of Women in Culture and Society, vol. 29, no. 1, 1-25.

Von Heldinnen und Monstern

Personalisierung und Vergeschlechtlichung von Kriegsnarrativen an den Beispielen Jessica Lynch und Lynndie England

Saskia Stachowitsch

Obwohl Krieg gemeinhin als männlich dominiertes Phänomen verstanden wird, wurden während des noch immer andauernden US-Militäreinsatzes im Irak zwei junge Frauen, nämlich die US-Soldatinnen Jessica Lynch und Lynndie England, zu den wohl bekanntesten und medial präsentesten »Gesichtern des Krieges«. Erstere geriet in irakische Gefangenschaft und wurde anschließend von US Special Forces in einer spektakulär inszenierten Rettungsaktion befreit, letztere war maßgeblich an den Folterungen im irakischen Gefängnis Abu Ghraib beteiligt. Während bei der einen traditionelle Geschlechterstereotype in einer patriotischen Heldengeschichte zelebriert wurden, erschien die andere als Inkarnation weiblicher Grausamkeit und Abweichung von traditionellen Weiblichkeitsvorstellungen. Doch trotz der Unterschiede in der Inszenierung lassen sich gewisse Ähnlichkeiten zwischen beiden »Medienevents« feststellen: beide lenkten die öffentliche Aufmerksamkeit in einer kritischen Phase des Krieges auf Individuen und von politischen und militärischen Verfehlungen im Irak ab.

Diese Prozesse der Personalisierung waren immer auch vergeschlechtlicht und wurden nicht zuletzt im innenpolitischen Diskurs um militärische In- oder Exklusion von Frauen instrumentalisiert. Vergeschlechtlichte Bilder und Narrative von Konformität und Abweichung wurden produziert und mit klassenspezifischen Stereotypen verbunden, die schließlich eine idealisierte heroisch-militärische, US-amerikanische Männlichkeit stützen und Kritik am Krieg und der politischen Führung abfangen sollten. Erscheinungsformen und Funktionsweisen solcher Vergeschlechtlichungen bei der Aufrechterhaltung von Krieg als männlicher Machtressource und hierarchischer, militarisierter Geschlechterkonstruktionen sollen im folgenden Beitrag offengelegt werden.

Parallel zu technologischen und strategischen Veränderungen in der Kriegsführung, Ausdehnung des Kriegsbegriffs im »Krieg gegen den Terrorismus« und zunehmender Privatisierung und Entstaatlichung kriegerischer Gewalt kommt es in vielen westlichen Industrienationen, so auch in den USA, zu größerer und aktiverer weiblicher Beteiligung an Kriegen. Durch die Analyse massenmedialer Kriegsnarrative und ihrer vergeschlechtlichten Dimensionen wird in diesem Beitrag der Frage nachgegangen, ob diese Veränderungen Militär und Krieg als männlich definierte Institutionen hinterfragen und militarisierte Männlichkeits- und Weiblichkeitskonstruktionen ins Wanken bringen.

Im Zentrum der Untersuchung steht die Berichterstattung um Lynndie Englands Beteiligung am Folterskandal, die anhand von Artikeln aus den beiden auflagenstärksten US-amerikanischen Tageszeitungen Washington Post (WP) und New York Times (NYT) analysiert wurde. Es wurden jene Artikel einer qualitativen Inhaltsanalyse unterzogen, die sich seit der Aufdeckung des Skandals im Frühjahr 2004 bis zu den ersten Verurteilungen Anfang 2005 mit den beteiligten SoldatInnen als Haupt- oder Subthema befassten. Beide Zeitungen spiegeln ein relativ breites Spektrum an Meinungen wider und sind somit für die Untersuchung von medialen Repräsentationswettbewerben besonders geeignet. Da sie aber als politisch liberal und eher kritisch gegenüber der Bush-Administration gelten, wurden Artikel aus der rechtskonservativen, Teilen der Republikanischen Partei nahe stehenden Washington Times (WT), ebenfalls in das Sample aufgenommen, um Debatten auf der anderen Seite des politischen Spektrum einfangen zu können. Diese Auswahl zeigt dennoch lediglich einen Ausschnitt aus den Diskussionen um Abu Ghraib.

Um Debatten über geschlechtsspezifische Normen und Abweichungen in einen größeren Kontext stellen zu können, wird hier auch auf einen Fall »erfolgreicher« Inszenierung von militärischer Männlichkeit und Weiblichkeit eingegangen, nämlich auf die Berichterstattung um Jessica Lynch. Diese ist bereits einigermaßen gut aufgearbeitet und wird daher nur anhand von Sekundärliteratur behandelt und mit Beispielen aus Tageszeitungen und Online-Newsseiten illustriert.

MYTHEN VON DER »NATÜRLICHEN« MÄNNLICHKEIT DES KRIEGES

Eva Kreisky hat in ihrem Beitrag im vorliegenden Band theoretische Verknüpfungen von Geschlecht und Krieg unter den Bedingungen eines sich wandelnden Kriegsgeschehens bereits umfassend dargelegt. Ich möchte dennoch folgende ihrer Grundgedanken hier noch einmal aufgreifen: Krieg wird nicht nur als männlich wahrgenommen, weil männliche Akteure häufiger und offenkundiger im Zentrum des Kriegsgeschehens stehen. Vor allem sind es soziale und kulturelle Konstruktionen, die eine männliche Vergeschlechtlichung des Krieges bewirken. Krieg ist, als eine Form politischen Diskurses und sozialer Praxis, Folge patriarchaler Geschlechterverhältnisse und auch an deren Anpassung und Kontinuität beteiligt. Vergeschlechtlichte Ideologisierungen und Wertvorstellungen steuern das militärisch-kriegerische Geschehen wesentlich mit (Kreisky 2003, 1ff.).

Krieg ist (auch) eine Erzählung, ein Narrativ, das nicht nur von ethnischen, nationalen oder religiösen, sondern auch von Geschlechterdimensionen geprägt ist. Die narrative Kohärenz der »Erzählung Krieg« benötigt bestimmte Geschlechterstereotype, die Männer als aggressiv, gewalttätig und mutig imaginieren, während Frauen Passivität, Friedfertigkeit und Mütterlichkeit zugeschrieben wird. Denn Männlichkeit des Kampfes und Schutzbedürftigkeit von Frauen sind für die Legitimierung von kriegerischer Gewalt bedeutsam (Seifert 1996, 180ff.). Integration von Frauen in militärische Institutionen fordert diese Kriegsnarrative heraus, wobei das ideologische Dilemma kämpfender Frauen bislang durch ihren Ausschluss aus Kampfeinheiten gelöst werden sollte (ebd., 88).

Die angenommene Männlichkeit des Krieges ist also keineswegs »natürlich«, sondern historisch geworden und sozial bzw. kulturell konstruiert. Erst mit der Transformation von Söldner- zu Nationalstaatskriegen und der Erfindung moderner Feuerwaffensysteme wurden Frauen strikt von der Kriegsführung ausgeschlossen. Ab diesem Zeitpunkt wurde Krieg zu einem Massenphänomen und nicht mehr von einer klar definierten Kriegerkaste geführt, was nun alle Männer zu potentiellen Kämpfern machte. Die militärische Revolution am Ende des 16. und zu Beginn des 17. Jahrhunderts integrierte Männer zudem in standardisierte nationalstaatliche Armeen und stärkte so ein besonderes, über das Militär vermitteltes Verhältnis zwischen Mann und Staat. Kampffähigkeit wurde zu einer Voraussetzung für politische Partizipationsrechte (Kreisky 2003, 4ff.) und das Militär als Schlüsselinstitution moderner Kriegsführung und moderner Nationalstaaten zur »male-defining institution« (Isaksson 1988, 3). Angriffe auf militarisierte Geschlechterkonstruktionen bedrohen daher geschlechtsspezifische Privilegienstrukturen sowohl innerhalb als auch außerhalb der Organisation (Seifert 1996, 88ff.).

Privatisierung und Kommerzialisierung von Gewalt sowie Entstaatlichung der Kriegsführung sind Merkmale aktueller Veränderungen des Kriegsgeschehens (Kaldor 1999), die auch im Irak-Krieg bedeutend sind: Private Military Companies (PMCs) gewinnen im Vergleich zu staatlichen Truppen an Relevanz, Kriegsführung ist asymmetrisch, und Kämpfe können nicht durch militärische Siege beendet werden. Von der Auflösung des Konnexes Staat und Krieg ist auch der Konnex starke Männer – starke Staaten – männliche Kriegsführung betroffen.[1] Maskuline Hegemonie im Militär wird herausgefordert, denn die aktuelle Modernisierung von Militärsystemen ist oft von deren Öffnung gegenüber Frauen begleitet (Harders 2004, 1101). In der Ära des »Techno-War« und der »chirurgischen Eingriffe« werden Argumente physischer Unterlegenheit von Frauen obsolet, während es extensive Medienberichterstattung unmöglich macht, die Präsenz von Frauen im Kriegsgeschehen zu leugnen oder die immer mehr verschwimmende Trennlinie zwischen kämpfendem und nicht-kämpfendem Personal aufrechtzuerhalten. Die Auflockerung der »Combat Exclusion« für Frauen im US-Militär nach dem Golfkrieg 1991, in dem 40.000 Frauen gedient hatten, ist teilweise Folge dieser Entwicklungen (Sagawa/Duff Campbell 1992). Dennoch bleiben Frauen auch heute vom Dienst an der Front und von Führungspositionen in nahezu allen Abteilungen des Militärs ausgeschlossen (Beckett/Chien 2002).

Modernisierung von Kriegsführung und Militärsystemen haben also nicht notwendiger Weise positive Auswirkungen auf weibliche Partizipation. Während des aktuellen Krieges im Irak wird etwa wieder versucht, die ansatzweise »Entmännlichung« des Militärs rückgängig zu machen. Im Mai 2005 versuchten Teile der Republikanischen Partei im Kongress einen Gesetzesentwurf durchzusetzen, der Frauen aus Unterstützungseinheiten für Kampftruppen ausschließen würde. Hauptargument: Im Irak gäbe es keine klaren Frontlinien und Frauen könnten so jederzeit in Kämpfe verwickelt werden. Der Gesetzesvorschlag wird allerdings von Seiten des Militärs abgelehnt. Einer der Gründe ist, dass das Rekrutierungsziel für 2005 bereits im Frühjahr um 15% verfehlt wurde (Brookes, 2005).

MASSENMEDIALE REPRÄSENTATIONEN DER »ERZÄHLUNG KRIEG«

Kämpfe um die »richtige« Deutung von Ereignissen werden in Mediendiskursen abgebildet, in denen verschiedene soziale Gruppen ihre Agenden und Ideologien bewerben (Kellner 1995). Solche Repräsentationswettbewerbe werden auch um das Narrativ Krieg geführt, dessen effektive Kontrolle für den Erfolg eines Kriegseinsatzes entscheidend ist. Dabei werden auch vergeschlechtlichte Erzählungen und Bilder eingesetzt.

Auf dem zunehmend wettbewerbsorientierten Nachrichtenmarkt befinden sich Medien und Militär in einem gegenseitigen Abhängigkeitsverhältnis, das unkritische Berichterstattung und propagandistische Inszenierung von Kriegen begünstigt. Die erfolgreiche, mediale Inszenierung des Golfkriegs 1991 als gerechten, sauberen und überwältigend siegreichen »Techno-War« ist beispielhaft für diese Entwicklungen. Militär und Regierung kontrollierten die Verbreitung von Informationen, während Massenmedien unkritische Unterstützung für das Vorgehen der Regierung generierten (Jeffords/Rabinovitz 1994, 2ff.). Das »Mediendesaster« des Somalia-Einsatzes 1993 zeigte allerdings, dass Kontrolle über das Narrativ Krieg auch verloren gehen kann – ein Schicksal, das der Regierung Bush Jr. im Irak immer wieder drohte. Seit SoldatInnen Emails und Digitalfotos problemlos nach Hause verschicken können, beeinflussen ihre Aufzeichnungen immer mehr die diskursiven (Neu-)Verhandlungen von Krieg. Dennoch war das, was MedienrezipientInnen von der Operation Iraqi Freedom zu sehen bekamen, zumeist fiktionalisierte Propaganda, wie etwa der inszenierte Sturz der Saddam-Hussein-Statue oder eben die Rettung von Jessica Lynch. Erst der Folter-Skandal stellte die Repräsentationsmacht der Regierung über diesen Krieg ernsthaft in Frage.

PERSONALISIERUNG ALS ENTPOLITISIERENDE ERZÄHLSTRATEGIE

US-amerikanische Kriegsnarrative sind besonders seit dem Vietnam-Krieg durch die Verschiebung von Aufmerksamkeit weg vom System und hin auf einzelne Soldaten (bzw. heute auch Soldatinnen) gekennzeichnet. Krieg erscheint dadurch weniger als nationale und mehr als persönliche Erfahrung ohne historische und politische Hindergründe. So wird es generell schwieriger, den jeweiligen Krieg oder die politische Führung zu kritisieren (Jeffords 1996, 226). Eine »Politik des Spektakels«, die Gut und Böse in skandalisierenden Diskursen inszeniert, lenkt Aufmerksamkeit weiter von politischen Inhalten ab (Kellner 2003). Da Kriegsgeschichten Männlichkeiten und Weiblichkeiten (mit-)konstruieren und somit Reflexionen aktueller Veränderungen von Geschlechterverhältnissen, Krieg und Militär sind (Jeffords 1996, 228f.), sind diese Prozesse der Personalisierung und Schuldzuweisung immer auch vergeschlechtlicht.

Im Falle Lynchs inszenierten US-Regierung, Militär und Medien die Geschichte einer patriotischen, aber schutzbedürftigen Heldin und dämonischen Feinden, um Zustimmung für den angezweifelten Kriegseinsatz im Irak zu generieren. Im Zuge des Abu Ghraib Skandals behaupteten Regierung und Militär, die Folterungen wären das isolierte Werk einiger weniger, um sich selbst vor Kritik zu schützen.

Sie konstruierten die beschuldigten SoldatInnen als Abweichungen von hegemonialen (militarisierten) Männlichkeiten und Weiblichkeiten (Connell 1995), wobei sie wiederum von medialer Seite unterstützt wurden. Durch diese Konstruktionen wurde der Skandal vergeschlechtlicht und Militärfrauen mitunter direkt Schuld zugewiesen, was von der starken Lobby gegen militärische Integration von Frauen gefördert und für die Bewerbung ihrer Agenden genutzt wurde.

Historische Darstellungsformen von gewalttätigen Frauen halfen zusätzlich bei der Personalisierung des Folter-Skandals. Der spezielle Nachrichtenwert von Frauen als Kriegsverbrecherinnen ist nur unter Berücksichtigung einer unterstellten weiblichen Friedfertigkeit zu verstehen, die weibliche Aggression als besonders skandalös, exzessiv und deviant erscheinen lässt. Die systematischen Menschenrechtsverletzungen in Abu Ghraib wurden so von »offensichtlicher« weiblicher Grausamkeit überdeckt (Harders 2004, 1108).

JESSICA LYNCH: PATRIOTISCHE HELDIN UND WEIBLICHES OPFER

Jessica Lynchs Einheit geriet im März 2003 in ein Gefecht mit irakischen Streitkräften, bei dem sie gefangen genommen wurde. Sie erlitt leichte Verletzungen und wurde in ein Spital gebracht. Wenig später stürmten Special Operation Forces in Begleitung eines Kamera-Teams das unbewachte Gebäude, in dem Lynch – wie sie selbst später behauptete – vorbildlich versorgt worden war. Die Bilder der müden, aber dankbaren Soldatin, über die eine amerikanische Flagge drapiert worden war, gingen um die Welt. In den USA wurde sie mit Orden, Auszeichnungen und Paraden empfangen.

Offizielle Stellen hielten sich vorerst mit Informationen zu den Umständen von Jessica Lynchs Gefangennahme zurück und überließen die Geschichte weitgehend den Spekulationen der Medien. Associated Press und New York Times meldeten, dass Lynch mehrfach angeschossen worden war. Es folgte eine Story in der Washington Post, nach der Lynch erbittert gekämpft und mehrere Schuss-

und Stichverletzungen erlitten hatte. Trotz teilweise dubioser Quellen wurde diese Heldengeschichte nach und nach zur offiziellen Version, bis die britische Zeitung The Guardian am 15. Mai eine ausführliche Dekonstruktion der Erzählung druckte. Erst jetzt begann auch die US-amerikanische Presse, die »Fakten« zu hinterfragen. Heute ist klar, dass Lynch nicht angeschossen wurde und aufgrund einer Ladehemmung auch nicht selbst geschossen hat (Chinni 2003). Massenmedien ließen sich in diesem Fall bereitwillig von Regierung und Militär in die Inszenierung der propagandistischen Kriegsgeschichte um Jessica Lynch einspannen.

VERGESCHLECHTLICHUNGEN DER JESSICA-LYNCH-STORY

Die kontroversiellen und teilweise widersprüchlichen medialen Darstellungen Jessica Lynchs bewegten sich zwischen den beiden Extremen »infantilisiertes Opfer« und »tapfere Kämpferin«. In den ersten Berichten über Lynchs Gefangennahme hieß es, sie hätte bis zum bitteren Ende auf ihre Feinde geschossen und dabei mehrere Iraker getötet. Lynch wurde also einerseits als Kriegsheldin gefeiert, während ihr andererseits die Fähigkeiten, die männlichen Kriegshelden zugesprochen werden, aberkannt wurden. Die eindrucksvolle Inszenierung ihrer Schutzbedürftigkeit und des heldenhaften Auftretens ihrer Retter wurde durch eine gewisse Infantilisierung Lynchs begleitet: »Everybody felt like she was their adopted child.« (Associated Press, Fox News Online, 22. 7. 2003b) Patriotische Geschichten über die Kriegsheldin Lynch wurden so durch Erzählungen vom traumatisierten Kriegsopfer ausbalanciert.

Lynchs Schicksal schien in der Berichterstattung von Anfang an von männlicher Aggression bzw. männlichem Wohlwollen abhängig, sei es von Seiten der irakischen Soldaten, der Ärzte oder der US Special Forces. Die zur Rettung der »Heldin in Bedrängnis« abgestellten Army SEALs und Rangers traten als Inbegriff der moralischen US-amerikanischen Männlichkeit auf (Goff 2003). Immer wieder wurde auch von den ersten Worten berichtet, die Lynchs Retter an sie gerichtet haben sollen: »Jessica Lynch, we're the United States Soldiers and we're here to protect you and take you home.« (Priest, WP, 17. 6. 2003) Selbst kämpfende Soldatinnen wurden so als männliche Schutzobjekte fortgeschrieben. Die inszenierte »Verweiblichung« der einst tapferen Soldatin wird in der folgenden Meldung der Associated Press besonders deutlich:

> On her hospital bed Pfc. Jessica Lynch peered out from the sheet with which she'd been covering her head in fear. ...Jessica held up her hand and grabbed the Ranger doctor's hand, and held onto it for the entire time and said, ›Please don't let anybody leave me.‹ It was clear she ... didn't want to be left anywhere near the enemy. (Associated Press, Fox News Online, 5. 4. 2003a)

Wie zur Unterstreichung ihres Opferstatus folgten bis heute unbestätigte Berichte, Lynch sei bei ihrer Gefangennahme vergewaltigt worden (Colford/Siemasko, New York Daily News, 6. 2. 2003). Vertreter des Militärs ließen die Frage des sexuellen Missbrauchs lange Zeit offen. Die imaginierte Grausamkeit des Feindes und Reflexe eines patriarchalen Protektionismus wurden mobilisiert, um dem Angriffskrieg im Irak durch dieses Moralstück weitere Legitimation zu verschaffen (Goff 2003). Die angebliche Vergewaltigung wurde außerdem von LobbyistInnen für den militärischen Ausschluss von Frauen benutzt, um weibliche Untauglichkeit für das Militär zu unterstreichen:

> A pretty blonde 20-year-old from the hollers of West Virginia, Lynch knew what could happen to her, if she fell into Iraqi hands. A female pilot captured in the Persian Gulf War had been raped. ... Everyone knew what Saddam's soldiers did to women captives. (Colford/Siemasko, New York Daily News, 6. 2. 2003)

Am Fall Jessica Lynch entzündete sich erneut die in den USA seit Jahrzehnten emotional geführte Debatte, ob Frauen zu Kampfeinheiten zugelassen werden sollten. Lynchs vermeintliche Tapferkeit nahmen einige zum Anlass, um auf die Tauglichkeit von Frauen in Kampfsituationen hinzuweisen (Chinni 2003) – eine Strategie, die nach hinten los ging, als klar wurde, dass Lynch keinen einzigen

Schuss abgefeuert hatte. Es wurde sogar behauptet, »Pentagon feminists« – wer immer das sein soll – hätten falsche Informationen über die Umstände von Lynchs Gefangennahme in Umlauf gebracht, um Restriktionen für Frauen in der Armee ins Wanken zu bringen. Weiters wurde Lynch als Opportunistin angefeindet, die unrechtmäßig Ruhm auf dem Rücken von viel mutigeren, männlichen Soldaten erlangte, die tatsächlich für ihr Land gestorben waren (Goff 2003).

LYNNDIE ENGLAND: ANTI-HELDIN UND ANTI-FRAU

Der Gegenstand einer internen militärischen Untersuchung wurde im April 2004 öffentlich bekannt: US-SoldatInnen hatten Gefangene im irakischen Gefängnis Abu Ghraib systematisch gefoltert, um sie für Verhöre »aufzuweichen«, und diese Folterungen waren vielfach fotografiert worden. Unter den ersten medial präsenten Bildern waren jene von Private Lynndie England, auf denen die 21-jährige Gefängniswärterin einen nackten Iraker an einer Leine hält, in einer triumphierenden Pose hinter zu einer Pyramide gestapelten nackten Gefangenen steht oder mit Zigarette im Mund auf die Genitalien eines weiteren Gefangenen deutet. Obwohl noch einige andere SoldatInnen in die Affäre verwickelt waren, bekamen diese Fotos verhältnismäßig große mediale Aufmerksamkeit und England wurde als »Gesicht des Skandals« besonders herausgestellt. Untersuchungen identifizierten währenddessen vier männliche und drei weibliche Mitglieder der Militärpolizei und ein männliches Mitglied des Militärgeheimdienstes als Hauptschuldige. Charles Graner, Englands damaliger Freund und Vater ihres Kindes, wurde als Anführer zu zehn Jahren Haft verurteilt. England selbst wurde der Verschwörung, der Misshandlung von Gefangenen und des Begehens von »indecent acts« schuldig gesprochen und zu drei Jahren Haft verurteilt.

Die meisten Fälle von Missbrauch in Abu Ghraib ereigneten sich in jener Phase des Krieges, in der steigender irakischer Widerstand immer mehr US-Opfer forderte. Durch die Bilder von folternden US-SoldatInnen wurde der Glaube an die guten Absichten der Bush-Administration, die Legitimation und Gewinnbarkeit des Krieges und die Integrität des US-Militärs weiter geschwächt. Kritik an Verteidigungsminister Donald Rumsfeld und der gesamten Bush-Administration wurde mit der Behauptung entkräftet, bei den Beschuldigten handle es sich lediglich um »a few bad apples«.

VERGESCHLECHTLICHUNGEN DER LYNNDIE-ENGLAND-STORY

Die untersuchten Medien unterstützten die Regierung tatkräftig bei der (vergeschlechtlichten) Personalisierung des Folter-Skandals. Lynndie England wurde in der Berichterstattung zum »Symbol« für Abu Ghraib hochstilisiert (Fisher, WP, 13. 5. 2004; Stevenson, NYT, 9. 5. 2004), indem sie als »most public face of the scandal« (Zernike, NYT, 16. 5. 2004; Reuters, NYT, 31. 8. 2004), »central figure« (Associated Press, NYT, 3. 8. 2004) oder »synonymous with the abuse« (Davenport/Amon, WP, 9. 5. 2004) bezeichnet wurde. Ihr wurde die Rolle des Bösewichts zugewiesen, selbst nachdem Charles Graner als »Ringleader« der Folterungen verurteilt worden war.

Während die rechtskonservative WT England und andere Frauen im Militär direkt beschuldigten und den Skandal offen zu einer Frage des Geschlechts machten, befassten sich nur wenige Berichte in NYT[2] und WP im Zusammenhang mit Abu Ghraib direkt mit Geschlechterfragen. Wenige setzten sich kritisch mit der behaupteten Umkehr traditioneller Geschlechterrollen auseinander oder gaben feministischen Stimmen ein Forum (wie z. B.: Embser-Herbert, WP, 13. 5. 2004). AktivistInnen, die sich für die Reetablierung des militärischen Frauenausschluss einsetzten, konnten in der Debatte hingegen relativ viel Raum beanspruchen. So etwa Phyllis Schlafly, Präsidentin des Eagle Forum: »I think it's uncivilized (for women to fight in a war). I think it's social experimentation, and I don't think it's going to help us win the war.« (zit. in Fears, WP, 26. 5. 2004) Und über jenes Bild, auf dem England einen Gefangenen an der Leine hält: »This later picture is a feminist fantasy. That's how feminists think about men.« (ebd.) Elaine Donnelly, Präsidentin des Center for Military Readiness fügte im selben Artikel hinzu: »They want to masculinize the women and feminize the men, so that we're a gender-neutral society...We're asking these policies to be reassessed.« (ebd.)

In vielen Berichten (Williamson, WP, 9. 5. 2004b; Higham/Stephens, WP, 22. 5. 2004; Applebaum, WP, 5. 1. 2005) stand die Schwangerschaft Englands als Symbol für ihre Weiblichkeit den Verbrechen gegenüber, deren sie angeklagt war:

> She seems too small, even pixie-like, to be as sadistically abusive as she's portrayed...There is something so girlish about her, though she's 21, and something so boyish, too...Her battle dress uniform is cut maternity-style to accommodate a bulging stomach, eight months pregnant...She's awaiting the arrival of her first-born. And she's awaiting the next phase of a court martial in which she faces up to 37 years in prison if convicted of abusing Iraqi prisoners...Three young female soldiers chow down. Lynndie England would fit right in with them. »A soldier's a soldier,« (one of them) says. But who can ignore the pregnancy?...Their heavy boots hit the marble floor as they trot through the mall. Their burgundy berets bob up and down. Their ponytails swing behind them. Lynndie England rubs her large tummy. (Duke, WP, 19. 9. 2004)

NYT und WP thematisierten Geschlecht kaum in Nachrichten und Kommentaren, während ihre Berichte über einzelne SoldatInnen mit militarisierten Geschlechterbildern gefüllt waren: heroische Männer, stolze Soldatengattinnen, schwangere Soldatinnen, deviante männliche und weibliche Bösewichte. Obwohl manche Artikel kritisch gegenüber dem Abschieben von Verantwortlichkeit auf SoldatInnen von niedrigem Rang waren, forderten sie die anti-feministischen Debatten auf der anderen Seite des politischen Spektrums in keiner Weise heraus.

In der WT waren Vergeschlechtlichungen des Skandals weit weniger subtil. Sowohl das Bild der moralisch verwerflichen als auch das der tugendhaften, friedliebenden Frau wurden benutzt, um Frauen für den Skandal verantwortlich zu machen und gegen ihre militärische Integration zu argumentieren. Der Lobby gegen die Beteiligung von Frauen am Militär wurde ein Forum geboten, um die Botschaft zu verbreiten, dass der Erfolg des Krieges von der Frage abhinge, ob

Frauen in den Streitkräften dienen dürfen. Unkontrollierbare Sexualität und Mutterschaft wurden als Beweise für militärische Untauglichkeit von Frauen angegeben (Simmons, WT, 6. 5. 2004; Scarborough, WT 16. 6. 2004a und 1. 7. 2004b; Blanchard, WT, 13. 8. 2004). Mythen von Militärfrauen als promiskuitiv oder homosexuell (Stiehm 1988, 96) wurden auf England und die anderen Soldatinnen angewandt, um zu zeigen, dass diese keine »wahren« Frauen sind. Alle Frauen im Militärdienst wurden so für den Missbrauch irakischer Gefangener und für Vergewaltigung von Rekrutinnen verantwortlich gemacht:

> What were Congress and the Clinton White House thinking when they began, in earnest, legislative moves that essentially led to the feminization of America's armed forces? Did they think that there would be not cultural implications (pregnancies, rape and sexual assault, etc.)? Did they think there would be no effect on America's military...a woman, with no experience running a penal institution, in charge of all penal institutions in Iraq; scores of reports about women soldiers participating in the mistreatment of male prisoners (including sexual degradation); photographic evidence that the ›girls‹ were equal partners with the ›boys‹ in these criminal acts – during a war, no less; the possibility that one of those ›girls‹, a suspect in these wholly un-American abuses and shameful acts – was impregnated while fighting in a war. (Simmons, WT, 6. 5. 2004)

Besonders militärische Autorität und Führung werden so stark mit Männlichkeit assoziiert, dass ihre »Verweiblichung« als männlicher Machtverlust empfunden werden muss (Seifert 1996: 88f.). Janis Karpinski, die Leiterin der Militärpolizeieinheiten in Abu Ghraib wurde in diesem Sinne als inkompetente militärische Führungskraft dargestellt und somit Frauen im Allgemeinen als Soldatinnen diskreditiert:

> Mr. Rumsfeld stood straight up to the world and accepted responsibility for Abu Ghraib. He took it like a man. War is not woman's work. It is man's work – not because men are more brutal or stronger, but because they can endure the stresses of combat and be accountable for the failures those stresses inevitably create. They don't whine, deviously

> evade, blame others, make up excuses and whimper, ›It's not my fault!‹ (Wheeler, WT, 20. 5. 2004)

Als weiterer Grund, warum Frauen nicht dienen sollten, wurde kulturelle Unsensibilität gegenüber arabischen Werten angegeben. Eigene misogyne Reflexe wurden auf den Feind projiziert:

> No values are higher in the Arab world than male honor and female purity. Placing a woman in charge of Iraq prisons when the U.S. was trying to win the hearts and minds of the population was an affront to this culture. . . . If one is to direct its destinies, one must at least be aware of its cultural myths. (Devine, WT, 11. 5. 2004)

MILITARISIERTE MÄNNLICHKEIT: HELDENTUM UND DEVIANZ

Weibliche und männliche Soldaten, die in den Folterskandal verwickelt waren, wurden in Abgrenzung zu Stereotypen von tugendhaften, mutigen US-Soldaten und durch Disziplin, Ordnung und Mut definierte Formen militärischer Männlichkeit dargestellt. Charles Graner wurde als Mann gezeigt, der unter Stress zur Gewalttätigkeit neigte und Probleme mit dem Befolgen von Befehlen hatte (Zernike, NYT, 13. 1. 2005). Er soll trotz Ermahnungen seine Freundin getroffen, seine Uniform verändert und seine Haare lang getragen haben (Reid, WP, 13. 1. 2005). Er wich damit von standardisierten militärischen Männlichkeitsbildern ab.

Aber es gab auch Geschichten über den guten Militärmann, meist verkörpert durch Joseph Darby, einen Reservisten, der seine Vorgesetzten durch einen anonymen Brief auf die Folterungen aufmerksam gemacht hatte. Vor allem in der WP erschienen detaillierte Berichte über Darby, in denen er als typischer amerikanischer Held mit der richtigen Motivation für den Kriegsdienst auftrat: »It's not what I went over there for.« (Williamson, WP, 20. 8. 2004c), »It was just wrong. I knew I had to do something.« (Higham/Stephens, WP, 22. 5. 2004) Außerdem wurde Darby als guter Patriot und Christ mit heldenhafter Vorgeschichte beschrieben: Nach 9/11 trat er der Armee bei und ging in den Irak, »his knapsack filled with pocket Bibles and toys« (ebd.). Im Anschluss an die Aufdeckung des Skandals wurde er für eine Army Commendation Medal vorgeschlagen, denn »(his) courage, selfless service and dedication to duty...bring great credit upon himself, his unit *and the United States Army*« (Williamson, WP, 20. 8. 2004c, Hervorhebungen der Verfasserin).

Darstellungen Darbys als Verkörperung des disziplinierten, verantwortungsvollen, aber individualistischen US-Soldaten wurden oft mit Beschreibungen seines idyllischen Familienlebens verbunden, in denen stets seine stolze Ehefrau auftrat. »They're just a normal family«, sagt seine Schwägerin in der WP (Williamson, WP, 9. 5. 2004b). In der Welt des männlichen Helden sind Geschlechterrollen also noch klar verteilt: Männer sind mutige Kämpfer, Frauen stolze Soldatengattinnen. England und Darby wurden einander oft in einem »Gut-versus-Böse-Setup« gegenübergestellt (Applebaum, WP, 12. 5. 2004), selbst als Graner bereits als Anführer der Folterungen galt. Die Gegenüberstellung von Grausamkeit und Heldentum wurde mit der Opposition weiblich/männlich verknüpft.

»WHITE TRASH«: KLASSEN- UND GESCHLECHTSSPEZIFISCHE STEREOTYPE

Die untersuchten Medienberichte über Jessica Lynch und Lynndie England enthielten neben dichotomisierenden Geschlechterbildern auch klassenspezifische Stereotype, denen jeweils unterschiedliche Funktionen zukamen. Zusammenhänge und Überlappungen der Dimensionen Klasse und Geschlecht können an verschiedenen Erzählsträngen deutlich gemacht werden. Lynch wurde etwa oft als Symbol für Kleinstadt-Werte benutzt (Hanson 2003): sie wolle heiraten, Grundschullehrerin werden und sei nur dem Militär beigetreten, um Geld für ihre Ausbildung zu verdienen. Sie schien in diesen Darstellungen nach ihren militärischen Abenteuern doch das Leben einer »normalen« Frau vorzuziehen. Lynchs Entscheidung zum Militärdienst wurde trotz der trostlosen sozialen Verhältnisse in ihrer Heimatgegend nicht als Ergebnis struktureller Ungleichheit diskutiert, sondern in Geschichten vom unschuldigen Kleinstadt-Mädchen verpackt, das sich für das männliche Geschäft des Krieges entscheidet, um vermeintlich weibliche Träume zu verwirklichen.

Angezweifelt wurde diese Version der Geschichte schließlich aus den Kreisen der Lobby gegen weibliche Integration ins Militär. Lynchs Image als Repräsentantin von positiven Kleinstadt-Werten wurde mit Bildern der moralischen Verwerflichkeit von Militärfrauen in Frage gestellt. Gerüchte wurden in Umlauf gebracht, es seien Fotos aufgetaucht, auf denen Lynch nackt mit männlichen Kollegen in einer Militärbaracke posiere (Rush, New York Daily News, 11. 11. 2003). Mit diesen ebenfalls bis heute unbestätigten Berichten wurden Zweifel an der Integrität und Moral von Soldatinnen generiert.

»Othering« der SoldatInnen von Abu Ghraib erfolgte ebenfalls nicht nur auf der Ebene des Geschlechts, sondern auch auf jener der Klassenzugehörigkeit. Arme Weiße repräsentieren im US-amerikanischen Kontext oftmals das akzeptable, als rassistisch und intolerant gebrandmarkte »Andere« (Gibbons 2004: 8). Dies erlaubt Mittel- und Oberschicht, ihre kulturelle und intellektuelle Überlegenheit auszudrücken (Newitz 1997). Unterschicht-Weiße werden in kapitalistischen Gesellschaften oft »ethnisiert«, indem sie in der Dichotomie aus primitiv und zivilisiert auf die Position des Primitiven verwiesen werden (ebd.: 134). Unfähigkeit zu sozialer Mobilität ist zentrales Narrativ dieser »white trash experience«. Ihre als rassistisch und sexistisch imaginierten Werte unterscheiden sich in solchen Erzählungen von denen der Mittelklasse und verhindern ihren Aufstieg. Es ist also moralisch geboten, diese Schichten und ihre Werte abzulehnen (McCarter 2005).

Repräsentationen von Lynndie England folgten ähnlichen narrativen Regeln. Während Jessica Lynch den »amerikanischen Traum« von sozialem Aufstieg zu leben schien, passte die Biographie Englands, der geschiedenen Raucherin und Mutter eines unehelichen Kindes, zu Vorstellungen von devianter »White Trash«-Weiblichkeit (Rich, NYT, 16. 5. 2004). Ein anonymer Regierungsvertreter bezeichnete England und ihre Familie etwa als »recycled hillbillies prone to gullability« (Duke, WP. 19. 9. 2004). Diesen Darstellungen wurde zwar in den Medien widersprochen, allerdings nur unter Verstärkung traditioneller Geschlechterstereotypen. Einige Zeitungsartikel drückten Sympathie für die vergessenen Unterschichten der USA und die Erniedrigung aus, die sie durch den Skandal erlebten (Williamson, WP, 9. 5. 2004b). Die Menschen in der Heimatregion Englands wurden als »ordinary hard-working people« und ihre Familie als traditionell beschrieben: die Männer arbeiten, die Frauen kümmern sich um die Kinder. Die Englands leben also doch – so die Botschaft – nach den Familienwerten der Mittelklasse, und nur die ökonomische Krise führt dazu, dass junge Frauen, die sonst in der familiären Sphäre bleiben würden, in den Krieg ziehen (ebd.).

»White Trash« ist also nur, wer »unamerikanisch« handelt. Die soziale Herkunft von Joseph Darby, die sich kaum von jener Englands unterscheidet, scheint jedenfalls kein Hindernis für sein späteres Heldentum gewesen zu sein. Laut WP verbrachte er seine Kindheit in »a cream-colored clapboard duplex in Jenner, a tiny coal town in a region of rolling hills, exhausted strip mines and long-gone factory jobs.« (Williamson, WP, 6. 5. 2004a) Nachbarn sagen, seine Erziehung hätte seine heldenhafte Tat inspiriert (ebd.). Lynch, die aus derselben Region und ähnlichen sozialen Verhältnissen wie England stammt, wurde ebenfalls nicht als »White Trash«, sondern als »typisches Kleinstadt-Mädchen« beschrieben.

Verachtung für ärmere Schichten, vor allem für Frauen, die nicht den Weiblichkeitsidealen der Mittelschicht entsprechen, wurde auch mit Argumenten für den militärischen Ausschluss von Frauen verbunden. Elaine Donnelly, die Leiterin des Center for Military Readiness, schrieb etwa folgenden Brief an Verteidigungsminister Rumsfeld:

> Overly generous incentives for single parents and large families attract even more unstable, low-income families that depend on the Defense Department's extensive social welfare system. Some feminists have described the military, approvingly, as a ›Mecca‹ for single moms. (Scarborough, WT, 16. 6. 2004a)

Durch die mediale Ausschlachtung von Jessica Lynchs Gefangennahme und die spektakuläre Inszenierung ihrer Rettung wurde nicht nur effektiv von den mäßig laufenden und zunehmend kritisierten Kriegsanstrengungen abgelenkt, sondern auch das Militär als männliche Machtressource und Produzent militaristischer Männlichkeits- und Weiblichkeitsvorstellungen bestätigt. Zu einem Zeitpunkt, an dem die Unbesiegbarkeit der USA angezweifelt und das Militär durch unerwarteten Widerstand des Feindes sowie offensichtliche Beteiligung von Frauen am Kampfgeschehen »entmännlicht« zu werden drohte, wurde eine Geschichte in Szene gesetzt, in der Frauen zwar am Krieg beteiligt sind, aber militärische Führung, Autorität und Heldenhaftigkeit männlich kodiert bleiben. Die Repräsentation von Frauen im Krieg baute auf militaristische Männlichkeitsmythen auf und unterwarf weibliche Beteiligung einer Logik, die die Legitimation der männlichen Beschützerfunktion nicht hinterfragt, sondern fortschreibt. Diesen Geschlechterstereotypen folgend wurde Lynchs Medienauftritt von rechtskonservativen Think Tanks und LobbyistInnen, die daran interessiert waren, die Debatte um Frauen im Militär wieder aufzunehmen, zum Anlass genommen, sexistische Vorurteile und Frauenausschluss zu rechtfertigen.

Abu Ghraib bietet ebenfalls Einsicht in das sich wandelnde Verhältnis von Krieg und Geschlecht. Vergeschlechtlichungen von Repräsentationen des Abu Ghraib Skandals wurden genutzt, um Fehler in der Kriegsführung zu vertuschen, wodurch Stereotypen von idealer und devianter militärischer Weiblichkeit und Männlichkeit gestärkt und somit die Erzählung Krieg remaskulinisiert wurde. England und andere beteiligte Frauen wurden für die Folterungen verantwortlich gemacht, indem der Skandal mit einer Umkehr »traditioneller« Geschlechterrollen in Verbindung gebracht wurde. So wurden Darstellungen gestärkt, nach denen Frauen im Militär die Einsatzbereitschaft negativ beeinflussen, den Sieg im Irak gefährden und es unpatriotisch oder gar »un-amerikanisch« sei, (militärische) Machtpositionen für Frauen zu öffnen. »Unweiblichkeit« von (Militär-)

Frauen wurde außerdem mit der Gefährdung nationaler Sicherheit in Verbindung gebracht.

Repräsentationen des Skandals von Abu Ghraib reflektieren Veränderungen in Militär und Kriegsführung sowie Machtkämpfe zwischen den einzelnen militärischen Institutionen. Während das Pentagon die Folterungen als die vereinzelten Taten von MilitärpolizistInnen darstellte, behauptete eine als »Fay Report« bekannte, Armee-interne Untersuchung, dass diese Misshandlungen in vielen Fällen von Mitgliedern des Militärgeheimdienstes ermutigt und durchgeführt worden waren. Anstatt das massiv kritisierte Geheimdienstsystem nach Fehlern zu durchleuchten, wurden aber lediglich einzelne SoldatInnen angeklagt (Onishi, NYT, 12. 9. 2004). Die Aufgaben und Kompetenzen der 20.000 Söldner im Irak sind ebenfalls aus dem öffentlichen Blickfeld geraten (Jehl/Schmitt, NYT, 9. 5. 2004) und mit ihnen die 27 Angestellten der Sicherheitsfirma CACI, die in Abu Ghraib für Verhöre zuständig waren (Rich, NYT, 16. 5. 2004). Dies hat auch geschlechtsspezifische Dimensionen. Denn während Frauen beginnen, formale militärische Funktionen zu erfüllen, steigt die Bedeutung von informeller, nicht-staatlicher Kriegsführung. Im Kontext von Erosion des staatlichen Gewaltmonopols und Privatisierung des Krieges werden Frauen neue Rollen in der Kriegsführung zugewiesen, unter anderem bei sexueller Folter zur Beschaffung von Geheimdienstinformationen.

Beide Kriegsgeschichten geben also Aufschluss über Veränderungen in Krieg, Militär und Geschlechterverhältnissen und die Zusammenhänge dieser Entwicklungen. Die offiziellen Versionen erzählen, dass dieser Krieg gewonnen werden kann und gerecht ist, dass das Militär von heroischen Männern in einen tugendhaften Kampf geführt wird und, dass Männern und Frauen in diesem Kampf unterschiedliche Funktionen zukommen. Können sich diese Narrative als offizielle Repräsentationen des Krieges durchsetzen, bleiben militarisierte Geschlechterkonstruktionen und die männliche Machtressource Militär unangetastet. Wenn es aber gelingt, vergeschlechtlichte Strukturen, Bilder, Symbole und Mythen der »Erzählung Krieg« aufzudecken und konsequent zu kritisieren, können sie ins Wanken gebracht werden.

ANMERKUNGEN

[1] Vgl. dazu den Beitrag von Eva Kreisky in diesem Band.
[2] Hier nur ein einziger, nämlich Hiskey 2003.

LITERATUR

Applebaum, Anne (2004): What Would You Do?, in: The Washington Post, 12. Mai, Editorial, A23.

Applebaum, Anne (2005): Does the Right Remember Abu Ghraib?, in: The Washington Post, 5. Jan., Editorial, A17.

Associated Press (2003a): Details Released of Lynch Rescue, 5. April, Online: http://www.foxnews.com/story/0,2933,83288,00.html [18. Aug. 2007].

Associated Press (2003b): Former POW Jessica Lynch Set For Return Home, 22. Juli, Online: http://www.foxnews.com/story/0,2933,92567,00.html [18. Aug. 2007].

Associated Press (2004): Former Abu Ghraib Unit Returns Home, in: The New York Times, 3. Aug., Section A, Foreign Desk, 8.

Beckett, Megan K./Chien, Chiaying Sandy (2002): The Status of Gender Integration in the Military: Supporting Appendices, Santa Monica.

Blanchard, Jayne (2004): War Romance Passionate in ›Wedding‹, in: The Washington Times, 13. Aug., Show/Theater, D03.

Brookes, Adam (2005): US Rejects Ban on Women in Combat, in: BBC News, 19. Mai, Online: http://news.bbc.co.uk/1/hi/world/americas/4560847.stm [26. Aug. 2005].

Chinni, Dante (2003): Jessica Lynch: Media Myth Making in the Iraq War, Online: http://www.concernedjournalists.org/node/211 [18. Aug. 2007].

Colford, Paul D./Siemasko, Corky (2003): Fiends raped Jessica, in: NY Daily News, 6. Feb.

Connell, Robert W. (1995): Masculinities, Cambridge: Polity Press.

Davenport, Christian/Amon, Michael (2004): Accused Soldiers a Diverse Group, in: The Washington Post, 9. Mai, A Section, A18.

Devine, Donald (2004): Torture Scandal Fingerprints, in: The Washington Times, 11. Mai, Online: http://www.washtimes.com/commentary/20040511-085209-9538r.htm, 30. Juli, 2004.

Duke, Lynne (2004): A Woman Apart, in: The Washington Post, 19. Sept., Style, D01.

Embser-Herbert, Melissa S. (2004): When Women Abuse Power, Too, in: The Washington Post, 16. Mai, Outlook, B01.

Fears, Darryl (2004): Military Families Mourn Daughters, in: The Washington Post, 26. Mai, A01.

Fisher, Marc (2004): Vile Photos Miss The Rot Behind A Few Bad Apples, in: The Washington Post, 13. Mai, Metro, B01.

Gibbons, Michael S. (2004): White Trash: A Class Relevant Scapegoat for the Cultural Elite, in: Journal of Mundane Behavior, Vol. 5, Nr. 1, Online: mundanebehavior.org/issues/V5n1/gibbons.htm [27. April 2005].

Goff, Stan (2003): The Use and Abuse of a Woman Soldier. Jessica Lynch, Plural, in: Counterpunch, 13./14. Dez., Online: http://www.counterpunch.org/goff121320 03.html [26. Feb. 2004].

Hanson, Christopher (2003): American Idol. The Press Finds the War's True Meaning, in: Columbia Journalism Review, Issue 4, Juli/Aug., Online: http://www.cjr.org/issues/2003/4/voices-hanson.asp [26. Feb. 2004].

Harders, Cilja (2004): Neue Kriegerinnen. Lynndie England und Jessica Lynch, in: Blätter für deutsche und internationale Politik, Nr. 9/04, 1101-1111.

Higham, Scott/Stephens, Joe (2004): Punishment and Amusement, in: The Washington Post, 22. Mai, A Section, A01.

Hiskey, Michelle (2004): Torture and the Female Touch, in: The New York Times, 15. Mai, Online: http://www.theage.com.au/articles/2004/05/14/1084289882451.html? from=moreStories&oneclick=true [29. Juli 2004].

Isaksson, Eva (Hg.) (1988): Women and the Military System, New York.

Jeffords, Susan (1996): Telling the War Story, in: Stiehm, Judith H. (Hg.): It's Our Military, Too! Women and the U.S. Military, Philadelphia, 220-234.

Jeffords, Susan/Rabinovitz, Lauren (1994): Seeing Through the Media. The Persian Gulf War, New Brunswick.

Jehl, Douglas/Schmitt, Eric (2004): In Abuse, a Portrayal of Ill-Prepared, Overwhelmed G.I.'s, in: The New York Times, 9. Mai, Section 1, Foreign Desk, 1.

Kaldor, Mary (1999): New and Old Wars. Organized Violence in a Global Era, Cambridge.

Kellner, Douglas (1995): Media Culture: Cultural Studies, Identity and the Politics of the Modern and the Postmodern, New York/London.

Kellner, Douglas (2003): Media Spectacle, New York/London.

Kreisky, Eva (2003): Fragmente zum Verständnis des Geschlechts des Krieges, Online: http://evakreisky.at/onlinetexte/geschlecht_des_krieges.pdf [18. Aug. 2007].

McCarter, William Matthew, 2005: Homo Redneckus. Redefining White Trash in American Culture, Americana: The Journal of American Popular Culture, Jan., Online: http://www.uhu.es/hum676/revista/mccarter.pdf [18. Aug. 2007].

Newitz, Annalee (1997): White Savagery and Humiliation: or A New Racial Consciousness in the Media, in: Newitz, Annalee/Wray, Mat (Hg.): White Trash: Race and Class in America, New York/London, 131-154.

Onishi, Norimitsu (2004): Military Specialist Pleads Guilty to Abuse and Is Jailed, in: The New York Times, 12. Sept., Section 1, Foreign Desk, 9.

Priest, Dana u. a. (2003): A Broken Body, a Broken Story, Pieced Together, in: The Washington Post, 17. Juni, Online: http://www.washingtonpost.com/ac2/wp-dyn?pagename=article&node=&contentId=A2760-2003Jun16&notFound=true [26. Feb. 2004].

Reid, T.R. (2005): Witness: Graner Ordered to Beat Prisoners, in: The Washington Post, 13. Jan., A Section, A13.

Reuters (2004): Ex-Soldier Testifies in Abuse Hearing, in: The New York Times, 31. Aug., Section A, Foreign Desk, 8.

Rich, Frank (2004): Saving Private England, in: The New York Times, 16. Mai, Section 2, Arts and Leisure Desk, 1.

Rush, George (2003): Jessica Hustled. Porn mag pulls plan to publish topless pics of G. I., in: New York Daily News, 11. Nov.

Sagawa, Shirley/Duff Campbell, Nancy (1992): Women in the Military Issue Paper: Women in Combat, Online: http://www.nwlc.org/pdf/Combat.pdf [13. Mai 2004].

Scarborough, Rowan (2004a): Pregnant Troops Leave the War, in: The Washington Times, 16. Juni, Page One, A01.

Scarborough, Rowan (2004b): Zarqawi Targets Female Soldier, in: The Washington Times, 1. Juli, Page One, A01.

Seifert, Ruth (1996): Militär – Kultur – Identität. Individualisierung, Geschlechterverhältnisse und die soziale Konstruktion des Soldaten, Bremen.

Simmons, Deborah (2004): Un-American Activities, in: The Washington Times, 6. Mai, Oped, A21.

Stevenson, Richard W. (2004): Abuse Scandal: The Aftershocks, in: The New York Times, 9. Mai, Section 4, Week in Review, 2.

Stiehm, Judith H. (1988): The Effects of Myths about Military Women on the Waging of War, in: Isaksson, Eva (Hg.): Women and the Military System, New York, 94-105.

Wheeler, Jack (2004): Take it like a man, in: The Washington Times, 20. Mai.

Williamson, Elizabeth (2004a): One Soldier's Unlikely Act, in: The Washington Post, 6. Mai, A Section, A16.

Williamson, Elizabeth (2004b): Prisoner Abuse Scandal Brings 27 Seconds of Fame to Soldier's Relatives, in: The Washington Post, 9. Mai, Metro, C04.

Der Ort des Anderen in Europas Mitte

Zur okzidentalistischen Repositionierung des Orientalismusdispositivs am Beispiel englischsprachiger medialer Diskursfragmente über die Selbstmordanschläge von London im Juli 2005

Claudia Brunner/Helmut Krieger

EINLEITUNG

Am 7. Juli 2005 haben vier Selbstmordattentäter im Zentrum Londons mit ihren gleichzeitig durchgeführten Anschlägen auf U-Bahnen und einen Autobus insgesamt 56 Menschen getötet und über 700 verletzt. Zwei Wochen später sollte eine weitere Explosionsserie folgen, die jedoch scheiterte und deren Hauptakteure verhaftet werden konnten. Tags darauf, am 22. Juli, wurde ein Mann von der Polizei verfolgt und gezielt getötet, da man ihn für einen Selbstmordattentäter gehalten hatte. Die öffentliche Debatte über Selbstmordattentate und über deren vermutete Hintergründe und anzunehmende Konsequenzen, die spätestens seit dem 11. September 2001 als leicht zu reaktivierende erscheint, erhielt eine neue Dimension. Mit einem Mal war das mehrfach Unvorstellbare – Terroranschläge, ausgeübt von sich selbst tötenden Menschen, gezielt ZivilistInnen vernichtend bzw. traumatisierend, von europäischen StaatsbürgerInnen auf europäischem Boden – nicht mehr nur jenseits des Atlantik oder in fernen Konfliktregionen zu verorten, sondern es schien zumindest potentiell allgegenwärtig: *In Europe's midst*[1].

In diesem Beitrag wollen wir am Beispiel einiger englischsprachiger Printmedien[2] untersuchen, wie die ersten von Europäern in Europa verübten Selbstmordattentate in den Wochen nach den Anschlägen diskursiv verortet wurden. Dabei fragen wir erstens nach den Repräsentationen eines britischen/europäischen/westlichen okzidentalisierten Selbst und eines/einer (nicht) britischen/(nicht) europäischen/(nicht) westlichen orientalisierten Anderen. Zweitens stellen wir

Überlegungen an, was diese Ergebnisse im Zusammenspiel von Wissen und Macht bedeuten. Die Fokussierung auf Selbstmordattentate begründet sich durch unsere Annahme, dass die Re/Strukturierung eines westlichen Selbst im Kontext solcher Anschläge umfangreiche und komplexe Prozesse auf politischer, juristischer, polizeilicher, sozialer und kultureller Ebene impliziert, die oft auch unausgesprochenen Zielen dienen. Zwei davon sollen hier näher betrachtet werden: Ein extrem gewalttätig und verstörend *handelndes*, nicht nur als Objekt darstellbares orientalisiertes Anderes (das als Subjekte Männer und Frauen umfassen kann) soll handhabbar gemacht werden. Zugleich soll auch über die spezifische diskursive Darstellung dieses Anderen die Stabilisierung von Herrschaftsverhältnissen erfolgen. Einen gesamten Diskurs in seiner Komplexität darzustellen, ist in diesem Rahmen unmöglich und nicht unser Anliegen. Wir fokussieren vielmehr auf die genannten Aspekte, die wir beispielhaft anhand einzelner Diskursfragmente innerhalb eines Diskursstranges[3] erörtern. Der theoretischen und methodologischen Verortung unseres Forschungszugangs folgen die Darstellung eines groben Interpretationsrahmens der von uns gesichteten Medien sowie eine detaillierte Analyse am Beispiel eines Artikels. Ein Resümee bildet den Abschluss.

ORIENTALISMUS UND OKZIDENTALISMUS

Die diskursive Herstellung der binären Oppositionen von okzidentalem Selbst und orientalisiertem Anderen ist spätestens mit Edward Saids *Orientalism* (1978) als ein zentrales Mittel zur Verfestigung von globalen Herrschaftsverhältnissen erkannt worden. In den 30 Jahren seit dem Standardwerk postkolonialer Theoriebildung sind Saids Thesen und Methoden von vielen AutorInnen kritisiert und erweitert worden[4], doch sein Zugang zur Analyse kultureller Repräsentationen in Verbindung mit Kolonialismus/Imperialismus kann immer noch als fruchtbarer Ausgangspunkt für aktuelle Überlegungen zur dialektischen Beziehung zwischen Macht und Wissen herangezogen werden. Damals wie heute stellt Orientalismus ein »Wahrheitsregime« (Michel Foucault) dar, das auf einem zwar nicht wie von Said homogenisierten und als unwidersprochen dargestellten, aber doch autoritativen Wissenskorpus basiert und nicht nur aus diskursiven Komponenten besteht. Drei Bedeutungen lassen sich bei Said herauskristallisieren: Orientalismus als Erforschung dessen, was in den Metropolen der Wissensproduktion *der Orient* genannt wurde und zum Teil noch wird; als eine Denkweise, die auf einer ontologischen und epistemologischen Unterscheidung basiert, die zwischen *Orient* und *Okzident* gemacht wird; und schließlich als ein westlicher Stil der Herrschaft und des Autoritätsanspruchs gegenüber dem *Orient* (Said, zit. nach: Krieger 2005, 74). Orientalismus als Dispositiv ist also keinesfalls statisch, sondern reproduziert sich beständig und flexibel in der Anpassung an sich wandelnde Umstände. Gerade deshalb ist es auch so nachhaltig erfolgreich. Diese Wandelbarkeit stellt dabei selbst einen »ideologischen Herrschaftsmechanismus« (Demirovič 1988, 68) dar; »metaphorisch werden die sozialen Topoi, die jeweils aktuell werden, sofort wieder in andere Sinnhorizonte gerückt und dadurch gleichzeitig ständig neutralisiert und wieder aufgeladen« (ebd.). Mit diesem Gedanken fragen wir danach, welche Sinnhorizonte das so genannte *neue Phänomen Selbstmordattentat* diskursiv bedient und welche sozialen Topoi dabei aktualisiert werden. Dabei arbeiten wir diskursive Strategien heraus, die für eine derartige Neu/Zusammensetzung notwendig erscheinen.

Shi-xu (1994) stellt fest, dass zur Herstellung von Sinn und Kontrolle über den nicht-westlichen Anderen[5] bestimmte diskursive Strategien eingesetzt werden. In einer Untersuchung über niederländische Reiseliteratur zu China, die zwischen 1980 und 1992 erschienen ist, arbeitet er sieben Strategien heraus, um zu zeigen, wie ein westliches Selbst ein nicht-westliches Anderes braucht, um in dieser Kontrastierung die eigene Identität zu stabilisieren: Die Leugnung zeitlicher Koexistenz, in der die Rückständigkeit des Anderen imaginiert ist, um selbst im Licht des Fortschritts zu erscheinen (Shi-xu 1994, 654), wirkt ausschließend und selbstvergewissernd. Mit umgekehrten Vorzeichen, Vergangenheit positiv, Gegenwart negativ, funktioniert die Beschönigung kolonialer Vergangenheit zur Abwehr von eigenen (westlichen) Schuldgefühlen (656). Da stereotypisierte Repräsentationen des Anderen zeitlos und schwammig sind, bedürfen sie einer beständigen Erneuerung, und das geschieht oft durch das Bemühen individueller Erfahrungen (658). Darüber hinaus werden einmal bekräftigte Stereotype hierarchisch dem Selbst untergeordnet und zur Diskreditierung des Anderen eingesetzt (659). Die Universalisierung westlicher Standards und Werte (661) und die Konzeptualisierung des Anderen in westlichen Termini, um seiner besser habhaft zu werden (663) stellen weitere effiziente Strategien dar. Als siebente Strategie nennt Shi-xu schließlich noch die Monopolisierung von Wahrheitsansprüchen, die das Selbst als moralische Instanz gegenüber dem Anderen erheben (665).

Entlang dieser diskursiven Strategien zur Sichtbarmachung eines Orientalismusdispositivs analysieren wir das Material im zweiten Abschnitt, um über die Konstruktionen eines/einer orientalisierten Anderen zu den impliziten Vorstellungen eines Selbst zu gelangen. Dabei orientieren wir uns an Fernando Coronils Thesen zu westlichen Repräsentationen kultureller Differenz, die sich nicht im Kulturellen und Sozialen erschöpfen, sondern gerade die Politik in die von Said kritisierten geohistorischen Kategorien wieder einschreiben möchten (Coronil 2002, 182). Coronil will zu einer »Politik der Epistemologie« (ebd.) des Westens gelangen, die die eigenen und wenig hinterfragten Prämissen in die Analyse mit einbezieht. Westliche Repräsentationen von Andersheit müssen, so Coronil, in Beziehung zu impliziten Konstruktionen des Selbst gesetzt werden, um schließlich »einen Blick auf den Zusammenhang zwischen Beobachteten und Beobachtenden zu ermöglichen, zwischen den Produkten und der Produktion, zwischen dem Wissen und dem Ort seiner Entstehung« (184). Okzidentalismus, so der von Coronil verwendete Begriff, sei nämlich nicht lediglich die Kehrseite des Orientalismus, sondern die Bedingung seiner Möglichkeiten (ebd.). Als Okzidentalismus bezeichnet der Autor demnach »all jene Praktiken der Repräsentation, die an der Produktion von Konzeptionen der Welt beteiligt sind« (186), die »(1) die Komponenten der Welt in abgegrenzte Einheiten unterteilen; (2) ihre relationalen Geschichten voneinander trennen; (3) Differenz in Hierarchie verwandeln; (4) diese Repräsentationen naturalisieren; und so (5) an der Reproduktion existierender asymmetrischer Machtbeziehungen, und sei es noch so unbewußt, beteiligt sind« (ebd.).

Über die Frage, wie die von uns ausgewählten Diskursfragmente eine/n generalisierte/n Andere/n verhandeln, ist es demnach möglich, die darin impliziten Konstruktionen des Selbst herauszukristallisieren, dessen Stabilisierung im Kontext der Selbstmordanschläge in komplexen gesellschaftlichen Prozessen durchgesetzt werden soll. Diese Herangehensweise wirft verschiedene Fragen des Verhältnisses von Diskurs, Analyse und Kritik auf.

DISKURS, ANALYSE, KRITIK

Unter Diskurs verstehen wir eine »artikulatorische Praxis (...), die soziale Verhältnisse *nicht passiv repräsentiert, sondern diese als Fluß von sozialen Wissensvorräten durch die Zeit aktiv konstruiert und organisiert*«[6] (Jäger 1999, 23). Der Begriff Dispositiv wird von uns mit dem Verweis auf die Relevanz diskursiver und nicht-diskursiver Praktiken (ebd., 22; Chouliaraki/Fairclough 1999, 4) verwendet, die im Lauf der Zeit zur Herausbildung und Verfestigung von Wissen führen (Jäger 1999, 170). Sowohl Chouliaraki/Fairclough als auch Jäger beziehen sich dabei auf Michel Foucault, der unter einem Dispositiv eine Vielzahl von diskursiven und nicht-diskursiven Praktiken und deren Resultate versteht bzw. das Netz, das zwischen diesen Elementen geknüpft werden kann. Was aktuell also mit dem selbstverständlich gewordenen Begriff *Selbstmordattentat/Suicide Bombing* bezeichnet wird, ist durchaus keine notwendige, sondern ebenfalls eine diskursiv hergestellte Normierung, deren Wissenskorpus sich auch aus einem orientalistischen Dispositiv herleitet. Gerade damit werden derartige Attentate von ihren gesellschaftlichen und geohistorischen Kontexten losgelöst, um sie in einen anderen, nämlich orientalistischen, Sinnhorizont verrücken zu können. Dieser Prozess gerät in aktuellen Diskursen oft völlig aus dem Blick, wodurch verschiedene Erscheinungsformen »des Selbstmordattentats *sui generis*« als gänzlich neues, notwendigerweise anderes und unverstanden bleiben sollendes Phänomen repräsentiert, diskutiert, verhandelt werden. Diese Verschiebung wird erst durch die Irrationalisierung nicht nur des Selbstmordattentates an sich, sondern auch der realen und potentiellen SelbstmordattentäterInnen ermöglicht.

Damit ist nicht gesagt, dass die Unterscheidung zwischen Attentaten und ihrer diskursiven Verortung aufgehoben wäre, sondern vielmehr wird deren *selbstverständliche* und damit unhinterfragbar gemachte Setzung problematisiert. Eine kritische Analyse von Diskursen über konkrete Selbstmordattentate bedeutet also nicht deren Legitimation, sondern hinterfragt vielmehr, wie die selbstverständlich gemachten Setzungen verhandelt werden und was sie implizieren.

Auch wenn oder gerade weil Critical Discourse Analysis (CDA), so Henry Widdowson, beständig zwischen sozialwissenschaftlicher Forschung und politischer Argumentation steht (zit. nach Meyer 2004, 31), erscheint uns ein solcher Zugang für die hier aufgeworfene Fragestellung nützlich. Dieser Forschungszugang übt sich entlang des dialektischen Verständnisses von Diskursordnungen und Hegemonie sowohl in Kritik als auch in Selbstreflexion, zumal er sich notwendigerweise in kontrovers diskutierten Zusammenhängen verortet. All das kann über den gegenwärtigen Diskurs über Selbstmordattentate und über die Möglichkeitsbedingungen einer sozialwissenschaftlichen Kritik an den damit zusammenhängenden Dimensionen von Wissen und Macht gesagt werden. Nach Ruth Wodak orientiert sich ein Vorhaben im Sinne kritischer Diskursforschung an mehreren Prinzipien: Der Forschungszugang ist interdisziplinär, problemorientiert, eklektisch, pragmatisch, bewegt sich permanent zwischen Theorie und empirischem Material, berücksichtigt intertextuelle und interdiskursive Beziehungen und strebt danach, seine Ergebnisse im Rahmen von Theorien mittlerer Reichweite potentiell transdisziplinär anwendbar zu machen (Wodak 2001, 6-7).

Dieses Vorgehen verlangt unseres Erachtens auch das Mitdenken des Konzepts von Hegemonie, da es bei der beständigen Re/Produktion von Diskursordnungen auch um damit verbundene Fragen von Kontrolle und Dominanz (Shi-xu 1994) geht, die von bestimmten sozialen Gruppen ausgehen und deren Interesse dienen. Indem wir für unser Beispiel die theoretischen Überlegungen von Coronil und Shi-xu miteinander in Kommunikation bringen, sollen jene grundlegenden Konzepte kritischer diskursanalytischer Verfahren[7] berücksichtigt werden, auf die Wodak stellvertretend für viele ForscherInnen in diesem Feld rekurriert: Macht, Geschichte, Kritik und Ideologie (ebd., 3).

OKZIDENTALISTISCHE DISKURSFRAGMENTE ZUR GENERALISIERUNG VON ORIENTALISIERTEN ANDEREN

Der Kürze dieses Beitrags geschuldet ist der summarische Charakter der folgenden empirischen Untersuchung, die eine Interpretation der genannten Texte[8] über die Selbstmordanschläge in London umfasst. Unsere Auswahl der einzelnen Medien und der eingegrenzte zeitliche Rahmen folgen dabei der Überlegung, dass diese Magazine aufgrund ihrer wöchentlichen Erscheinungsweise in ihre Interpretationen die diskursiv hergestellte Ereignisstruktur mehrerer Tage zu integrieren haben. Das heißt auch, dass sie damit gewissermaßen zu einem Kristallisationspunkt von Diskursproduktion in täglich erscheinenden Medien werden. Sie ordnen einerseits das, was als Tagesgeschehen umschrieben ist, beanspruchen andererseits eine analytische Vertiefung der Interpretationen dieses Geschehens und besitzen aufgrund ihrer Auflagenhöhe durchaus Relevanz im Sinne der von uns problematisierten Wissensproduktion. Des Weiteren ist die Auswahl darüber bedingt, innerhalb des Diskursstranges einige Variationen von Standpunkten heraus zu arbeiten, sodass die Skizzen dessen sichtbar werden, was überhaupt als zu den Anschlägen *Sagbares* gelten kann. Sie konstituieren – so unsere Annahme – hegemonial wirksame Positionen mit, wenn sie auch in verschiedenen Aspekten zu diesen tendenziell im Widerspruch bleiben, ohne damit automatisch als gegenhegemoniale verortet werden zu können. Sie gruppieren sich in einem diskursiven Spannungsfeld, dessen verschiedene Elemente aufeinander bezogen sind, d.h. mit weiteren Diskursfeldern (dem politischen, akademischen, etc.) in einem interdependenten Verhältnis stehen, einander in verschiedenen Aspekten konterkarieren und dennoch als gesamtes Repräsentationsmodi eines und einer generalisierten Anderen voraussetzen und zu bestärken versuchen.

Die diskursive Verortung der Selbstmordanschläge von London in den von uns analysierten Magazinen kreist dabei erstens um den *Ort des Anderen* und damit um den widersprüchlichen *Objektstatus der Attentäter* durch die Einbettung eines rekonstruierten Sinns der Attentate in den bereits vor dem 7. Juli existierenden Diskursstrang über die Legitimation des Irakkrieges bzw. der Beteiligung britischer Truppen am Krieg. Diesem widersprüchlichen Prozess bleibt *eine generalisierte Andere*, Frau/en, als Objekt beigefügt und untergeordnet, ja zumeist unsichtbar. Zweitens wird die Frage nach geeignet erscheinenden *Gegenmaßnahmen auf polizeilicher, geheimdienstlicher und juristischer Ebene* auf der Basis der Restrukturierung eines okzidentalistischen Selbst ebenfalls zu einem zentral verhandelten Gegenstand des Diskurses. Diese Elemente durchziehen wesentliche thematische Verdichtungen, die sich im Material ausmachen lassen und auf die wir fokussieren. Sie skizzieren einen groben Interpretationsrahmen (über alle genannten Zeitschriften), dem eine exemplarische Analyse (anhand eines Economist-Leitartikels) folgt.

Figurierte der/die Andere in kolonialen Kontexten sowohl in einer symbolischen als auch in einer geopolitischen Dimension vorwiegend *außerhalb* der Zonen eines westlichen Selbst, ist es nun die Markierung der Selbstmordattentäter als *britische* Muslime[9], also *innerhalb*, die extrem gewalttätig und unmittelbar in diese Zonen einbrechen und zu einer Neupositionierung des Anderen nötigen. Insofern erscheint diese Markierung als *britisch/innerhalb* das eigentlich Verstörende und Irritierende an den Londoner Selbstmordattentaten, die mit den folgenden diskursiven Konstruktionen gewissermaßen rationalisiert werden müssen: Erstens die *Irrationalisierung* eines absolut Anderen im Inneren, zweitens dessen Abhängigkeit von einem externen Akteur, der als *mastermind* verhandelt wird und die Verquickung mit einem internationalen Terrornetzwerk sicherstellen soll[10] und drittens die Bekräftigung eigener, *überlegener Werte*.

Geopolitisch und aufgrund der Sozialisationsbiografien in Europas Mitte gesetzt, müssen die Attentäter geradezu als *absolut Andere* rekonfiguriert werden, um sie im Irrationalen verorten zu können. Das geschieht in der selbstverständlich gesetzten Annahme, ins *Innere* der Attentäter blicken und dieses analysieren zu können, sodass sich das dominante Narrativ der *inneren Verfasstheit* über den Aspekt des *Hasses*[11] und über eine abgemilderte Version, die mit Erklärungsansätzen wie sozialer und kultureller Entfremdung und daraus resultierender *Wut*[12] operiert, konstituiert. Dieses zugeschriebene psychologische und emotionalisierte Moment erfährt seine diskursive Einbettung in den soziologischen Mustern der Definition einer *muslimischen Community* als soziokulturell stigmatisiert und ökonomisch marginalisiert.[13]

Der Figur des absolut Anderen werden diejenigen Muslime in Großbritannien, die sich gegen den Terroranschlag aussprechen, eingefügt und zugleich gegenüber gestellt. Deren wechselhafte Verortung – außerhalb eines als Norm selbstverständlich gesetzten Selbst und dennoch getrennt von dem absolut Anderen der Täter – markiert eine doppelte Grenzziehung. Die homogenisierte Konstruktion als *britische Muslime* in Großbritannien öffnet dabei nicht nur die fortwährende Exklusion sozialer Gruppen als *Andere* und deren Subsumierung unter ein als islamisch imaginiertes Kollektiv, das beinahe unweigerlich in naturalisierten Kategorien über *den* Islam definiert ist, sondern soll offensichtlich über diese Konstruktion die Verantwortung für die Prävention möglicher zukünftiger Attentate festschreiben. So widmen sich alle von uns analysierten Magazine nach der Festschreibung der Irrationalität der Täter ausführlich der Bedeutung *der britischen Muslime* für die Terrorbekämpfung. Unterschiede lassen sich nur dahingehend feststellen, welche Hindernisse zu erwarten sind und wie sehr diese einer angestrebten Zielsetzung im Wege stehen könnten.[14] Dass diese aber auch als *orientalisierte Körper* verschärften polizeilichen Maßnahmen nach dem 7. Juli unterliegen, wird in keinem der Beiträge direkt angesprochen – selbst dann nicht, als die Frage des *shooting to kill* nach der Erschießung des brasilianischen Staatsbürgers Jean Charles de Menezes, der von zivilen Polizisten für einen Selbstmordattentäter gehalten wurde, zu einem kontrovers verhandelten Gegenstand wird.

Die Positionierungen in Hinblick auf legislative und exekutive Verschärfungen reichen von der Problematisierung verstärkter geheimdienstlicher Tätigkeiten über die gesellschaftlichen Implikationen neuer, Meinungsfreiheiten beschneidender Gesetzestexte bis hin zur Kritik an dieser neuen Praxis der Polizei[15] und etablieren sich auf dem bereits gesetzten Grund des Bedrohungsszenarios durch einen generalisierten Anderen; repräsentiert in den wütenden, jungen, muslimischen Männern, dem radikalen muslimischen Prediger im Inland oder dem *mastermind* im Ausland. Jene werden dabei als notwendiger und hinreichender Grund für kontrovers verhandelte Veränderungen auf gesetzlicher und polizeilicher Ebene vorausgesetzt, während muslimische Frauen unerwähnt bleiben.[16]

Die diskursive Verortung eines *jihadistischen* oder *radikal islamistischen* Islam als ideologischer Wirkungszusammenhang der Attentate wird in graduellen Abstufungen in allen Magazinen über die dichotome Konstruktion von Rationalität und Irrationalität, von Fortschrittlichkeit und Rückschrittlichkeit hergestellt, impliziert also eine Repositionierung okzidentalistischer Repräsentationen im Sinne der Überlegenheit der eigenen, *westlichen* Werte.[17] Alle vier Magazine widmen sich überdies ausführlich der Frage, ob es einen Zusammenhang der Attentate mit dem Krieg im Irak und der Beteiligung britischer Truppen gibt und wie dieser herstellbar ist.[18] Die Positionen reichen dabei von einem kausalen Zusammenhang, der sich – und das scheint hier wesentlich zu sein – erst auf der Basis der Irrationalität der Anschläge herstellen lässt, bis hin zur kategorischen Ablehnung einer Verknüpfung zwischen den Attentaten und der Beteiligung britischer Truppen im Irak. Damit wird an die bereits vor dem 7. Juli kontrovers geführten Debatten über Sinnhaftigkeit und Notwendigkeit einer britischen Beteiligung am Irakkrieg angeknüpft – die Attentate haben hier in beide Argumentationsrichtungen einen verstärkenden Effekt.

London under attack titelte The Economist in seiner unmittelbar auf die Anschläge folgenden Ausgabe (9. Juli 2005). Nur eine Woche darauf zeigte das Cover die Grafik eines anonymen Kopfes, der gänzlich von der Wiederholung des Wortes *hate* erfüllt war. Der Aufmacher dieses britischen Magazins mit einer weltweiten Auflage von über einer Million Stück pro Woche fand sich in Bild und Wort im Leitartikel wieder: *In Europe's midst* (The Economist, 16. Juli 2005, 11-12). In dieser Ausgabe stehen erste Analysen nicht nur der Attentate selbst, sondern auch der politischen Implikationen und Reaktionsmöglichkeiten zur Debatte; diskurstheoretisch betrachtet handelt es sich hier also um »reasoned discourse« (Shi-xu 1994, 646) in seiner argumentativen und explanatorischen Dimension (ebd.). Anhand dieses für unsere Fragestellung zentral erscheinenden Textes nehmen wir nun eine detaillierte Analyse und Interpretation vor, die den eingangs geschilderten Forschungszugang exemplifiziert, die im vorigen Abschnitt vorgenommene Grobanalyse des Diskursfeldausschnittes spiegelt, die »diskursiven Strategien« Shi-xus (1994, 654-667) deutlich werden lässt und schließlich ermöglicht, Coronils »Praktiken der Repräsentation, die an der Produktion von Konzeptionen der Welt beteiligt sind« (2002, 186) in ihrer konkreten diskursiven Wirkungsmächtigkeit wahrzunehmen.

Als Leitartikel weist der Text keine/n AutorIn aus. Der Untertitel verweist auf die immer wieder kehrende Frage nach der individuellen Disposition von SelbstmordattentäterInnen in Form einer Feststellung: »Four young British Muslims became zealots, and the zealots became suicide bombers«[19]. Zwei für den gesamten Diskurs über Selbstmordattentate zentrale Kategorien stehen bereits hier explizit fest: (geringes) Alter und (muslimische) Religionszugehörigkeit. Mit der anschließenden Frage »what is going through the head of a man« wird die nächste Kategorie eingeführt: Selbstmordattentäter sind nicht nur im speziellen Fall, sondern in ihrer verallgemeinerten Repräsentation männlich. Die Kategorie Geschlecht wird (als sex) nicht nur auf der Mikroebene relevant, sondern ist (als gender) auch konstitutiv für die gesamte Argumentation des okzidentalistischen

Orientalismusdispositivs, das wir hier exemplarisch herausarbeiten.[20] Noch nicht als Analysekategorie, aber als wesentlich erscheinenden Bezugspunkt aktueller Debatten über SelbstmordattentäterInnen kann hier ein weiteres Element benannt werden: Nicht mehr nur der orientalisierte Körper eines/einer Anderen bildet den Bezugspunkt der Abgrenzung zum Selbst; vielmehr ist es in der diskursiven Repräsentation von SelbstmordattentäterInnen deren psychische und/oder mentale Verfassung und Gesinnung, der »mind«, der über verschiedene diskursive Strategien[21] als gänzlich anders und als hierarchisch untergeordnet naturalisiert wird. Das schließt nicht aus, ihn unter seinen »fellow citizens« zu verorten: »what is going through the head of a man who (...) sets out to kill as many of his fellow citizens as he can?« Vielmehr erscheint diese Verortung unter seinesgleichen (sei es über den hier nicht explizierten Bezugspunkt muslimischer Identität oder aber auch britischer Staatsbürgerschaft) eine Verstärkung seiner Devianz, da er ja »innocent lives« auslöscht. Die Unschuld der Opfer wird der hasserfüllten Verantwortung der Täter gegenübergestellt, um festzustellen, dass man weit und breit nichts als Hass sehen könne: »it is hard to see anything more than sheer hatred«.

Der mit der Frage nach der individuellen Disposition eines Attentäters eingeleitete Abschnitt endet in der Verallgemeinerung einer gewaltigen potentiellen Bedrohung, nämlich in der Anwesenheit von über 20 Millionen Muslimen innerhalb Europas. Dass in diesem Argument weder Geschlecht (hier wird der etwa 50%ige Anteil von Frauen nämlich mitgezählt) noch Geopolitik (es erfolgt keinerlei Definition von Europa) eine Rolle spielen, tut der Inszenierung des potentiell selbstmordattentätigen Anderen keinen Abbruch, sondern ermöglicht vielmehr dessen undifferenzierte Generalisierung. Über die hier erfolgende Definition eines »*jihadi* mind« wird Europa nicht nur zur Zielscheibe jenseits konkreter Fragestellungen in Bezug auf reale Bedrohungen gemacht, sondern auch kollektiv zur Verantwortung gezogen, wenn es um die Politik der Terrorismusbekämpfung geht: »Europe (...) will have to look deeper into the *jihadi* mind«. Ein besonderes Problem stellt sich in Bezug auf die *Un/Sichtbarkeit* einer derartigen konstruierten Gesinnung des Hasses, denn trotz der als selbstverständlich gesetzten visuellen Erkennbarkeit orientalisierter Körper bleibt das Problem der Sichtbarmachung des »*jiihadi* mind« ungelöst und wird – siehe weiter unten – an *die britischen Muslime* insgesamt ausgelagert. Der »*jihadi* mind« manifestiert sich aber nicht nur in einzelnen Individuen, die man kritisch unter den Schlagwörtern »male, mad, minor, muslim« (Brunner 2005, 92) subsumieren könnte, sondern er bedarf auch eines »mastermind«, dem im Gegensatz zu den als hasserfüllt emotionalisierten Attentätern selbst durchaus ein gewisses Maß an kühler Berechnung, an Rationalität zugeschrieben wird; selbstredend ist dieser ebenfalls männlich, muslimisch, aber deutlich weniger verrückt und älter gedacht.

Bisher sind also bereits mehrere dichotome Aufspaltungen erfolgt, und weitere durchziehen den Text wie auch das gesamte Diskursfeld: Die hasserfüllten Individuen werden einem kalkulierenden Mastermind gegenüber gestellt, britische Familien pakistanischen, und muslimische EuropäerInnen werden deutlich von den ihnen gegenüber als *europäischer* konzipierten Nicht-Muslimen innerhalb Europas unterschieden. Die muslimischen EuropäerInnen werden zudem in eine erste (assimilierte) und zweite (widerspenstige) Generation geteilt, wohingegen bei Nicht-Muslimen lediglich eine Differenzlinie in Bezug auf ihre politische Einschätzung der erforderlichen (Re)Aktion getroffen wird. Des Weiteren werden Muslime außerhalb von Europa vage in einer arabischen Gemeinschaft und ein Kollektiv von potentiell mitbedrohten US-AmerikanerInnen imaginiert; alte und junge Muslime werden einander explizit gegenüber gestellt, Männer und Frauen vorerst noch implizit. All diese Gegenüberstellungen, die im Artikel vorgenommen werden, sind letztlich als Antagonismen zu verstehen, derer die Hauptargumentationslinie bedarf, um ein *Anderes* zu konstruieren, das zugleich mitten im *Eigenen* existiert.

Eine dafür zentrale Dichotomisierung erfolgt explizit auf symbolischer Ebene: Die angenommene aufgeklärte Rationalität Europas wird zum wesentlichen Referenzpunkt gegenüber dem unterstellten irrationalen Fanatismus einer als homogen imaginierten islamischen

Welt gemacht. Der Verweis auf die von jener fanatischen, irrationalen islamischen Welt ausgehende Bedrohung, »being felt throughout Europe«, ist vorerst zwar kein zwingend schlüssiger, aber jedenfalls einer, der Polizei und Innenministerien, Verfassungsschutz und TerrorismusbekämpferInnen eine privilegierte Erklärungs- und Handlungsposition zuweist und somit konkrete Politiken denk- und realisierbar macht, die ohne ein reales und imaginiertes Bedrohungsszenario in demokratischen Gesellschaften bis vor kurzem nur schwer vorstellbar waren. Der Leitartikel bemüht die Idee Europa, die er über drei sehr heterogene Beispiele (Niederlande, Italien, Madrid) territorial konkretisiert und imaginär homogenisiert. Die Klammer über die eklektisch zusammengefügten Beispiele bildet die gefühlte und wahrgenommene Bedrohung des Jihadismus, »the threat of *jihadism* is being felt throughout Europe«, und die muslimische Bevölkerung in ganz Europa, »Europe, which is home to some 20m of the world's Muslims«. Dies erscheint in Bezug auf die reale terroristische Bedrohung weniger schlüssig als in Bezug auf die Art und Weise, wie der »reasoned discourse« (Shi-xu 1994, 646) diese argumentiert und erklärt, wenn ein schier unermesslicher Hass jenen zugeschrieben wird, gegen die man selbst auf durchaus emotionaler Ebene argumentiert. Die Emotionalität dieses Arguments ist in vergeschlechtlichte Assoziationen gekleidet: So seien die Attentäter weniger verzweifelt als vielmehr vom »desire« und »urge to kill« und vom »desire to martyrdom« erfüllt, und die »wild career from misfit zu Mujahideen« sei »unpredictable«. Aber auch auf Seiten Europas wird Emotionalität ins Treffen geführt, »*jihadism* is being felt«, doch diese Gefühlsebene wird im Gegensatz zur gegenübergestellten weder hierarchisch untergeordnet noch naturalisiert, weil genau das in der Logik einer okzidentalistischen Orientalisierung mit dem Gegenüber zu geschehen hat. Während die eine Emotionalisierung auch auf die handelnden Individuen abzielt, bleibt die andere eine allgemeine.

Zur Einforderung eines notwendigen Handelns Europas wird ein schlüssig wirkendes Argument aufgebaut: Gerade die Wandlungsfähigkeit des Jihad (weder das eine noch das andere wird dabei näher spezifiziert, da es an bereits weit verbreitete und gleichsam naturalisierte Diskurspositionen in diesem Zusammenhang anknüpft) stelle eine große Gefahr dar, weil europäische Jihadisten sowohl humane als auch finanzielle Ressourcen freier bewegen könnten als etwa im Mittleren Osten oder in Nordafrika; dies liege nicht nur in der politischen Verfasstheit der einzelnen Staaten, sondern hier wird auch die Unterscheidung zwischen »dissidents from Saudi-Arabia and Syria« und »clean-skinned«, also unbescholtenen, »would-be attackers« mit ihren europäischen Pässen aufgemacht, um sie dann wieder unter die gemeinsame Klammer eines bedrohlichen Anderen zu subsumieren. Interessanterweise müsse Europa nun, so der Leitartikel, nicht nur um seinetwillen etwas gegen den »indigenous *jihad*« tun, sondern auch im Interesse der Vereinigten Staaten von Amerika, zumal der europäische Jihadismus auch für die USA eine verstärkte Bedrohung darstelle. Ein westliches Selbst wird hier, wie selbstverständlich, aus »USA« und »Europe« zusammengesetzt.

Die Handlungsaufforderungen des Textes zielen dann auf drei Ebenen ab, die ebenfalls bereits zu Allgemeinplätzen in der gegenwärtigen Debatte um Terrorismusbekämpfung geworden sind: Auf »the *jihadis*«, »the law« und »Islam itself«, das heißt erstens auf die primären AkteurInnen und zweitens auf gesetzliche Maßnahmen zu deren Verfolgung müsse eine europäische Kampagne »against indigenous *jihad*« abzielen, und zwar »for everyone's sake«. Drittens fordert das Argument die Integration eines *europakompatiblen Islams* einerseits und die Exklusion eines *Islam*, der eben nicht mit Europa kompatibel sei, gerade durch ersteren, ein. Diese drei Zielbereiche werden im weiteren Verlauf näher ausgeführt, wovon die Frage der individuellen Motivation der Attentäter wiederholt den größten Raum einnimmt. Das Element der Selbsttötung wird dabei nicht mehr ausschließlich, wie in vielen anderen Diskursfragmenten und auch am Beginn dieses Artikels, als pathologisch-irrational eingeschätzt, zumal nun der Suizid als Teilaspekt des Attentats auch als rational nachvollziehbare Methode und Taktik eingeführt wird. Genau dieser Schritt ist auf dem Boden des Orientalismusdispositivs ein relativ einfach zu setzender, denn über eine derartige Rationalität der Methode und Taktik wird der bereits geschilderte (und irrationalisierte) triebhafte Hass als Motor des Handelns festgeschrieben. Dieser wird im weiteren Verlauf des Textes detailliert in die sozioökonomischen Lebenszusammenhänge der potentiellen Selbstmordattentäter – auch hier ist nur von Männern die Rede – eingeflochten. Die erklärende Beschreibung dieses Abschnitts verdichtet sämtliche Kategorien eines intersektionalen Imperativs sozialwissenschaftlicher Forschung: Sex, gender, geopolitics, race, class und age sind dicht miteinander verwoben und schärfen das Profil derer, die als nächste potentielle Selbstmordattentäter angedeutet werden: Algerier in Frankreich, Türken in Deutschland und Pakistanis in Großbritannien werden als Beispiele für »internal colonies« angeführt, deren unter 30 Jahre alte, gebildete männliche Angehörige der Mittelschicht von ihren Familien entfremdet und gleichsam in engen »ghettos« sozialisiert (worden) seien. Einige von ihnen wären überdies in Kleinkriminalität abgeglitten und hätten einen »unislamic taste for alcohol and women« entwickelt, womit auch der bereits im gesamten Text mitschwingende Objektstatus von Frauen explizit festgehalten wird. Die koloniale Vergangenheit Großbritanniens wird hier zwar angedeutet, aber mit der Rede von inneren Kolonien und der Nicht-Rede über eben diese Vergangenheit wieder auf ein rein soziales Phänomen geschrumpft. All das würde jedoch weniger beunruhigen als das »something«, das diese Individuen schließlich zur Religion bringe und damit beinahe direkt in die Arme radikaler Prediger treibe: »something then leads them to religion and thence radical voices preaching the Utopia of worldwide Islamic rule«.

Das nur kurz erläuterte, aber zentral angeführte »something« verdeckt hier mögliche andere Faktoren, die notwendigerweise auch auf politische Fragen verweisen würden. Die in Großbritannien seit Jahren kontrovers diskutierte Invasion in den Irak wird zwar erwähnt, allerdings gerade in Abgrenzung zu einer so gefassten Begründung der Attentate und damit zusammenhängend auch eines möglichen Truppenrückzugs. Im Irak, so das Argument, sei weder die Ursache noch die Lösung des Problems zu suchen. Er stelle lediglich das Trainingscamp für aktuelle Jihadisten sowie einen Magneten für deren Rekrutierung dar: »Al-Quaeda was busy bombing its way across the world before American tanks rolled into Baghdad«. Ein Truppenrückzug würde demnach den Terrorismus keinesfalls beenden, sondern lediglich das Trainingscamp für die Terroristen vergrößern.

Damit wird nun aber nicht nur für die Fortsetzung des Krieges plädiert, sondern auch – und hier kommen wir zurück zu unserer Fragestellung – das Orientalismusdispositiv in okzidentalistischer Logik repositioniert. Dies geschieht zuerst durch die Externalisierung eines Anderen auf mehreren Ebenen, danach durch dessen konkrete soziologisch argumentierte Einzäunung und die Kombination mit einem emotionalisierenden und irrationalisierenden Faktor Religion. Dadurch entsteht sowohl symbolisch als auch real ein potentielles Bedrohungsszenario, das nicht nur dem konkreten und generalisierten Anderen gegenüber politische Handlungen erfordert, sondern auch für das eigene Selbst vergewissernd wirken soll. Für dieses Selbst werden entsprechend Handlungsempfehlungen formuliert, nämlich in Form strengerer Gesetzgebung in Bezug auf neue Straftatbestände wie das Predigen von Gewalt (auf die religiöse Komponente wird nicht verzichtet), Terrorplanung (in der Umsetzung wird rationales Kalkül zugebilligt) und die Zulassung anonymer Quellen vor Gericht. Auch hierbei wird auf die Beispiele der Niederlande und Italiens verwiesen, um gesamteuropäische Veränderung einzufordern, aber auch vor einer Falle gewarnt, in die die USA mit Guantánamo Bay getappt wären, weil dort fundamentale Prinzipien bürgerlicher Freiheiten vernachlässigt worden seien.

Die dritte Handlungsebene, die wir zuvor die symbolische genannt haben, erfordert eine weitere diskursive Strategie, nämlich die Universalisierung westlicher Werte (Shi-xu 1994, 661), um das Gegenüber zu diskreditieren: »The struggle against the jihadis is the struggle of European tolerance against the closed mind of bigotry.« Bemerkenswert ist die mittlerweile selbstverständliche Rhetorik; nicht mehr nur vom *Jihad* der anderen ist die Rede, sondern auch vom eigenen *Kampf*. Keinesfalls dürfe der engstirnige Fanatismus auf das aufgeklärte, rationale, tolerante Europa überschwappen, und gerade deshalb, so der Text weiter, stelle Guantánamo Bay eine Falle dar. Problematisch erscheinen dem Autor also nicht primär die tatsächlichen Menschenrechtsverletzungen gegenüber den Inhaftierten, sondern vielmehr die dadurch gefährdete Logik bürgerlicher Rechte westlichen Zuschnitts, die das okzidentalistische Selbst stabilisiert.

Anschließend erfolgt eine erwartbare Akzentuierung der Argumentation. Nicht Europa, d.h., europäische Politik, sei nämlich die hauptverantwortliche Akteurin für die Abwendung der Gefahr, sondern letztendlich »Islam itself«. Auf den ersten Blick erscheint das unlogisch: Zur Rettung universalisierter europäischer Werte bedürfe es demnach des als nicht-europäisch definierten Anderen, des Islam. Bei näherer Betrachtung wird jedoch sichtbar, worauf diese paternalistische Logik im Stile kolonialer Vergangenheit abzielt: Nicht nur gegen die realen Bedrohungen konkreter Selbstmordattentate, sondern auch zur fortsetzbaren Handhabung des orientalisierten Anderen und zur Stabilisierung bestehender Dominanzverhältnisse soll die okzidentalistische Selbstvergewisserung funktionieren. Britische Muslime werden in diesem Gestus als bisher folgsam gelobt, »British Muslims reacted well«, und dazu aufgefordert, »against the men of violence« verstärkt in der Öffentlichkeit aufzutreten. Wer jahrzehntelang symbolisch und real im Privaten verortet wurde, muss nun hinaus auf die Straßen, nicht nur, um europäische Politiken zu unterstützen, sondern auch, um selbst besser beobachtbar zu werden, so unsere Lesart. Das Wort ergreifen sollten in der eingeforderten »free and open debate« die als Modernisierer bezeichneten, indem jene eine zentrale Strategie der Jihadisten nachahmen sollten: »that they exploit Europe's free flow of ideas in order to win the argument against those keener on medieval practices and violence«. Somit erscheinen die einen eben nicht »keen«, also scharf/versessen, sondern lediglich »keener« als die anderen auf das, was sie alle in der Vergangenheit, in der Barbarei, in der Unzivilisiertheit, in der Andersheit verortet: Mittelalterliche Praktiken und Gewalt, notwendigerweise aneinander gekoppelt, um sie von modernen, gegenwärtigen Praktiken und Gewaltverhältnissen und deren RepräsentantInnen und AkteurInnen abzutrennen. Damit hat sich der Kreis orientalistischer Repräsentationen in ihrer okzidentalistischen Repositionierung geschlossen: Relationale Geschichten wurden voneinander getrennt, Differenz wurde in Hierarchie verwandelt und naturalisiert, womit schließlich existierende asymmetrische Machtbeziehungen diskursiv stabilisiert werden können (Coronil 2002, 182).

RESÜMEE

Auch wenn sich kritische Diskursanalyse zwischen sozialwissenschaftlicher Forschung und politischer Argumentation bewegt, bedeutet die Dekonstruktion von Diskursfragmenten über Selbstmordattentate nicht deren Rechtfertigung. *Was* sie allerdings bedeutet, macht sie auch so unbequem: Die Entschlüsselung diskursiver Strategien, das Benennen eines autoritativen okzidentalistischen Wissenskorpus und die Möglichkeit, dessen hegemoniale Wirksamkeit herausarbeiten zu können.

Die Verrückung von Sinnhorizonten in den von uns analysierten Diskursfragmenten konstruiert sich über eine spezifische Chronologie: Der Depolitisierung der Selbstmordattentäter von London durch deren Irrationalisierung folgt der Versuch einer Erklärung auf der Basis soziologischer Muster und religiöser Zuschreibungen, um anschließend das als neu verhandelte Phänomen Selbstmordattentat im Kontext der aktiven Beteiligung Großbritanniens am Irakkrieg in gewisser Weise zu repolitisieren. Die Repolitisierung trifft dabei nicht nur die primären Akteure der Anschläge selbst, sondern vor allem die als notwendig erachtete Durchsetzung von Gegenmaßnahmen. Gerade diese müssen aber permanent ausgehandelt werden und bedienen sich unter anderem, wie die Diskurse über Selbstmordattentate selbst, des hier geschilderten Orientalismusdispositivs, das nicht nur konkrete Maßnahmen zu legitimieren hilft, sondern in einem größeren Rahmen herrschaftsstabilisierend wirken soll.

Diskurse über Selbstmordattentate in den Kontext von Orientalismus und Okzidentalismus zu stellen, kann demnach einen kritischen Blick auf jene globalen gesellschaftlichen Prozesse erweitern, in denen derartige Anschläge Realität werden. In der dialektischen Verschränkung von Wissen und Macht liegt zugleich die Herausforderung für eine Forschung, die sich rund um das *neue Phänomen Selbstmordat-*

tentat Fragen und Widersprüchen stellt, von denen einige hier erläutert wurden.[22]

ANMERKUNGEN

[1] Titel eines gesamten Heftes und dessen Leitartikels, in: The Economist, 16. Juli 2005, 11-12

[2] The Economist, New Statesman (beide: Großbritannien), Newsweek und Time (beide: USA), jeweils von 9. Juli 2005 bis 27. August 2005, wobei die Beiträge sowohl quantitativ als auch qualitativ heterogen auf die Medien und Zeiträume verteilt sind.

[3] Nach Siegfried Jäger ist ein Diskursfragment ein Text oder Textteil, der ein bestimmtes Thema behandelt (Jäger 1999, 159). Ein Diskursstrang besteht aus einer Vielzahl an Diskursfragmenten und hat eine synchrone wie eine diachrone Dimension (ebd., 160).

[4] Entsprechend Saids enormer Resonanz gibt es dazu eine umfassende und anhaltende Diskussion, siehe dazu insbesondere: McClintock 1995, Lewis 1996, Loomba 1998, Hall 2002, Coronil 2002, Shohat/Stam 1994, Yegenoglu 1998, Mills 1997

[5] Im englischen Original scheint der »non-Western Other« beide Geschlechter als Abstraktum zu umfassen. Implizit weisen seine Ausführungen jedoch darauf hin, dass die Geschlechterdifferenz für Shi-xu kein Thema ist, er also durchaus einen männlichen Anderen als Anderen generalisiert.

[6] Hervorhebungen im Original

[7] Ruth Wodak, Norman Fairclough und viele andere sind der »Critcal Discourse Analysis« (CDA) zuzuordnen, wohingegen der deutsche Begriff »Kritische Diskursanalyse« auf Jäger zurückgeht und sich inhaltlich und method(olog)isch z.T. von CDA unterscheidet.

[8] siehe Fußnote 2

[9] The Economist, 16. Juli 2005, 24-26; Time, 25. Juli 2005, 22-26; Newsweek, 15. August 2005, 25-28

[10] New Statesman, 18. Juli 2005, 19; Time, 18. Juli 2005, 22-26; The Economist, 16. Juli 2005, 24-26; Newsweek, 18. Juli 2005, 28-30

[11] The Economist, 16. Juli 2005, 11-12

[12] New Statesman, 18. Juli 2005, 6-7

[13] New Statesman, 25. Juli 2005, 14-15; The Economist, 16. Juli 2005, 24-26; Newsweek, 15. August 2005, 25-28

[14] Time, 25. Juli 2005, 27-28; New Statesman, 25. Juli 2005, 14-15, 18-19 und 26-27; Newsweek, 18. Juli 2005, 28-30; The Economist, 16. Juli 2005, 24-26

[15] The Economist, 30. Juli 2005, 11: The Economist, 13. August, 2005, 25-26; The Economist, 27. August 2005, 27; New Statesman, 25. Juli 2005, 16-17; Time, 8. August 2005, 20; Time, 15. August 2005, 22, 23

[16] Zugleich sind Frauen aber auch zentrale Subjekte/Objekte in einem parallel existierenden Diskursstrang rund um die *Kopftuchdebatte*, die in ganz Europa aufgeregt geführt wird. Diese Komplementarität einer maskulinisierten Debatte über Selbstmordattentate einerseits und einer femininisierten Debatte über Kopftuch/Schleier im Kon-

text europäischer Repositionierungen gegenüber *dem Islam* erscheint bemerkenswert. Die beiden Diskursstränge scheinen durchaus verschränkt zu funktionieren, was hier aber nicht weiter ausgeführt werden kann.

[17] The Economist, 16. Juli 2005, 11-12; New Statesman, 1. August 2005, 6-7 und 12-14

[18] New Statesman, 18. Juli 2005, 6-7, 9, 19; New Statesman 25. Juli 2005, 6-7, 10-12; Time, 18. Juli 2005, 22-26; Time, 15. August 2005, 23; The Economist, 16. Juli 2005, 11-12 und 24-26; Newsweek, 18. Juli 2005, 28-30

[19] Sämtliche Zitate in diesem Abschnitt, sofern nicht anders gekennzeichnet, entstammen dem Artikel *In Europe's Midst*, in: The Economist, 16. Juli 2005, 11-12. Zur leichteren Lesbarkeit wird im Folgenden auf den immer wiederkehrenden Verweis auf dieselbe Quelle verzichtet.

[20] Zum »Geschlecht der Selbstmordattentate« siehe auch Brunner 2005, 131-147.

[21] Siehe dazu auch Shi-xu 1994 im zweiten Abschnitt dieses Beitrags.

[22] Der Text wurde Ende 2005 verfasst.

LITERATUR

Brunner, Claudia (2005): Männerwaffe Frauenkörper? Zum Geschlecht der Selbstmordattentate im israelisch-palästinensischen Konflikt, Wien.

Chouliaraki, Lilie/Fairclough, Norman (Hg.) (1999): Discourse in Late Modernity. Rethinking Critical Discourse Analysis, Edinburgh University Press, Edinburgh

Coronil, Fernando (2000): Listening to the Subaltern: Postcolonial Studies and the Neocolonial Poetics of Subaltern States, in: Chrisman, Laura/Parry, Benita (Hg.): Postcolonial Theory and Criticism, Cambridge, 177-217.

Coronil, Fernando (2002): Jenseits des Okzidentalismus. Unterwegs zu nichtimperialen geohistorischen Kategorien, in: Conrad, Sebastian/Randeria, Shalini (Hg.): Jenseits des Eurozentrismus. Postkoloniale Perspektiven in den Geschichts- und Kulturwissenschaften, Frankfurt/Main, 177-218 (erstmals auf Englisch erschienen 1996).

Demirovič, Alex (1988): Ideologie, Diskurs und Hegemonie, in: Zeitschrift für Semiotik, Band 10, Heft 1-2, 63-74.

Fairclough, Norman (2004): Critical discourse analysis as a method in social scientific research, in: Wodak, Ruth/Meyer, Michael (Hg.): Methods of Critical Discourse Analysis, London/Thousand Oaks/New Delhi (erste Auflage 2001), 121-138.

Hall, Stuart (2002): Wann gab es das Postkoloniale? in: Conrad, Sebastian/Randeria, Shalini (Hg.): Jenseits des Eurozentrismus. Postkoloniale Perspektiven in den Geschichts- und Kulturwissenschaften, Frankfurt/Main, 219-246 (erstmals auf Englisch erschienen 1996)

Jäger, Siegfried (1999): Kritische Diskursanalyse. Eine Einführung, Duisburg.

Jäger, Siegfried (2001): Diskurs und Wissen. Theoretische und methodische Aspekte einer Kritischen Diskurs- und Dispositivanalyse, in: Keller, Reiner/Hirseland,

Andreas/Schneider, Werner/Viehöver, Willy (Hg.): Handbuch sozialwissenschaftliche Diskursanalyse, Band I. Theorien und Methoden, Opladen, 81-112.

Jiwani, Yasmin (2004): Gendering Terror: Representations of the Orientalized Body in Quebec's Post-September 11 English-Language Press, in: Critique. Critical Middle Eastern Studies, Vol. 13, Nr. 3, 265-291.

Krieger, Helmut (2005): Der lange Schatten des Eurozentrismus: zum problematischen Verhältnis zwischen (neo)marxistischer und postkolonialer Theorie, (unveröffentlichte Diplomarbeit), Wien.

Lewis, Reina (1996): Gendering Orientalism. Race, Femininity, and Representation, London/New York.

Loomba, Ania, (1998): Colonialism/Postcolonialism, London.

McClintock, Anne (1995): Imperial Leather. Race, Gender and Sexuality in the Colonial Context, London/New York.

Meyer, Michael (2004): Between theory, method, and politics: positioning of the approaches to CDA, in: Wodak, Ruth/Meyer, Michael (Hg.): Methods of Critical Discourse Analysis, London/Thousand Oaks/New Delhi, 14-31.

Mills, Sara (1997): Discourse, London/New York.

Said, Edward (1978): Orientalism, New York.

Said, Edward (2000): Orientalism Reconsidered, in: Macfie, A. L. (Hg.): Orientalism. A Reader, New York, 345-365 (erstmals erschienen 1986).

Shohat, Ella/Stam, Robert (1994): Unthinking Eurocentrism. Multiculturalism and the Media, London/New York.

Shi-xu (1994): Ideology: Strategies of reason and function of control in accounts of the non-Western Other, in: Journal of Pragmatics 21, 645-669.

Shi-xu (2005): A Cultural Approach to Discourse, Houndmills.

Wodak, Ruth (2001) (Hg.): Critical Discourse Analysis in Postmodern Societies, Folia Linguistica XXXV/1-2, Berlin.

Yegenoglu, Meyda (1999): Colonial Fantasies. Towards a feminist reading of Orientalism, New York (Erstausgabe 1998).

QUELLEN

The Economist

9. Juli 2005: Titelblatt

16. Juli 2005: Titelblatt, In Europe's midst, 11-12; The enemy within, 24-26,

30. Juli 2005: The new face of London's police, 11; Learning to live with it, 28-29; Excuse me, are you a suicide bomber? 28

13. August 2005: Watch your mouth, 25-26

27. August 2005: Cop killer, 27; Smoke Signals, 23

New Statesman

18. Juli 2005: Bombs with lessons for us all, 6-7; Watching brief, 9; The struggle for Islam's soul, 10-12; The conveyor belt of extremism, 14-15; World view, 19

25. Juli 2005: The politics of delusion, 6-7; Blair's bombs, 10-12; A community in denial, 14-15; When extreme opinions became intolerable, 16-17; Beyond blame

and shame: what we must do now, 18-19; Interview with Patricia Hewitt. ›People need to stand up against the perverted form of Islam that a minority of Muslims wants to impose‹, 26-27;

1. August 2005: We must know what we stand for, 6-7; Why Britain is Great, 12-14

Newsweek

18. Juli 2005: How We Can Prevail, 28-30

15. August 2005: The Lost Generation, 25-28

Time

18. Juli 2005: 3 Lessons from London, 22-26

25. Juli 2005: After the Bombs, 22-26; In Both Sorrow and Anger, 27-28

1. August 2005: Closing Down Londonistan, o. S.

8. August 2005: Specialist Tactics Under Fire, 20

15. August 2005: Homeland Insecurity, 22; Living with the Bombs, 23

»Stell dir vor, es ist Krieg und keiner geht hin?«

Rainer Ganahl

KRIEG IST ZUM KOTZEN!

Krieg eskaliert, während ich hier versuche, komplett ignorant was zum Thema Krieg zu schreiben. Im Radio, im Internet, in der Zeitung, im Fernsehen sind Kriegsberichte als Schlagzeilen, Headline News, ein ständiges Element im Mediendesign unserer Umwelt mit quasi-dekorativer Funktion. Neben Werbung, Shopping, Unterhaltung und hundert anderen Informationen und Ablenkungen (*infostractions*) finden sich jene Kriegsberichte, die von den wenigen großen Agenturen – Reuters, Associated Press – nonstop wie am Fließband freigegeben und verkauft werden. Soeben eskaliert die Situation im Libanon, dessen Flughafen von Israel bombardiert wurde (BBC, WNYC Radio, Yahoo News, derstandard.at). Die gestrige Zeitung veröffentlicht Desaster Fotos von Mumbai mit fast 200 Toten (New York Times). Darin lese ich auch, dass die Anzahl der Toten im Irak in den letzten 3 Tagen um über 100 gestiegen sei. Das ständige Morden im Sudan und in anderen Regionen der Welt schafft es derzeit nicht als Bericht oder Schlagzeile. Auch sind die Überlegungen und De facto-Vorbereitungen zu Präventivkriegen gegen Nordkorea (Japans Politiker und Verteidigungsminister äußern sich seit letzter Woche positiv zu diesem Thema) und gegen den Iran derzeit von anderen Nachrichten zurückgedrängt worden, was aber nur wenig an den Fakten ändert.

MIR IST ÜBEL

Ich gehöre zu den Generationen von EuropäerInnen, die keine direkte Kriegserfahrung gemacht haben, obwohl der Krieg und Völkermord in Jugoslawien in Europa stattfand, was jedoch kein Europäer wahrhaben will. Die derzeitige Eskalation im Libanon hätte mich vor zwei Jahren theoretisch direkt überraschen können, besuchte ich damals diese Region, was deshalb zusätzlich meine Vorstellung animiert. Auch habe ich genügend Freunde hier in NY, deren Verwandte in Haifa leben. Die Zerstörung des World Trade Centers habe ich mit eigenen Augen und unmittelbar erlebt, es aber dennoch sehr abstrakt und irreal wahrgenommen, obwohl ich etliche Leute kenne, die Freunde in dieser Katastrophe verloren haben und ich monatelang schlechte und schädliche Luft einatmen musste, was mir im Anschluss Atemprobleme beschert hat. Durch besorgte Fragen und Diskussionen mit Europäern und Amerikanern, die nicht hier leben, schließend, erschien es mir so, als ob die Zerstörung der Twin Towers in den Köpfen von Nicht-New Yorkern länger und intensiver erlebt wurde, als hier in der Stadt. Das bestätigten aber auch so manche Umfragen nach 9/11 zur Einschätzung von Gefahr, zum Erleben von Angst und zu den erwünschten Reaktionsvorstellungen in Amerika. In dieser ambivalenten, von mir so empfundenen Diskrepanz des Erlebens sehe ich die Macht der Medien auf unser Vorstellungsvermögen, die es partiell schafft, Wirklichkeit in abstraktes Spektakel zu verklären und Bilder so zu kontextualisieren, dass sie als unmittelbare, persönlich durchlebte Realität wahrgenommen werden. Als ich im August 1991 in Moskau (Jelzinkrise, Beschuss des Parlaments) zwischen den Panzern mit Russen protestierte, kam ich mir wie ein Protagonist in einer déjà-vu Tagesschau vor und fühlte mich deshalb relativ sicher, obwohl am selben Abend noch etliche Protestierende nicht unweit von mir erschossen wurden.

Ich kenne Krieg nur aus den Medien, und aus persönlichen Berichten von Menschen, die davon betroffen waren. Ich erinnere mich zum Beispiel an einen jungen kosovarischen Künstler aus London, den ich vor drei Jahren am Strand in Albanien angetroffen habe. Auf meine Frage zum Krieg erzählte er mir, dass er freiwillig mit drei Freunden von London in den Kosovo geflogen sei, um am Krieg teilzunehmen, um dort seine Leute zu verteidigen. Er war der Einzige, der überlebte. Das hat mir den Atem geraubt. Ich konnte nicht mehr weiterfragen, ich wollte nichts mehr wissen. Ein beklemmendes Scham- und

Schuldgefühl vermischte sich mit der Tageshitze. Ich ahnte, dass hinter all diesen unvorstellbaren Zerstörungen, die sich Krieg nennen und uns in beeindruckenden, ästhetisierten Fotos und Berichten ständig uns heimsuchen, eine Banalität klafft, die die Grenzen zur Gewalteskalation bedeutungslos, hemmungslos und sinnlos frisst.

In den 60er und frühen 70er Jahren waren die beiden Weltkriege eine Angelegenheit von neugierigen Fragen und ausgesuchten Antworten und Erzählungen im Kreis der Familie, jedoch kaum ein Thema in meinen Schulen. (Die Frage, »Hast du auch geschossen?« blieb bis heute unbeantwortet, wobei sein ausweichendes Schweigen und die Kugelsplitter im Hals und Schädel meines Vaters eine Form von Antwort sind). Als Kinder konnten wir auch noch in den Kriegsruinen und Bunkergräben dieser Kriege spielen, uns verstecken, ja uns sogar küssen. Munitionshülsen und anderes Kriegsmaterial wie Auszeichnungen, Teile von Uniformen, Taschen, Schuhe und Reichsmark aus den Dachböden waren Teil unserer Spielzeuge. Es waren auch noch etliche Kriegsbehinderte zu sehen, und sie existierten nicht nur in den Straßenbahnrichtlinien, die ihnen vor Schwangeren, Blinden und alten Leuten den Vorrang einräumten. In den 70er- und 80er-Jahren hing die Bedrohung eines nuklearen Winters als real-irreales Gespenst über uns allen, singen selbst The Clash in "London Calling" von *nuclear fear*. Diese ambivalente real-irreale Dimension des so genannten Kalten Kriegs war Teil eines persönlichen Grundgefühls. Als Teenager mit nur momentanem, kurzlebigem Zeitgefühl, der schon seine Mutter und seinen Bruder auf unnatürliche Weise verloren hatte (den indirekten psychologischen Langzeitfolgen des Zweiten Weltkriegs zuzuschreiben), war mir nihilistisch klar, dass ich es nicht bis Dreißig schaffen würde. Der Krieg würde uns alle vorher vernichten.

Meine Großeltern hatten zwei Weltkriege erlebt, meine Eltern einen und deren Erinnerungen und Erzählungen – ebenfalls Medien – sind nicht völlig an uns verschwendet worden, sondern segmentierten unter der Schädeldecke. Diese Weltkriege hatten was sehr Monumentales und historisch Überwältigendes und schienen für uns Kinder wie von Gott gesandt. Die Großmutter hielt uns mitunter auch zum Beten an, dass nicht wieder ein Krieg über uns hereinbräche. Der Krieg nahm so eine meterologisch-theologische Qualität an, eines von Gott gesandten Gewitters. Geopolitisch fühlte ich mich in Vorarlberg aber auch sicher. Die Berge schienen Schutz vor atomaren Angriffen zu bieten, gab es doch kein bemerkenswertes Angriffsziel in unmittelbarer Nähe. Die Berge schützten allerdings nicht vor den mit Atomdreck geschwängerten Wolken von Tschernobyl, die damals still, normal, schädlich und unvorstellbar banal über die Alpen zogen. Die Katastrophe des Atomkraftwerkes bescherte uns ahnungslos, ungeschützt und unangekündigt einen Regen, der Geigerzähler zum Piepen brachte.

Die Abrüstungsgrundstimmung und Friedensbewegungen dieser Jahre machte mich zum überzeugten Pazifisten. Man protestierte und trug T-Shirts, Halstücher, Klebebildchen und Anstecker, die dem Frieden und der Abrüstung das Wort redeten. Man fuhr per Anhalter nach Deutschland, Italien und in die Schweiz zu Protestkundgebungen, Friedensmärschen und -konzerten. Damals kursierte ein berühmtes Zitat in diversen Formen, das man (vielleicht fälschlicherweise) Bertold Brecht zuschreibt: "Stell dir vor, es kommt Krieg, und keiner geht hin.« Ich glaube, es war auch ein Aufsatzthema im Deutschunterricht. Zu meiner Überraschung lerne ich bei Google, dass das so oft auf Plakaten abgedruckte Zitat nicht vollständig war und der Satz eine trügerische Koda kennt, der die pazifistische Hoffnung zunichte macht: "Stell dir vor, es kommt Krieg und keiner geht hin, dann kommt der Krieg zu dir." Der mit Pazifismus nicht zu vereinbarende, also unlogisch erscheinende Nachsatz verblüfft mich nun vorerst, denn sollten wirklich die Schlachtfelder leer sein, kann doch der Krieg in keine Richtung mehr marschieren, also auch nicht zu uns kommen. Sollte der Krieg ohne Soldaten auf uns zukommen, so entpuppte sich die pazifistische Losung also nicht kriegsverhindernd, sondern als subtile Aufforderung zur Kriegsmobilisierung, machten also diese Losung für Kriegsverweigerung und Pazifismus sinnlos.

Heute sehen wir, dass dieser Satz durchaus auch wörtlich verstanden werden darf und Schlachtfelder auch ohne Soldaten auskommen können. Wir sehen technologische Dispositive, die Zerstörungen an

Bildschirmen programmieren und Armeen in nicht-militärische, teilweise privatisierte Spezialeinheiten outsourcen. Soldatenlose Schlachtfelder können auch überall dort entstehen, wo politisch ungelöste Konflikte sich asymmetrisch manifestieren und in Sporttaschen und in Gürteln Tod und Elend in vollbesetzte Restaurants, Vorstadtzüge, U-Bahnen, Theater und Markhallen spazieren. Schlachtfelder sind mehr und mehr am Verschwinden bzw. breiten sich, wie mir scheint, über ganze Regionen und Halbkontinente aus. Dem reaktionären Theoretiker Samuel Huntington zufolge werden ganze Kulturen und Zivilisationen zum Kriegsschauplatz. Auch dazu braucht es keine Mobilität und niemand muss hingehen.

Mit den Medien kommt der Krieg ohne Zeitverzögerung zu uns auf den Schreibtisch und ins Wohnzimmer und die hoffnungsvolle Losung des Nicht-zum-Krieg-Hingehens könnte nun zur Frage mutieren, was wohl passiert, wenn Krieg ist und keiner hinschaut? Man könnte vielleicht noch genauer formulieren und fragen, was passiert, wenn man die Schlagzeilen, die uns beim Email-Lesen anschauen, nicht anklickt? Am Rechner zumindest guckt uns alles, auch die *headline news*, direkt ins Gesicht. Dank sensibler Technologien eruieren diese Nachrichtenströme unser Internetverhalten. Registriert oder nicht, alle *pagehits* und das Volumen der Seitenbesuche werden nummeriert, registriert, analysiert und zu Benützerprofilen ausgewertet. Es braucht kein besonderes Interesse oder Geschick und schon läuft man Gefahr, auf Internetseiten zu landen, die radikale Inhalte jeglicher Art propagieren. Der Große Bruder von »1984« lebt 2006 in einer Großfamilie mit unzähligen Geschwistern, die jede denkbare Form – selbst logarithmische Alpträume und mathematische Schmetterlingseffekte – annehmen können. Wie man weiß, forderte das State Department die Suchdaten von Google und anderen Suchmaschinenbetreiber ein, um sich ein Bild vom Interesse der vielen Millionen Benutzer machen zu können. Es gibt Krieg und du wirst dabei beobachtet, ob du hinschaust. Es ist sicherlich eine subtile Form von Selbststzensur und Paranoia, wenn ich hier erkläre, dass ich es selten wage, allen Links online zu folgen und sinistere Nachtrichtenquellen zu studieren. (Es gibt geheime *non-flight lists* für potentielle Risikogruppen, die mitunter in der Art einer Rasterfahndung errechnet werden. Mittlerweile haben wir die Bestätigung, dass alle Telefongespräche in den USA analysiert worden sind).

Ich schaue trotz der depressiven Weltsituation noch hin, muss aber zugeben, dass ich mich überfordert fühle. Hinschauen, klicken und navigieren ergänzen mein Zeitungsabonnement. Mittels Maus schicke ich die Radiosendungen diverser internationaler Sender aus der ganzen Welt in meinen Verstärker und runde so meine Weltbilder aus der Infopipeline akustisch ab. Es fällt auf, dass sich Berichte aus Deutschland, Österreich, Frankreich, England, Japan und den USA nicht nur in der Präsentation, der Illustration und dem Erscheinungszeitpunkt, sondern auch in der Interpretation kaum von einander unterscheiden. Der Grund liegt vielleicht darin, dass die Grundberichte wenigen, sich kaum voneinander unterscheidenden Quellen zuzuschreiben sind. Krieg will also angeschaut, angehört werden. Was man Terrorismus nennt, kann ohne Kameras und Berichterstattung nicht existieren. Krieg und Terrorismus, Terrorismus und Krieg werden für ein internationales Nachrichtenpublikum zugeschnitten und geschnitten. US-Bürger kriegen keine US- Gefallenen zu sehen und noch weniger verletzte Soldaten. Selbstverständlich ist die Welt der Interessen und Konflikte komplizierter und sollte nicht märchenhaft karikieren werden. Karikaturen, wie wir letzthin gesehen haben, können selbst Gewalt auslösen, und Teil von neuen Kriegsschauplätzen werden. Da Krieg, wie es richtig heißt, nicht die Summe der gefallenen Bomben und Toten ist, sondern ein Konstrukt auf vielen Ebenen, das jede Art von Repräsentation beinhaltet, ist es nicht verwunderlich, dass so Journalisten und ganze Fernsehstationen immer wieder unter Beschuss kommen und selbst zum Schlachtfeld werden. Bilder folgen Bomben und Bomben folgen Bildern.

Follow the money hieß es bei der Aufklärung von Watergate. Dieser Rat ist sicherlich auch heute ein entscheidender Wegweiser, um Gewalt und ihre Ursachen zu studieren. Die AmerikanerInnen verstehen das Geschäft mit dem Geld und der Beobachtung der »swiften« weltweiten Geldbewegungen sehr gut, sind aber noch besser darin, ihre politischen, ideologischen, ökonomischen und sozialen Interessen weltweit direkt und indirekt erfolgreich zu finanzieren.

Ein Portrait der derzeitigen Bush-Administration entspricht mehr oder weniger dem Profil der wichtigsten Sektoren der heutigen Weltwirtschaft: petrochemische und pharmazeutische Industrien, finanzielle Sektoren und nicht zuletzt der miltärisch-industrielle Komplex. Interessanterweise fehlen dieser Regierung Vertreter der so genannten neuen Technologien, was vielleicht dem zarten Alter, dem oft liberalen Background und der Vielfalt der Hauptprotagonisten zuzuschreiben ist. Diese Megainteressen und Machtkonzentrationen scheinen wie Brückenköpfe zu den heutigen Kriegsschauplätzen und Konflikttheatern zu funktionieren.

Dem Geld und der Macht aber folgen auch die Bilder. Macht, Geld und Bilder reimen sich so wie Krieg und Interesse. Erkenntnis und Macht, Ressourcen und Gewalt. Der interessante Kontrast zwischen *follow the money* und *follow the pictures* ist, dass Geld in Form von Steuern, hohen Preisen, Staatsraub, Korruption usw. aus unseren Taschen abfließt, Bilder aber auf uns zukommen. Bilder und irreführende Erklärungen überfluten uns auch ohne dass wir sie bestellen, wollen oder auch nur schätzen. Dieser asymmetrische Handel von Geld, Macht, und Gewaltmonopolansprüchen mit Bildern, Rechnungen und Lügen ist für sich selbst genommen auch ein Milliardengeschäft. Der frühere italienische Premierminister Berlusconi, reichster Mann Italiens, der Bush a priori die absolute Unterstützung für den Krieg im Irak zusicherte, kontrolliert den Großteil der italienischen Medien und ließ sich Gesetze wie Hemden für den großen Eigenbedarf zuschneiden. Die entsprechenden Bilder folgten.

Macht, Geld und mit Sprechblasen oder Publikationsverbot versehene Bilder sind also das Medium in dem Kriege ausgetragen werden. Kriegsschauplätze sind deshalb bevölkert mit Geld, Göttern und Macht, mit Bildern, Ideologien und Interessen. Soldaten sind hier Nebensache. Nicht aufs Schlachtfeld gehen, müsste deshalb vielmehr heißen: Nicht-Bezahlen, Nicht-Glauben, Nicht-Handeln, Nicht-Hinschauen, Nicht-Zuhören, Nichts-Wollen, Nichts-Konsumieren. Aber selbst dann rückt uns der Krieg auf die Pelle, werden Kriege auf Bevölkerungen geschmissen. Involviert ist man, ob an der Front oder Zuhause, im Schussvisier, oder – scheinbar sicher – hinter den Tod und Zerstörung bringenden Waffendispositiven. Zur Zeit des Vietnamkriegs hieß es – der Satz wird Martin Luther King zugeschrieben – dass jede in Vietnam abgeworfene Bombe auch in einem amerikanischen Stadtzentrum explodierte. Der internationale Terrorismus illustriert diesen Satz noch grausamer immer wieder aufs Neue (London, New York ...).

Die Miniaturisierung von Technologie und Waffensystemen jeglicher Art (z.B. in Form von *pocket-size laser guided weapons*), die demographischen und transporttechnischen Revolutionen der letzten 40 Jahre, die aus jeder Metropole ein Quasi-Abbild der Weltbevölkerung gemacht haben, exponieren den Nibelungenliedtraum der absoluten Unverletzlichkeit erneut als schrilles Hirngespinst. Aber auch in der konventionellen gewaltsamen Konfliktlösungserzwingung ändert sich die Situation dramatisch, sodass absolut klare militärische Dominanzverhältnisse zur Fata Morgana werden. Nach kaum zwei vergangen Wochen muss die israelische Armee feststellen, dass die Luftangriffe ihren Gegner im Libanon nicht auf die angenommenen 50 % reduzierte, und dass sie es nun mit einem Feind zu tun haben, der nicht nur über iranische Waffensysteme verfügt, sondern auch über moderne chinesische Raketen, mit denen es ihm sogar gelang, ein Schiff auf hoher See zu vernichten. Mittlerweile droht der Konflikt, der in den US-Medien als *proxy war*, als Stellvertreterkrieg zwischen den USA und dem Iran diskutiert wird sich auf die gesamte Region auszubreiten. Fasten your seat belts!

Das utopische Hoffen, man könnte Kriege, Götter, Bilder, Bomben und Raketen vielleicht doch dem Himmel entreißen, mischt sich mit melancholischer Aporie, politischer Machtlosigkeit und dem konfusen Hass auf alle Entscheidungsträger. Was jedoch oft fehlt ist eine Dosis von zumindest abstraktem Mitschuldgefühl an jenen Kriegen, die eindeutig um die Sicherung von Rohstoffen und anderen westlichen Hegemonieansprüchen ausgetragen werden, zählen wir doch alle zu den Nutznießern dieser Produkte und den damit zusammenhängenden Lebensstilen. Wir fahren Autos, fliegen und benutzen TV-Geräte, Computer, Klimaanlagen und andere Energie schluckende Annehmlichkeiten. Auch ein Großteil unserer Kleider, Geräte,

Lebensmittel und Getränke – selbst Wasser – durchreisen ständig Kontinente und Meere, und erzeugen Kosten, die wir nie direkt bezahlen. Mich wundert es, dass nicht schon die Natur selbst, die globale Erwärmung der Gletscherschwund der Achse des Bösen zugerechnet und als Terroristen bezeichnet werden. Natur ist ein wunderbarer Protagonist, den arrogante unilaterale Beschlüsse wenig reizen. Die Konsequenzen jedoch terrorisieren uns jetzt schon. Die provokante Frage, »Stell dir vor, es ist Krieg und ... » ist eine nicht zu unterschätzende Spinnerei, die für ihr absurd-utopisches, quasi-poetisches, artistisch-verrücktes Potenzial weitergesponnen werden muss!

Stell dir vor, dass heutige Krieger – z. B. Israelis, Libanesen oder Palästinenser – ohne Waffen, also ohne uraniumhaltige Raketen, ohne Hubschrauber, ohne Selbstmordgürtel und ohne selbst gemachte oder vom Iran erhaltene Projektile aufs Schlachtfeld kommen und nur mit den Händen kämpfen dürften! Stell dir vor, die Medien würden nur mit Erzählungen und Marathonläufern auskommen müssen! Stell dir vor, die US-Medien würden nicht nur tote Araber und Afghanen, sondern auch die 2500 toten und 19000 verletzten Soldaten der US Streitkräfte im Irak veröffentlichen! Stell dir vor, die wahren Kosten von Krieg und Konsum würden direkt den Konsumenten in Rechnung gestellt!

Stell dir vor, Militärstrategen wären Fahrrad fahrende Künstler mit Arabisch- und Chinesischkenntnissen und ohne direkte Vernetzungen zu Lobbygruppen! Stell dir vor, Friedensverhandlungen würden nicht mit der Arroganz militärischer Suprematie, sondern mit der Einsicht gegenseitiger Verwundbarkeit geschlossen! Stell dir vor, es protestierten täglich zumindest alle jene KonsumentenInnen gegen den Krieg in den Straßen von Washington und London, die die heutigen Ölpreise zu hoch finden! Stell dir vor, dass der Sudan im direkten Interessenshorizont der Westmächte läge und mit jedem niedergemetzelten Dorf alle Waren um einen Cent weltweit stiegen! Stell dir vor, dass Religion und mediengesteuerte Angst in dem Maße austrocknen, wie die Versandung und Verwüstung der Welt durch Klimaänderung voranschreitet und neue Konflikte schafft!

Stell dir vor, Welthandel würde wirklich liberal, gegenseitig und gerecht abgewickelt, und Interessen und Reichtümer sinnvoll verteilt und nicht gierig konzentriert! Stell dir vor, das absurde Wiederholen dieser quasi-dadaistischen Forderungen nach Frieden würde jene blamieren, die Waffen protestierenden Menschen auf den Straßen vorziehen! Stell dir vor, die Vorstellungen von poetologischen Träumern, von urban verwöhnten, nicht-zu-kurz-gekommenen Alternativen und nicht zuletzt von den LeserInnen dieses hilflosen Essays hätten einen realen Effekt auf die heutige Politik! Stell dir vor, Leute fingen an zu begreifen, dass Andersdenken in dialektischem Verhältnis zum Andershandeln steht! Stell dir vor, die BewohnerInnen von New York, Washington, Los Angeles und hundert anderen Städten Amerikas und Europas würden wie beim letzten Stromausfall ungeordnet aus ihren Setzkästen in die Straßen gespült, und dort gegen die überall vorherrschende Kriegspolitik protestieren!

Stell dir vor...

Autorinnen und Autoren

Claudia Brunner, Politologin, Stipendiatin am Graduiertenkolleg "Geschlecht als Wissenskategorie" an der Humboldt-Universität zu Berlin, Lehrbeauftragte an der Universität Wien. Dissertationsprojekt zum Thema Terrorismusforschung aus wissenssoziologischer Perspektive am Beispiel des sozialwissenschaftlichen Wissensobjekts Selbstmordattentat. Arbeitsschwerpunkte: Frauen- und Geschlechterforschung, Terrorismus und politische Gewalt, Wissenssoziologische Diskursforschung, Transdisziplinarität. Zuletzt erschienen: Occidentalism meets the Female Suicide Bomber (2007) in Signs, Journal of Women in Culture and Society 32(4).

Wolfgang Dietrich ist Politologe und Friedensforscher, lehrt an Universitäten in Österreich, Lateinamerika und den USA. Program Director des Master of Arts Program in Peace, Development, Security and International Conflict Transformation, Universität Innsbruck. Homepage: http://homepage.univie.ac.at/w.dietrich/php/cms/

Josefina Echavarría Alvarez, Politologin und Friedensforscherin, studierte in Kolumbien, Österreich und Spanien. Ihre Arbeitsschwerpunkte liegen im Bereich Subjektivität und Politiken der Identität, Frieden und Konflikttransformation, Geschlecht und Sicherheit, und Lateinamerika-Studien. Josefina Echavarría lehrt an Universitäten in Österreich und Spanien. Homepage: http://echavarria.wissweb.at/

Rainer Ganahl, Künstler, lebt in New York City. Zahlreiche Ausstellungen und Publikationen. »Road to War« war 2005 im Museum Moderner Kunst in Wien zu sehen. Teilnahme an der Biennale di Venezia 2007. Homepage: www.ganahl.info

Chris Hables Gray ist ein Aktivist des Syndicate for Initiative und lehrt am Graduate College des Union Institute, sowie am University and Crown Colleg der University of California Santa Cruz. Mitherausgeber des »Cyborg Handbook« (1993), zuletzt erschienen: Peace, War, and Computers (2005).

Norbert Koppensteiner Friedensforscher in Wien und Innsbruck. Er ist Programmassistent des MA Program in Peace, Development, Security and International Conflict Transformation an der Universität Innnsbruck. Norbert Koppensteiner studierte Politikwissenschaft und Peace Studies in Österreich und Spanien und ist Doktoratskandidat an der European Graduate School in Saas Fee, Schweiz. Homepage: http://koppensteiner.wissweb.at/

Eva Kreisky, seit 1995 Professorin am Institut für Politikwissenschaft der Universität Wien. Forschungsschwerpunkte: Politische Theorie und Ideengeschichte, Staats- und Institutionentheorien, Politik der Geschlechterverhältnisse. Aktuelle Publikationen: Erich Fröschl/Helmut Kramer/Eva Kreisky (Hg.): Politikberatung. Zwischen Affirmation und Kritik, 2007. Eva Kreisky/Georg Spitaler (Hg.): Arena der Männlichkeit. Über das Verhältnis von Fußball und Geschlecht, 2006

Helmut Krieger, Soziologe, lehrt im Bereich Internationale Politik (Nahostkonflikt, Politischer Islam) an der Universität Wien und an der Österreichischen Orient-Gesellschaft Hammer-Purgstall, arbeitet als freier Wissenschafter im Bereich Gender & Conflict für das VIDC (Vienna Institute for International Dialogue and Cooperation) und als Deutsch als Fremdsprache-Trainer mit MigrantInnen.

Dierk Spreen, Soziologe, wissenschaftlicher Assistent am Fach Soziologie der Universität Paderborn. Arbeitet zu den Schwerpunkten politische Soziologie, Mediensoziologie und Körpersoziologie / Cyborgologie. Seine Habilitationsschrift »Krieg und Gesellschaft« ist 2007 im Verlag Duncker & Humblot erschienen. Homepage: www.dierkspreen.de

Saskia Stachowitsch, Projektmitarbeiterin am Institut für Politikwissenschaft Wien, Lektorin am Institut für Kultur- und Sozialanthropologie, Arbeitsschwerpunkte: Politische Geschichte des Judentums, Kriegstheorie, Geschlechterforschung.

Wolfgang Sützl, Medientheoretiker, Philosoph, Übersetzer. Arbeitsschwerpunkte: Kritiken der Gewalt, politische Medientheorien, Informationsethik, Sprache und Politik. Lehrt an österreichischen, spanischen und lateinamerikanischen Universitäten sowie am Transart Institute. Homepage: http://suetzl.netbase.org

Doris Wallnöfer, Politologin und Kulturwissenschaftlerin. Setzt sich mit den Beziehungen zwischen Krieg, Medien, Kultur sowie Kunst auseinander und ist als Referentin der Frauenabteilung der Stadt Wien mit Projekten, die gleiche Lebens- und Arbeitschancen für Frauen und Männer zum Ziel haben, beschäftigt.